além da segurança psicológica

Leda Maria Vieira Machado
Luca Borroni-Biancastelli

além da segurança psicológica

Um modelo organizacional para as Novas Organizações que Aprendem (e Inovam) - NOA

ALTA BOOKS
GRUPO EDITORIAL
Rio de Janeiro, 2023

Além da Segurança Psicológica

Copyright © 2023 da Starlin Alta Editora e Consultoria Eireli.
ISBN: 978-85-508-1775-0

Impresso no Brasil – 1ª Edição, 2023 – Edição revisada conforme o Acordo Ortográfico da Língua Portuguesa de 2009.

Dados Internacionais de Catalogação na Publicação (CIP) de acordo com ISBD

B737a   Borroni-Biancastelli, Luca
         Além da Segurança Psicológica: um modelo organizacional para as Novas Organizações que Aprendem (e Inovam) (NOA) / Luca Borroni-Biancastelli, Leda Vieira Machado. - Rio de Janeiro : Alta Books, 2023.
         384 p. ; 16cm x 23cm.

         Inclui bibliografia e índice.
         ISBN: 978-85-508-1775-0

         1. Administração. 2. Gestão. 3. Modelo organizacional. I. Machado, Leda. II. Título.

2022-3221
                                              CDD 658.401
                                              CDU 658.011.2

Elaborado por Odilio Hilario Moreira Junior - CRB-8/9949

Índice para catálogo sistemático:
1. Administração : gestão 658.401
2. Administração : gestão 658.011.2

Todos os direitos estão reservados e protegidos por Lei. Nenhuma parte deste livro, sem autorização prévia por escrito da editora, poderá ser reproduzida ou transmitida. A violação dos Direitos Autorais é crime estabelecido na Lei nº 9.610/98 e com punição de acordo com o artigo 184 do Código Penal.

A editora não se responsabiliza pelo conteúdo da obra, formulada exclusivamente pelo(s) autor(es).

Marcas Registradas: Todos os termos mencionados e reconhecidos como Marca Registrada e/ou Comercial são de responsabilidade de seus proprietários. A editora informa não estar associada a nenhum produto e/ou fornecedor apresentado no livro.

Erratas e arquivos de apoio: No site da editora relatamos, com a devida correção, qualquer erro encontrado em nossos livros, bem como disponibilizamos arquivos de apoio se aplicáveis à obra em questão.

Acesse o site www.altabooks.com.br e procure pelo título do livro desejado para ter acesso às erratas, aos arquivos de apoio e/ou a outros conteúdos aplicáveis à obra.

Suporte Técnico: A obra é comercializada na forma em que está, sem direito a suporte técnico ou orientação pessoal/exclusiva ao leitor.

A editora não se responsabiliza pela manutenção, atualização e idioma dos sites referidos pelos autores nesta obra.

Produção Editorial
Editora Alta Books

Diretor Editorial
Anderson Vieira
anderson.vieira@altabooks.com.br

Editor
José Ruggeri
j.ruggeri@altabooks.com.br

Gerência Comercial
Claudio Lima
claudio@altabooks.com.br

Gerência Marketing
Andréa Guatiello
andrea@altabooks.com.br

Coordenação Comercial
Thiago Biaggi

Coordenação de Eventos
Viviane Paiva
comercial@altabooks.com.br

Coordenação ADM/Finc.
Solange Souza

Direitos Autorais
Raquel Porto
rights@altabooks.com.br

Produtor Editorial
Thales Silva

Produtores Editoriais
Paulo Gomes
Maria de Lourdes Borges
Illysabelle Trajano
Thiê Alves

Equipe Comercial
Adenir Gomes
Ana Carolina Marinho
Daiana Costa
Everson Rodrigo
Fillipe Amorim
Heber Garcia
Kaique Luiz
Luana dos Santos
Maira Conceição

Equipe Editorial
Beatriz de Assis
Betânia Santos
Brenda Rodrigues
Caroline David
Gabriela Paiva
Henrique Waldez
Kelry Oliveira
Marcelli Ferreira
Mariana Portugal
Matheus Mello
Milena Soares

Marketing Editorial
Amanda Mucci
Guilherme Nunes
Jessica Nogueira
Livia Carvalho
Pedro Guimarães
Talissa Araújo
Thiago Brito

Atuaram na edição desta obra:

Revisão Gramatical
Flavia Carrara
Luciere Souza

Diagramação | Layout
Joyce Matos

Capa
Marcelli Ferreira

Editora afiliada à: ASSOCIADO

Rua Viúva Cláudio, 291 – Bairro Industrial do Jacaré
CEP: 20.970-031 – Rio de Janeiro (RJ)
Tels.: (21) 3278-8069 / 3278-8419
www.altabooks.com.br — altabooks@altabooks.com.br
Ouvidoria: ouvidoria@altabooks.com.br

Dedicamos este livro
a todas as pessoas
que colocam o ser humano
no centro de suas ações
e decisões.

"In an increasingly complex 21st century, strategy can no longer provide all the answers. Purpose becomes the guiding principle in an age of continuous disruption. Leading without purpose is like driving blind.[1]"

SUDHANSHU PALSULE
UNIVERSITY OF CAMBRIDGE
DUKE CE

"Segurança Psicológica é uma direção inexorável para as organizações que entenderam que é preciso criar um ambiente onde os nossos cérebros funcionem em rede, gerando uma capacidade sem limites de solução de problemas! Só um ambiente livre de medos e receios é capaz de criar esse efeito."

MAURICIO SOUFEN
VP SUPPLY
AMBEV

---

[1] No século XXI, que se tornou complexo de forma crescente, a estratégia não consegue mais oferecer todas as respostas. O propósito torna-se o princípio-guia na era da disrupção contínua. Liderar sem um propósito é como dirigir às cegas.

SUMÁRIO

NOTA DOS AUTORES   **xiii**

Agradecimentos   **xv**

Introdução   **1**

1. O Mundo Novo, as Organizações, o Trinômio 'Diversidade, Equidade & Inclusão' e o Binômio Talento-Competências, Para o Alto Desempenho   **9**

    1.1 O contexto atual: o mundo VUCA (ou será BANI?)   **10**

    1.2 A crise e o pós-crise nas organizações: Liderança Feminina, Gênero e DEI – Diversidade, Equidade & Inclusão   **16**

    1.3 Diversidade, diferenças, meritocracia e individualidade   **36**

    1.4 Inclusão e fenômenos de exclusão   **41**

    1.5 Equidade   **46**

    1.6 O binômio Talentos-Competências   **50**

    1.7 The Gallup Organization   **58**

2. Conhecer, Aprender, Saber: Do Aprendizado Individual ao Organizacional   **61**

    2.1 Introdução   **61**

    2.2 Conhecimento, Aprendizado e Saber   **63**

    2.3 Aprendizado individual: aprendizado autodirigido e *lifelong learning*   **66**

Além da Segurança Psicológica

2.4 Aprendizado individual e organizacional: pedagogia, andragogia e heutagogia, e o desenvolvimento das organizações ... **70**

2.5 Aprendizado organizacional vs. aprendizado individual ... **77**

2.6 ESTUDO DE CASO ... **83**

3. Um novo modelo organizacional para o alto desempenho O Modelo das *Novel Learning Organizations*: as Novas Organizações que Aprendem – NOA ... **89**

3.1 Introdução ... **89**

3.2 Relembrando Peter Senge e suas *"Learning Organizations"* ... **92**

3.3 As Novas Organizações que Aprendem: uma abordagem arquitetônica clássica da construção da comunicação e do aprendizado organizacional ... **103**

3.4 As Novas Organizações que Aprendem: um novo mindset para desenhar um novo modelo organizacional ... **111**

3.5 A nova estrutura organizacional e seus componentes ... **115**

4. A Transformação da Cultura Organizacional: Moldando os Pilares do Modelo ... **119**

4.1 Cultura Organizacional: algumas reflexões e cases de Transformação Cultural das organizações ... **119**

4.2 Cases de Transformação Cultural ... **121**

5. O 1º Pilar Do Novo Modelo Das NOA: Segurança Psicológica 360° ... **161**

5.1 'Project Aristotle' ... **162**

5.2 Os trabalhos seminais ... **167**

5.3 A importância da comunicação do novo modelo ... **177**

5.4 O Dilema do Erro nas Organizações: Erros Evitáveis ou por Desconhecimento e Erros de Experimentação – Mantendo a Segurança Psicológica e a Cultura de Aprendizado ... **181**

5.5. Os efeitos negativos da falta de segurança psicológica: alguns casos emblemáticos — **186**

5.6 O dilema (e o *drama*) de "pedir ajuda" — **190**

5.7 Segurança Psicológica: peculiaridades da implementação nas organizações — **195**

5.8 Da Segurança Psicológica à *Segurança Psicológica 360º*: uma contribuição original do modelo — **201**

5.9 Segurança Psicológica 360º: os *Stakeholders* — **205**

5.10. Em síntese — **215**

5.11 Segurança Psicológica 360º vs. *Seguranças Psicológicas* — **217**

6. O 2º Pilar do Novo Modelo: Organizações Dedicadas ao Desenvolvimento – DDOs (e ao Aprendizado) — **229**

6.1 O caminho para o Desenvolvimento — **230**

6.2 DDOs na prática — **256**

7. O 3º Pilar do Novo Modelo: (Re)humanização da Liderança e o Propósito das Organizações — **267**

7.1 Colocando o Ser Humano no centro da Estratégia — **267**

7.2 Disrupção e Propósito — **271**

7.3 Do modelo *Strategy Centric* ao modelo *Human Centric*: A Nova Organização empática em um Mundo Novo — **273**

7.4 A Liderança (Re)humanizada com Propósito nas organizações: alguns casos reais — **283**

8. O 4º Pilar do Novo Modelo: Ambidestria Organizacional & Liderança Ambidestra — **297**

8.1 Organizações Ambidestras — **297**

8.2 Os desafios dos líderes ambidestros: performance, sucessos e fracassos — **307**

8.3 Ambidestria e Perpetuidade — **310**

xii | **Além da Segurança Psicológica**

8.4 Ambidestria e Ambiculturalismo	**312**
8.5 Aprendizado organizacional na Organização Ambidestra	**314**
8.6 As Organizações Ambidestras: alguns casos reais	**317**
8.7 O caminho, às vezes, confuso rumo à Ambidestria Organizacional	**329**
9. A Pesquisa de Campo	**335**
9.1 Metodologia	**336**
Conclusão	**339**
Os 31 Gêneros que Nova York reconhece	**343**
Bibliografia	**345**
Índice	**361**

NOTA DOS AUTORES

Este livro é o resultado de mais de 50 anos (combinados!) das nossas experiências profissionais como acadêmicos, executivos, consultores organizacionais e empreendedores em ambientes tanto nacionais como internacionais.

Nossas trajetórias sempre buscaram interligar nosso interesse aos estudos organizacionais e às pesquisas relacionadas com a realidade dos mercados, nos quais atuamos. Esse *match* se deu no intuito de acharmos padrões de comportamento, que conseguíssemos sintetizar em um modelo abrangente, porém suficientemente simples que pudesse ser testado pelas pesquisas de campo, nas próprias organizações.

Nesse sentido, ao longo dessas décadas, procuramos estimular, escutar, analisar e entender como as organizações e seus colaboradores desenvolvem conhecimento e constroem seu aprendizado tanto de forma individual como — e muito mais relevante pelo nosso prisma de análise — agregada e organizacional.

Essa busca nos levou a reagrupar nossos achados em análises bibliográficas e nas pesquisas de campo, de forma a desenhar um novo modelo organizacional, que, evoluindo do modelo seminal de Peter Senge, acomodasse um conjunto de parâmetros para espelhar a realidade atual das organizações e suas transformações.

Em homenagem a Senge, batizamos esse modelo de ***Novel Learning Organizations***, ou seja, o modelo das **Novas Organizações que Aprendem, NOA**.

As NOA são organizações cujo modelo é um arcabouço, tanto conceitual como prático, pautado na ideia fundamental de que o **conhecimento** e o **aprendizado** representam a condição fundamental para atingir o **alto desempenho**, a excelência na **execução** e a maestria no **desenvolvimento de todos os colaboradores**.

Esse modelo visa **criar organizações voltadas a aprender**, como forma de aperfeiçoar as **competências organizacionais** e desenvolver os **talentos individuais e profissionais**, tendo como objetivo principal o crescimento da própria organização.

Nossas reflexões e conclusões são corroboradas pela **experiência prática** compartilhada pelas empresas e pelos profissionais, que participaram da nossa pesquisa. Todos são citados ao longo deste livro.

Finalmente, vale a pena insistir, para dirimir quaisquer possíveis dúvidas futuras, que os **conceitos e modelos** descritos e discutidos neste livro dizem respeito ao **_negócio_ das organizações** e como elas **aprendem** e **se transformam** para se adaptar às novas condições conjunturais do mercado, da sociedade e do planeta. Sendo este o _leit motiv_ do livro e nosso prisma de análise, nossa abordagem terá uma **dimensão _agregada_** mais do que _individual_, visando espelhar a realidade organizacional e suas dinâmicas sistêmicas. Portanto, nossa análise será conduzida pelo viés do **Comportamento Organizacional** e de suas aplicações práticas, focando na organização em seu agregado e em seus aspectos funcionais.

É esse o ambiente da nossa reflexão, que norteará nossas análises e seus resultados.

Os Autores.

São Paulo.

Novembro, 2021.

AGRADECIMENTOS

Escrever um livro é sempre um esforço conjunto, mesmo que indireto.

Queremos, assim, enviar nossos sinceros agradecimentos a todas as pessoas entrevistadas que compartilharam conosco suas experiências organizacionais, por sua **fundamental colaboração** sem a qual nem este livro nem a pesquisa que o embasa teriam sido possíveis.

Agradecemos igualmente aos colegas, amigos e familiares, de perto e de longe, seus *inputs* e suas contribuições dados ao longo dessa jornada.

Queremos também agradecer a todas as pessoas que durante esses anos trabalharam conosco em nossas diferentes atividades como acadêmicos, executivos e consultores, que contribuíram para o nosso repensar das organizações pelas suas atitudes, seus questionamentos e suas provocações.

Finalmente, mas não menos importante, agradecemos o constante apoio dos sócios e de toda a equipe da **Brain Business School**, que nos incentivaram desde o começo para que nos dedicássemos à produção deste livro.

Os Autores.

São Paulo.

Novembro, 2021.

INTRODUÇÃO[1]

Luca e eu nos conhecemos em 2002, quando ele me convidou para ministrar duas palestras no programa de MBA da FISP, que ele coordenava.

O que me surpreendeu foi que, na época, não era comum que programas de MBA discutissem gênero e talentos. Contudo, foram exatamente esses temas que Luca pediu que eu apresentasse nas palestras.

Lembro-me de que, imediatamente, houve uma conexão entre nós não só pelos interesses em comum dos temas, mas também pelo fato de ele estar há pouco tempo no Brasil e eu sentir muita falta de Londres. De alguma maneira, ainda me sentia estrangeira em meu próprio país.

As palestras foram prazerosas e bastante frutíferas de acordo com o parecer das classes, e, para mim, uma oportunidade de trabalhar temas tão caros.

Alguns anos depois nos reencontramos no Insper. Ele, diretor de Educação Executiva e eu professora dos MBAs. A recordação que tenho do nosso reencontro foi a de que ele estava usando uma *ruana* das *Manos del Uruguay*. Eu adoro os trabalhos em

---

[1]   Todos os textos citados neste livro são traduzidos, para o português, pelos autores.

pura lã das artesãs dessa cooperativa de mulheres que naquele momento tornaram-se assunto inevitável da nossa conversa. Entretanto, as trocas de ideias seguintes quase sempre verteram nas questões de Cultura e Comportamento Organizacional, Liderança, Talentos e Diversidade. Foram conversas nutritivas e estimulantes nas quais compartilhamos as leituras que havíamos realizado e nossas experiências profissionais.

As conversas continuaram quase que diariamente quando assumi a Coordenação dos Programas Executivos e a área de Desenvolvimento Organizacional da Brain Business School, escola da qual Luca é o reitor e um dos fundadores. Trabalhando juntos, construímos uma relação baseada na Segurança Psicológica como consequência bastante produtiva, tanto que tivemos a ideia de escrever juntos primeiro um *working paper* e, agora, este livro, que é o amadurecimento e a continuação. Essa foi uma experiência que se mostrou muito rica pelos vários níveis de aprendizado e pela troca de ideias, que tivemos.

A ideia do livro nasceu da constatação simples de que, apesar de estarmos no século XXI, muitos modelos organizacionais ainda espelham um *mindset* e construtos típicos do século passado.

Entretanto, nas duas últimas décadas, o mundo deu inúmeras voltas e mudou radicalmente de maneira espasmódica a uma velocidade inalcançável em todos os sentidos e todas as direções.

E, finalmente, veio a pandemia de Covid-19 estressar os parâmetros do mundo VUCA, de forma exponencial, tornando ainda mais evidentes dificuldades e dilemas organizacionais que pareciam de mais fácil gestão até então!

Nesse ambiente de constante inovação, em que a disrupção se tornou necessidade e obsessão das organizações, é preciso dar um passo para trás, para ter uma visão de 360° e perguntar-se como as organizações:

- **aprendem** no mundo atual;

- **lideram** o movimento de **aprendizagem**, definindo quem é **responsável** por ele;

- **transformam** o aprendizado em **ação**;

- **armazenam** o conhecimento e **transmitem** esse saber;

- **incorporam** o saber para alavancar sua **performance**.

Por todas essas razões, pareceu-nos necessário desenhar um modelo mais atual que pudesse alinhar a atuação e a *performance* das organizações aos anseios de todos os seus *stakeholders*.

As ideias serão mais amplamente desenvolvidas e aprofundadas à luz dos resultados da pesquisa apresentados neste livro, que embasaram as conclusões do modelo.

De fato, a pesquisa — que realizamos junto a importantes empresas de distintas origens, geografia e setores — deixou claro que esse novo modelo deverá ser ***human centric*** à medida que sua função será pôr o ser humano no centro da estratégia de todas as organizações. Além disso, a abordagem deverá funcionar em **360°**, enxergando não somente a organização e seus colaboradores, mas **todos os *stakeholders***, que atuam em seu ecossistema.

Essas são as principais contribuições originais do modelo das **Novas Organizações que Aprendem — NOA**

Em síntese, este livro estuda a **Cultura Organizacional de Aprendizado Contínuo para o Alto Desempenho Sustentável**, resultando na elaboração de um novo modelo. Evoluindo do trabalho seminal de **Senge** (1990)[2], este livro argumenta que o locus ideal para desenvolver uma cultura organizacional de Alto Desempenho Sustentável é constituído pelo universo das *Novas Organizações que Aprendem* (*Novel Learning Organizations*)[3], **NOA ou *NLO***, cujo estudo e experiências empíricas — acumuladas em décadas de prática em organizações de distintos portes e indústrias —, nos conduziram à elaboração desse novo modelo organizacional que foi apelidado também de NOA. Mas em detalhes, o modelo cultural das NOA se desenvolve sob a égide da **Cultura Organizacional**, apoiando-se nos **quatro pilares**, a seguir:

Cultura Organizacional

1. Segurança Psicológica 360°;
2. Criação de Organizações Deliberadamente Focadas em Desenvolvimento – DDO;
3. (Re)humanização da Liderança & seu Propósito;
4. Ambidestria Organizacional & Liderança Ambidestra.

---

[2] Cf. Senge, Peter. **The Fifth Discipline**: The Art and Practice of the Learning Organization. New York: Currency-Doubleday/Random House,1990 e 2010.

[3] "Novel Learning Organizations" é o nome, em língua inglesa, elaborado pelos autores do seu modelo, que define as "Novas Organizações que Aprendem".

Esses pilares serão estudados um por um no presente livro, para que seja possível entender individualmente sua relevância e estabelecer uma relação clara entre eles, para chegar finalmente à construção do modelo das Novas Organizações que Aprendem — NOA.

É importante notar que essa construção deixará em evidência as interligações entre os pilares, que se retroalimentam reciprocamente.

Este livro *Além da Segurança Psicológica: um Modelo Organizacional para as Novas Organizações que Aprendem (NOA)* argumenta que o atingimento do **Alto Desempenho** depende de uma Cultura Organizacional que tem características específicas que crie o ambiente favorável para que esse desempenho seja parte do DNA da organização. Dessa forma, as características específicas da alta performance das organizações estão relacionadas à cultura das *NOA*.

De fato, entendemos que as *NOA* são o guarda-chuva que abriga a segurança psicológica nas organizações; o foco deliberado no desenvolvimento dos profissionais de todos os níveis e, consequentemente, no desenvolvimento organizacional como um todo; a (re)humanização da liderança com seu propósito; o aprender e ensinar tudo, em vez de saber tudo. Esse é também o axioma que rege as organizações ambidestras que atuam no presente, pensando, contemporaneamente, em como inovar, para preparar seu futuro.

O argumento é construído através da apresentação dos conceitos, da relação que existe entre eles, bem como do impacto provocado no alto desempenho para, ao final, mencionarmos o modelo CLE(E)P[4] que será descrito separadamente, em outro trabalho.

> Finalmente, vale frisar que este livro se encontra na intersecção entre um trabalho acadêmico e uma reflexão empírica sobre a natureza do aprendizado nas organizações, estimulado por suas lideranças. As opiniões dos autores são corroboradas por exemplos e casos reais oriundos de sua experiência profissional como executivos, pesquisadores, consultores e docentes, nos últimos 25 anos.

---

[4] CLE(E)P é acrônimo de Cultura, Liderança, Estratégia Empreendedora e Performance. É denominação original dos autores.

além da segurança psicológica

CAPÍTULO 1[1]

O MUNDO NOVO, AS ORGANIZAÇÕES, O TRINÔMIO 'DIVERSIDADE, EQUIDADE & INCLUSÃO' E O BINÔMIO TALENTO-COMPETÊNCIAS, PARA O ALTO DESEMPENHO[2]

> *"We will all profit from a more diverse, inclusive society, understanding, accommodating, even celebrating our differences, while pulling together for the common good*[3]*"*
> – RUTH BADER GINSBURG

Obs.: *Este capítulo apresenta algumas das principais questões que constituem o pano de fundo onde atuam as* **Novas Organizações que Aprendem**, *para mostrar como chegamos à elaboração final desse novo conceito. Dessa forma, o propósito não é esgotar a discussão conceitual em torno dessas mesmas questões, mas, ao contrário, apresentar e entender o contexto atual, bem como os movimentos conjunturais,*

---

[1] Todos os textos citados neste livro são traduzidos, para o português, pelos autores.

[2] Usaremos no livro o pronome masculino, pois usar o feminino e o masculino juntos prejudicaria a fluidez da leitura. Entendemos que, do ponto de vista gramatical, o uso do masculino genérico, usado como gênero indefinido, não dá a entender se todos os sujeitos são homens ou mulheres, uma vez que ele é inespecífico.

[3] Todos nós seremos beneficiados por uma sociedade mais diversa e inclusiva, entendendo, acomodando e celebrando nossas diferenças enquanto nos unimos para o bem comum.

sociais e organizacionais, que o geraram e que são responsáveis por sua constante evolução.

1.1 O contexto atual: o mundo VUCA (ou será BANI?)

O debate sobre Cultura Organizacional destaca a relação direta entre esta e o Alto Desempenho. Nesse sentido, um dos pilares que sustentam o Alto Desempenho é a própria Cultura.

Contudo, qual é a Cultura Organizacional que fomenta e alavanca o Alto Desempenho?

Precisamos, portanto, contextualizar o debate no ambiente contemporâneo complexo e – muitas vezes – imprevisível, onde as organizações operam.

É no contexto do mundo VUCA que as Novas Organizações que Aprendem (ou seja, que têm capacidade de aprender, de adaptar-se e de mudar continuamente os genes impressos em seu DNA), começam a florescer. Esse florescimento foi e é, em grande medida, a resposta ao enfrentamento dos desafios impostos à gestão, por um contexto VUCA.

O que é o Mundo VUCA?

O acrônimo VUCA foi usado pela primeira vez pelo *The US Army College* (1987)[4] para descrever o mundo que estava mais volátil, incerto, complexo e ambíguo. O argumento que embasa tal defi-

---

[4] The US Army College educa e desenvolve líderes para o serviço no nível estratégico, ao mesmo tempo que avança o conhecimento na aplicação na formação militar.

nição é que o mundo, como se apresenta agora, é ainda o resultado da Guerra Fria, cujo alto nível de insegurança influencia a pauta das decisões tanto públicas como privadas.

O conceito VUCA é baseado nas teorias de liderança de Warren Bennis e Burt Nanus (1985). Esses autores argumentaram que a necessidade de uma liderança eficiente e eficaz é muito maior hoje do que no passado, devido ao fato de os desafios serem mais complexos, de haver uma crise de governança e de existir certa incapacidade de as organizações atenderem às expectativas tanto dos *shareholders* como de seus *stakeholders*, em sentido amplo.

VUCA é um acrônimo de:

V = Volatilidade: diz respeito à natureza e à dinâmica da mudança, à natureza e à velocidade das forças de mudança e seus catalisadores;

U = Incerteza[5]: em um mundo onde impera V, U representa a falta de previsibilidade que induz perspectivas de surpresa nas empresas e na sociedade como um todo, gerando uma constante situação de dúvida nas tomadas de decisão;

C = Complexidade: remete a uma realidade multifacetada, estratificada em distintos níveis de interpretação e operacionalização em que uma multiplicidade de questões determina uma cadeia de causa e efeito, muitas vezes obscura e de resultados dúbios;

A = Ambiguidade: remete a uma realidade imprecisa que gera interpretações potencialmente errôneas e situações com sig-

---

[5]   U de "Uncertainty" (ou seja, "incerteza" em inglês).

nificados ambivalentes ou mistos, produzindo uma constante confusão de causa e efeito.

Apesar de o conceito VUCA ser de 1987 e, desde então, ter gerado certo "cansaço intelectual" devido à sua popularização, tanto em textos acadêmicos como em outros mais informativos, ele é extremamente atual, ainda mais depois da eclosão da pandemia de Covid-19. A catástrofe sanitária global mostrou claramente quão afetado está sendo o mundo e quão exponencial se tornou o conceito VUCA, na forma como esse fenômeno imprevisível e distópico está atingindo todo o globo. A pandemia está, de fato, distorcendo e exasperando toda sorte de variáveis e de parâmetros sanitários, econômicos e sociais sem distinção de condições nas quais os diferentes países se encontram.

Paralelamente, o mundo VUCA está comprovando o adágio de que todo desafio corresponde a uma oportunidade para mudar e, por que não, crescer. Ou seja, em situação de volatilidade e incerteza, seria lógico imaginar que *as organizações esperassem mais, e não menos de si mesmas e dos colaboradores que trabalham nelas e por elas. Entretanto, o desenho organizacional que nos é familiar não consegue satisfazer tal necessidade*[6].

De fato, é verdade que boa parte dos tradicionais modelos não são desenhados para abraçar o *desequilíbrio* como um *leitmotiv* do dia a dia das organizações, consolidando, dessa forma, culturas organizacionais que são rígidas em relação às mudanças, à experimentação e, consequentemente, à inovação e à transformação.

---

[6] Kegan, Robert. *et al*. An Everyone Culture: Becoming a Deliberately Developmental Organization. Boston: **Harvard Business Review Press**, 2016, p .2.

Entretanto, práticas organizacionais contemporâneas não somente pressupõem que as companhias se esforcem para serem mais predispostas e resilientes às mudanças, mas também fazem da *ambidestria organizacional*[7] uma das componentes estruturais de seu DNA cultural. Nesse sentido, elas abrem o caminho para a experimentação e a inovação, definindo modelos onde coabitam dentro da mesma estrutura organizacional unidades tradicionais focadas no alto desempenho e outras dedicadas a projetos de intraempreendedorismo, com um claro foco na experimentação e na inovação.

Uma abordagem alternativa interessante sobre VUCA foca seus aspectos positivos e as possibilidades de crescimento nelas implícitas. Em seu recente trabalho, Abidi e Joshi[8] atribuem ao acrônimo VUCA significados novos e opostos aos originais. Ao contrário da visão tradicional negativa, que identifica o ambiente VUCA como uma *ameaça* à sua existência, esses autores enfocam as *oportunidades* e sugerem olhar pelos conceitos de **V**isão, **C**ompreensão[9], **C**lareza e **A**gilidade, como pelo prisma de uma análise SWOT. Essa nova abordagem para VUCA explora tendências atuais das organizações, em que modelos de liderança *top down* se tornam claramente obsoletos e até inaceitáveis, e onde o aprendizado organizacional se estabelece em nossos dias de maneiras bastante distintas em relação a como se aprendia, por exemplo, há uma década.

Nesse contexto, a ênfase posta no estudo do aprendizado contínuo em ambiente disruptivo, entendida como capacidade ne-

---

[7] O tema da Ambidestria Organizacional será tratado pelos autores, neste livro, sendo um dos pilares de seu modelo das *Novel Learning Organizations, infra.*

[8] Abidi, Suhayl e Joshi Manoj. **The VUCA Learner**, Sage, New Delhi, 2018.

[9] *Understanding*, em língua inglesa.

14 Além da Segurança Psicológica

cessária para desenvolver times ágeis e resilientes, é tema relevante que os próprios autores abordarão neste livro.

...E o Mundo BANI?[10]...

Como já sabemos, no Universo, toda ideia se copia e se recicla até a exaustão. Uma versão recente e atualizada do conceito VUCA da qual se fala desde 2020, é conhecida sob o nome de BANI, como foi cunhada por Cascio[11]. Tal conceito tornou-se popular no Brasil graças a um grupo de seguidores brasileiros que representam o maior contingente nacional de leitores dentre aqueles listados em sua página web.

Em um artigo que teve certo eco, o autor, apesar de não trazer nenhuma contribuição especialmente inovadora ao debate sobre a crescente complexidade e insegurança da sociedade atual, retoma e reinterpreta os conceitos implícitos no mundo VUCA. Nessa ótica, Cascio sugere a prevalência de um estado de *caos* em um mundo que estava começando a enfrentar a pior e mais cruel pandemia da história da humanidade, que conduz inexoravelmente a uma *multiplicação* do nível de estresse percebido em quaisquer contextos. Em termos semânticos, o acrônimo BANI, (que poderia ser FANI, em português) define um mundo que aparenta ser:

B = Fragmentado[12];

A = Ansioso;

---

[10] Os autores agradecem o Dr. André Siffert, por ter estimulado o debate VUCA vs BANI.

[11] Cascio, Jamais. **Facing the Age of Chaos**, Medium, publicado em 29 de abril de 2020. Cf. https://medium.com/@cascio/facing-the-age-of-chaos-b00687b1f51d.

[12] B de "Brittle" (ou seja, "fragmentado" ou "friável"), em inglês.

N = Não linear;

I = Incompreensível.

O teor propositalmente dramático do acrônimo é autoexplicativo e sugere a interpretação segundo a qual qualquer movimento disruptivo, no mundo atual, é um constante gerador de caos cuja tendência à catástrofe pode ser representada pelo conceito BANI.

Desastres e, consequentemente, depressão estão sempre às portas, fomentados por desinformação e *fake news,* causando ansiedade e aumento nas taxas de suicídios. Qualquer fator toma dimensões desproporcionais e massivas como no caso da pandemia. A confusão se instala e nada faz mais sentido, uma vez que todos somos bombardeados por um avassalador excesso de informações desconexas. Esse quadro apocalíptico será resgatado por um conjunto de fatores, tais como resiliência, empatia, flexibilidade e intuição, dentre outros, subjacentes aos elementos do acrônimo.

Apesar de bastante intuitivo – ou talvez por causa disso –, o conceito BANI é pouco articulado e não interpreta nem testa as causas-raiz que conduzem aos dramáticos efeitos de disrupção que o artigo relata. Nesse sentido, apesar de o autor desqualificar o conceito VUCA como "claro, evocativo e sempre mais obsoleto"[13], o conceito BANI, por sua vez, parece ser mais um exercício retórico e não vai muito além da própria semântica. De fato, ele não foi corroborado por nenhum estudo ou modelo mais consistente ao qual possa ancorar-se de maneira mais estruturada (ao menos, até agora).

---

[13] Cascio, Jamais. cit.

Por esse prisma, portanto, é difícil desvincular o BANI de mais uma forma de modismo que busca dar uma roupagem nova a conceitos já consolidados sem, contudo, inovar de verdade e sem oferecer uma melhor análise crítica das tendências do mundo contemporâneo.

> Finalmente, pelas razões citadas, continuaremos nos referindo neste livro às complexidades e ambiguidades do mundo atual, fazendo referência – quando for preciso – ao conceito VUCA, que nos parece representar a realidade de forma suficientemente clara e embasada.

1.2 A crise e o pós-crise nas organizações: Liderança Feminina, Gênero e DEI – Diversidade, Equidade & Inclusão

A crise induzida pela pandemia da Covid-19 não deixa dúvida sobre o fato de que todos os múltiplos *stakeholders* – organizações, governos, indivíduos e toda a sociedade – estão vivendo no mundo VUCA: volátil, incerto, complexo e ambíguo.

Não há unanimidade ainda quanto ao entendimento de como fazer o enfrentamento dessa crise e como será o mundo pós-crise. Há a linha de pensamento que diz que o capitalismo será mais humano, que construiremos uma sociedade mais justa e igualitária. Outros, ao contrário, afirmam que, passada a crise, tudo voltará a ser *"business as usual"*. Ou seja, entende-se que haverá uma tendência a manter mais colaboradores em *home office,* fato que contribuirá com a diminuição do trânsito urba-

O Mundo Novo, as Organizações, o Trinômio 'Diversidade... **17**

no e da poluição, mas não acontecerá nenhuma transformação relevante na sociedade no que diz respeito à sua estrutura e à distribuição efetiva da riqueza.

Uma observação interessante relativa à gestão da crise se baseia em uma dupla abordagem que cruza **Liderança** e **Gênero**. Tal análise chega à conclusão de que os países que conseguiram se planejar mais adequadamente e, como consequência, tiveram menos casos e lidaram melhor com a primeira onda de coronavírus, são liderados por mulheres[14]. As líderes políticas mulheres[15], que adotaram medidas diferenciadas (uso das redes sociais, palestras para as crianças, teste para todos os cidadãos sem custo para eles, fechamento das fronteiras bem no início da crise, diminuição de seu próprio salário etc.) mostraram que, na crise, tomar decisões baseadas no conhecimento científico, na empatia, na compaixão, na humildade e na colaboração é mais relevante e traz muito mais resultados positivos do que decisões que transformam uma questão seríssima de saúde em bravatas de fundo puramente político.

Essas líderes colocaram claramente o ser humano no centro de suas decisões. Esse entendimento do papel da liderança é recente e tem impactos que provocam uma mudança de expectativa do que será esperado dos líderes. Trazer o ser humano para o centro de todo tipo de organização está na definição de

---

[14] Poucos casos contrários, como o da Bélgica, são isolados e não invalidam o resultado da análise.

[15] As líderes mulheres são: Angela Merkel (Chanceler da Alemanha), Mette Frederiksen (Primeira Ministra da Dinamarca), Erna Solberg (Primeira Ministra da Noruega), Sanna Marin (Primeira Ministra da Finlândia), Jacinda Ardern (Primeira Ministra da Nova Zelândia), Katrin Jakobsdóttir (Primeira Ministra da Islândia), Tsai Ing-Wen (Presidente de Taiwan) e Silveria Jacobs (Primeira Ministra de Sint Maarten).

Além da Segurança Psicológica

(Re)humanização da Liderança, que será descrita no capítulo 7º a ela dedicado, neste mesmo livro.

Tallon (2016)[16] conclui em sua pesquisa sobre neurociência que o cérebro das mulheres está preparado para empatia, intuição e colaboração. Esses são os mesmos conjuntos de Talentos e Competências que se espera de seus líderes hoje na era digital.

Em outras palavras, resgatando o tema da cultura, ficou claro que todas essas mulheres líderes de seus países fomentaram, em seus mandatos, uma cultura de alto desempenho, que os resultados do enfrentamento da crise do coronavírus mostram ter sido de grande eficácia para amenizar a própria crise e os impactos da pandemia.

A conclusão de Tallon, relacionada à liderança política das mulheres, traz à tona debates, que ainda estão longe de chegarem a conclusões unânimes. Um deles é sobre **gênero e sexo**, outro sobre **diversidade & equidade & inclusão**, enfim, outro sobre **talento e competências**.

Gênero e Sexo

Nos últimos anos temos vivido em uma época marcada por uma polarização política sem precedentes que invade constantemente o debate intelectual, gerando distorções conceituais e confusões semânticas impensáveis em outra época. Com foco especial nas temáticas de Sexo e Gênero, conceitos e falácias sem qualquer embasamento ou coerência científicos são discutidos, unicamente para defender teses apócrifas ou, simplesmente, falsas e irracionais que visam sustentar narrativas obscurantistas e retrógradas.

---

[16] Tallon, Monique. **Leading Gracefully**: A Woman's Guide to Confident, Authentic & Effective Leadership. San Francisco: Highest Path Publishing, 2016.

> Nesse contexto ambíguo — apesar de este ser um livro que foca no Comportamento Organizacional e suas derivações — nos parece fundamental resgatar o debate sobre **Gênero** e **Sexo**, uma vez que ele impacta diariamente a **sociedade** e, consequentemente, o **ambiente organizacional** que nela se espelha.

Nessa perspectiva, quanto a Gênero[17] e Sexo, o trabalho de Butler, *Gender Trouble*[18], é seminal.

Ela questiona a premissa feminista de que o sexo é biológico e o gênero é culturalmente construído, como os dois conceitos independentes um do outro. Butler é contrária a uma estrita associação binária entre sexo e gênero, bem como entre os diferentes gêneros. De fato, a autora retira da noção de gênero a ideia de que ele decorre do sexo e discute em que medida a distinção entre sexo/gênero é arbitrária.

Ou seja, ela chega à conclusão de que sexo também é construído.

No mundo ocidental, sexo, gênero e orientação sexual são vistos como qualidades essenciais intimamente ligadas. A visão predominante é que o sexo biológico é binário, ou seja, masculino e feminino, essencial e natural, e que forma a base para o gênero binário, visto como a interpretação cultural do sexo e do desejo sexual. Não é apenas o gênero que é culturalmente construído e tem qualidades prescritivas e proscritivas: isso também se aplica ao sexo como uma categoria binária.

---

[17] Referimo-nos a Gênero/Gêneros não como um sistema binário, mas sim como tendo uma multiplicidade de identidades. A Comissão de Direitos Humanos de Nova York (EUA) oficializou a multiplicidade das identidades de gênero, que chega a 31. Para a relação dos 31 gêneros, ver Anexo 2, infra

[18] Butler, Judith. **Gender Trouble**. Nova York: Routledge, 1990.

Nesse contexto, conforme Butler escreve, em outro trabalho[19], *"se o caráter imutável do sexo é contestável, talvez o próprio construto chamado 'sexo' seja tão culturalmente construído quanto o gênero; a rigor, talvez o sexo sempre tenha sido o gênero, de tal forma que a distinção entre sexo e gênero se revela absolutamente nula. Se o sexo é, ele próprio, uma categoria tomada em seu gênero, não faz sentido definir o gênero como a interpretação cultural do sexo"* (p. 25).

A questão que Butler levanta é que a distinção entre sexo e gênero (de teorias feministas) na qual sexo está relacionado ao aspecto biológico e gênero aos aspectos socioculturais é problemática. Ela afirma que tanto o sexo quanto o gênero são construídos socialmente, portanto não é possível conceber o primeiro como natural. A autora considera a separação entre o corpo e a mente artificial. O corpo é construído à medida que a criança é educada pelos instrumentos sociais de poder que a levam a se transformar em mulher ou homem. Ou seja, o corpo não é natural.

Quanto ao gênero, a autora argumenta que ele *"(...) é performativamente produzido e imposto pelas práticas reguladoras da coerência de gênero"* (ibid., p. 48). Ou seja, a identidade de gênero é construída performativamente e não socialmente.

É frequente 'Mulher' e 'Gênero' serem usados como sendo intercambiáveis, contudo, em termos teóricos, esse não deve ser o caso.

---

[19] Butler, Judith. **Problemas de gênero. Feminismo e subversão de identidade**. Rio de Janeiro: Civilização Brasileira, 2010.

A história do feminismo pode contribuir para esclarecer o uso dessas palavras como sinônimos[20].

Para tanto, apresentaremos rapidamente uma breve retrospectiva do movimento feminista. Diferentes momentos históricos tiveram diferentes questões e pautas que as mulheres abraçaram. Esses momentos são chamados de Ondas.

"Cada onda feminista tem suas particularidades — bem como as mulheres que foram protagonistas de cada um desses momentos — tinham demandas principais distintas. Dessa maneira, uma das formas de identificar uma "onda" do feminismo é ter como base suas principais demandas e os ideais que buscavam defender e alcançar." (Silva, 2019: 6).

De acordo com Silva (2019), consideram-se, primeiramente, três Ondas, além da Quarta Onda, que é a que estamos vivendo. Resumidamente as Ondas são[21]:

1ª Onda. Fim do Século XIX e começo do Século XX (Inglaterra e Estados Unidos). As mulheres reivindicam os direitos civis que os homens tinham, como votar, administrar bens e gerir fortunas;

2ª Onda. Nessa Onda (década de '50), acontece o início da diferenciação de Sexo e Gênero. Os livros de Simone de Beauvoir (*Le Deuxième Sexe – o Segundo Sexo)*[22] e o de Betty Friedan (*The Feminine Mystique – A Mística Feminina)*[23] são

---

[20] Para detalhes da teoria Feminista ver De Hollanda, Heloisa (org). **Pensamento Feminista conceitos fundamentais**. Rio de Janeiro: Bazar do Tempo, 2019.

[21] As Ondas do Feminismo são apresentadas resumidamente, visto que o feminismo não é o foco do livro. Essa questão está sendo mencionada para a estruturação do argumento.

[22] Publicado em 1949 na França; e no Brasil, em 1962.

[23] Publicado em 1963 nos Estados Unidos; e no Brasil, em 1971.

considerados marcos dessa Onda. Essa fase é considerada a fase do Feminismo Radical. "(...) a mulher é socialmente condicionada e explorada em razão do sexo e das suas funções reprodutivas e o patriarcado é o sistema responsável por essa opressão, sendo gênero sua ferramenta."(ibid:13);

3ª Onda. As décadas de '80 e '90 representam a Terceira Onda, que buscou entender e elaborar as diferentes identidades femininas "(...) entendendo que as opressões sociais, mesmo que baseadas no gênero, atingem de maneira diferente mulheres que se encontram em diferentes condições."(ibid: 19). Um entendimento possível é que foi a partir da 3ª onda que os termos Gênero e Mulher começaram a ser usados como intercambiáveis.

4ª Onda. Ela é caracterizada pela internet e pelas redes sociais. "(...) pelo uso maciço das plataformas sociais com fim de organização, articulação e propagação da ideia de que a igualdade entre os sexos ainda é uma ilusão."(ibid:25).

Contudo, apesar de a equidade [24] entre os sexos e os gêneros ser ainda uma ilusão, as redes sociais podem, ao mesmo tempo, propagar ideias que reforçam os preconceitos como também contestá-los. Os dois casos apresentados, a seguir, explicitam, sob ambas perspectivas, quanto a equidade entre os gêneros tem ainda um longo caminho a ser percorrido e qual escala a contestação pode alcançar na luta pela equidade entre os gêneros.

---

[24] Usamos "Equidade", pois, de acordo com o Novo Dicionário Aurélio, essa é a *"disposição de reconhecer igualmente o direito de cada um"* (ibid:675). Equidade reconhece as diferenças entre as pessoas para que todos tenham iguais oportunidades. Já o conceito de Igualdade não reconhece as diferenças. Igualdade pela definição do mesmo dicionário é "a qualidade ou estado de igual paridade" (ibid: 915).

Caso 1. O poder das plataformas e redes sociais tem considerável impacto. Na Copa do Mundo na Rússia, em 2018, um grupo de cinco brasileiros cantou em ritmo de festa, próximo a uma jovem russa que não falava português, uma música que fazia referência ao órgão sexual feminino em designação chula. Também insistiram para que a jovem tentasse repetir as mesmas palavras, cantando com eles. Ela, possivelmente achando que se tratasse de uma brincadeira inocente, tentou repetir as palavras.

A cena foi filmada e colocada nas redes sociais. Um número considerável de pessoas não achou graça alguma e entendeu que essa atitude podia ser considerada assédio. Infelizmente tal episódio não foi isolado, mas aconteceu em outras situações.

O vídeo não foi bem recebido nem no Brasil nem na Rússia, a ponto de Alena Popova, advogada e ativista russa pelos direitos das mulheres, criar uma petição online para exigir um pedido de desculpas dos torcedores brasileiros que ofenderam a jovem russa. Quase 20 mil pessoas assinaram a petição[25].

Caso 2. Outro exemplo mais recente, mas não menos problemático, aconteceu mais uma vez com um brasileiro, durante uma viagem de turismo, em Gizé, no Egito. O brasileiro, que é médico, assediou uma vendedora de uma loja de papiros fazendo comentários de cunho sexual, que ela, por não falar português, não entendeu, mas educadamente retribuiu com um sorriso. Nessa altura a 'brincadeira' (sic), foi postada por ele nas redes sociais. Logo depois, um outro brasileiro, chocado com o vídeo, o repostou e marcou algumas ativistas e jornalistas do Brasil. Começou, então, a mobilização de mulheres brasileiras, que entraram em contato com Gehad Hamdy, ativista e fundadora da *Speak Up*, uma iniciativa feminista voltada para o suporte de vítimas de violência no Egito.

---

[25] Cf: https://adnews.com.br/depois-da-latam-demitir-funcionario-machista-russa-cria-abaixo-assinado-para-punir-os-outros/.

Gehad expôs o caso nas redes sociais. Foi criada uma *hashtag* traduzida como "#ResponsabilizemOAssediadorBrasileiro", que figurou entre as mais comentadas no Twitter do Egito[26]. Por causa dessa reação maciça e inesperada, o médico voltou à loja de papiros, no dia seguinte à gravação do vídeo para pedir desculpas. Tentando ir para o Cairo, ele foi preso pelas autoridades egípcias em 31/05. Em 06/06, ele retornou ao Brasil.

Retomando a discussão sobre questões de Gênero[27], ela continua relevante, até porque não foi esgotada.

Enquanto Butler questiona a noção de Sexo ser Natural e a de Gênero ser uma Construção Social, e discute se Sexo também não é uma construção social, o trabalho de Molyneux[28] está relacionado aos papéis de Gênero e como eles permeiam os interesses advindos dos Gêneros.

Maxine Molyneux trabalhou os conceitos de interesses das mulheres e interesses de gêneros. Apesar de quase 40 anos do início dessa proposta, ela ainda é entendida como relevante

---

[26] Cf: https://www.terra.com.br/noticias/brasil/cidades/mobilizacao-para-denunciar-medico-no-egito-envolveu-brasileiros-e-ativistas-feministas egipcias,01d-c22a052b481a5bad3d284cdce8a6dui3su4yp.html; https://www.cnnbrasil.com.br/internacional/egito-decide-manter-brasileiro-detido-provisoriamente-por-assedio-verbal/; https://twitter.com/hashtag/ResponsabilizemOAssediadorBrasileiro?src=hash.

[27] Cf: Butler, Judith. Gender Trouble. Routledge: London, 1990; Polity, The Polity Reader in Gender Studies. Cambridge: Polity Press, 1994; Saraswati, L. Ayu et al. Introduction to Women's, Gender, and Sexuality Studies: Interdisciplinary and Intersectional Approaches. Oxford: Oxford University Press, 2017; Launius, Christie. e Hassel, Hollie. Threshold Concepts in Women's and Gender Studies. Oxford: Routledge, 2018.

[28] Molyneux, Maxine. Mobilization without Emancipation? Women's Interests, State and Revolution, in Fager R. *et al.* (eds) Transition and Development: Problems of Third World Socialism, **Monthly Review Press**: Nova York, 1986, 280-302.

O *Mundo Novo, as Organizações, o Trinômio 'Diversidade...*

(Yannoulas e da Silva, 2017)[29], principalmente por deixar claro que não existe Mulher (ou Mulheres) como categoria de análise.

Molyneux propôs a separação desses conceitos (de interesses das mulheres e de interesses de gêneros) em interesses estratégicos de gênero e interesses práticos de gênero.

O argumento é o de que é quase impossível generalizar os interesses das mulheres. De fato, a quais mulheres estamos nos referindo? Não há dúvida de que mulheres e homens são permeados por questões de idade, classe, etnia e gênero apenas para mencionar alguns aspectos que influenciam os nossos interesses.

O que é possível afirmar é que homens e *"(...) mulheres têm em comum os interesses, que são os que podem se desenvolver em virtude de sua posição social, por meio de seus atributos de gênero e devem ser chamados de interesses de gênero. Eles podem ser estratégicos ou práticos."* (Machado, 1992)[30]

Nesse contexto, Molyneux (1986) complementa que *"os interesses estratégicos são derivados, em um primeiro momento, dedutivamente, isto é, partem da análise da subordinação da mulher e da formulação de um conjunto de arranjos, alternativos e mais satisfatórios, do que aqueles já existentes. Esses critérios éticos e teóricos ajudam na formulação de objetivos estratégicos para superar a subordinação das mulheres, tais como a abolição da divisão sexual do trabalho, o alívio da carga do trabalho doméstico e do cuidado com as crianças, a remoção das for-*

---

[29] Yannoulas, Silvia e da Silva, Ismalia. Necessidades práticas das mulheres x interesses estratégicos feministas (de gênero): Revisitando a polêmica, em **Revista Feminismos**, vol 5, No2/3. 25, 2017.

[30] Machado, Leda. **Atores Sociais. Movimentos Urbanos, Continuidade e Gênero**. São Paulo: Annablume, 1995.

mas institucionalizadas de discriminação, o estabelecimento da igualdade política, a liberdade de escolha em relação à gravidez, e a adoção de medidas adequadas contra a violência e o controle do homem sobre a mulher" (ibid:284).

Algumas correntes do movimento feminista consideram os interesses estratégicos de gênero como sendo os verdadeiramente feministas e são os que podem levar a uma mudança significativa na relação entre os gêneros. Isso ocorre porque são esses interesses que questionam a situação de subordinação das mulheres. É a contestação da subordinação que pode conseguir a equidade na sociedade.

Por outro lado, os interesses práticos são os que resultam das condições de fato da situação das mulheres em relação à divisão do trabalho. Dessa maneira, são as mulheres as responsáveis pelo bem-estar de seus filhos e de sua família. Isso pode causar culpa nas mulheres que sentem não estar cumprindo o que se espera delas. Do homem se espera que ele seja o provedor da família. Isso também pode causar problemas como baixa autoestima nos homens quando eles não conseguem desempenhar o papel de gênero designado para deles. Contudo, os interesses práticos podem, com frequência, reforçar o papel da mulher como só ou principal responsável pelo cuidado dos afazeres domésticos e pelo cuidado dos filhos, o que dificulta o estabelecimento da equidade entre os gêneros.

"Em contraste com os interesses estratégicos de gênero, os interesses práticos de gênero são formulados pelas próprias mulheres (...) do que pelas intervenções externas. Os interesses práticos são geralmente uma resposta a uma necessidade imediata sentida e geralmente não está vinculada a um objetivo estratégi-

co, como a emancipação das mulheres ou a igualdade de gêneros"(ibid: 284).

Por outro lado, Moser (1993)[31] parte do trabalho de Molyneux, rebatendo os conceitos de interesses (Estratégicos e Práticos) de gênero para a perspectiva de políticas públicas/planejamento, e propõe Necessidades de Gênero Estratégicas e Práticas.

As necessidades de gênero seriam, então, aquelas que podem se desenvolver por meio do posicionamento social de mulheres e homens, pelos atributos de gênero. As necessidades práticas são aquelas identificadas pelas próprias mulheres, pelos seus papéis aceitos na sociedade. Atender a essas necessidades não desafiaria a posição subordinada das mulheres ou a divisão do trabalho de acordo com o gênero. Eles são uma resposta imediata a uma necessidade identificada em um contexto específico. Eles estão relacionados a condições de vida inadequadas, ou seja, falta de abastecimento de água, centros de saúde, creches, escolas etc. (ibid.: 40).

Tanto a conceituação de Molyneux como a resposta de Moser contribuem para o desenho de Políticas Públicas e Organizacionais, pois deixam claro para quem elas são direcionadas. Para atingirem os objetivos almejados, elas devem levar em consideração os interesses e as necessidades de gênero.

> Olhando pelo viés organizacional, é interessante notar como essa conceituação pode ser útil para as Lideranças fazerem uma Gestão de Pessoas mais (Re)humanizada[32].

---

[31] Moser, Caroline. **Gender Planning and Development: Theory, Practice, and Training**. London: Routledge, Chapman & Hall Incorporate, 1993.

[32] Cf: capítulo 7°, infra.

Além da Segurança Psicológica

O atingimento dos interesses e necessidades de gênero com consequente equidade foi fortemente impactado negativamente pela pandemia da Covid. A pandemia mostrou que a questão da equidade é mais complexa, e conquistas tidas como estabelecidas foram perdidas. O isolamento trouxe de volta, de uma maneira que não foi amplamente discutida, que na prática a responsabilidade dos cuidados com a família e a casa ainda é, principalmente, das mulheres. Elas foram e continuam sendo as responsáveis por cuidar dos doentes, acompanhar as aulas virtuais e as lições de casa dos filhos, sem esquecer os afazeres domésticos e o trabalho em *home office*, que antes era externo. As tarefas, que antes da pandemia podiam ser terceirizadas para as colaboradoras domésticas, ficaram bem mais difíceis — senão impossíveis — de se delegar.

O isolamento também expôs as mulheres mais vulneráveis à **violência doméstica**. Rocha e colaboradores (2020) argumentam que *"os resultados indicam a tendência ascendente no número de casos dos crimes de violência doméstica."*(ibid:14) [33]

A pandemia trouxe, além do aumento da violência doméstica, outros desafios, como a piora da **saúde mental,** que está afetando a população mundial.

O médico psiquiatra Dr. José Eliézio Rodrigues de Aguiar[34] comenta que *"no passado, saúde mental[35] era não ter um transtorno mental. Hoje, trata-se de um conceito mais amplo de saúde*

---

[33] Ver Rocha e *et al.* (2020). **COVID-19, isolamento social e violência doméstica: evidências iniciais para o Brasil.** Em https://www.anpec.org.br/encontro/2020/submissao/files_I/i12-18d5a3144d9d12c9efbf9938f83318f5.pdf. Acesso em: 10 set. 2021.

[34] Cf: Entrevista com o psiquiatra Dr José Eliézio Rodrigues de Aguiar, realizada em 24 se setembro de 2021.

[35] Saúde Mental não deve ser confundida com Segurança Psicológica. Elas são relacionadas, mas não são o mesmo. Para Segurança Psicológica ver capítulo 5º, infra.

que envolve não só a ausência da doença. Esse conceito engloba um bem-estar mais amplo, bio-psico-social e inclui as ferramentas para lidar com as adversidades da vida, como os sentimentos de perda, luto, mudança. Ela é multifatorial".

A pandemia provocou um desequilíbrio entre os fatores de risco e de proteção da população. Ela ampliou sua vulnerabilidade social e, consequentemente, aumentou o fator de risco, o que está provocando os problemas de saúde mental.

O Dr. Eliézio menciona a pesquisa desenvolvida por Goularte e colaboradores (2021)[36] sobre o efeito da Covid no Brasil, que mostra que o número de pessoas com problemas de saúde mental aumentou. De fato, 3/4 da população brasileira apresentam quadro de ansiedade moderada e grave e 2/3 apresentam depressão moderada e grave (íbid.:35). Nessa situação, ser mulher é um dos fatores associados ao desenvolvimento da ansiedade, depressão e PTSD.

De fato, a pesquisa citada relata que *"entre os determinantes dos resultados de saúde mental, sexo feminino, idade mais jovem, menor nível educacional, baixa renda e maior período de distanciamento social estiveram fortemente associados aos níveis de ansiedade, depressão e PTSD"* (ibid.: 35).

---

[36] Pesquisa desenvolvida por instituições brasileiras e espanhola: Laboratório de Psiquiatria Molecular, Hospital de Clínicas de Porto Alegre (HCPA); Departamento de Farmacologia, Universidade do Rio Grande do Sul (UFRGS); Laboratório de Farmacologia e Fisiologia, Universidade Caxias do Sul (UCS); Programa de Pós-Graduação em Psiquiatria e Ciências Comportamentais, Universidade Federal do Rio Grande do Sul (UFRGS), e Centro Forum Consorcio MAR Parque de Salud, Barcelona. Ver Goularte, Jeferson. **COVID-19 and mental health in Brazil**: Psychiatric symptoms in the general population. *Journal of Psychiatric Research 132 (2021) 32–37. Em https://www.ncbi.nlm.nih.gov/pmc/articles/PMC7527181/pdf/main.pdf.*

Diversidade, Equidade & Inclusão – DEI: Sociedade, Direitos Civis e Organizações

Os conceitos de **Mulher e Gênero** estão relacionados à **Diversidade, Equidade e Inclusão (DEI)**. Contudo, Diversidade não está restrita a Gênero. Ela é muito mais abrangente, incluindo etnia, raça, faixa etária, formação educacional e orientação sexual, por exemplo.

Portanto, por Diversidade entendemos um leque de pessoas de várias e diferentes origens étnicas, socioeconômicas e culturais, raça, faixa etária, gênero, religião, perspectivas políticas, vários estilos de vida, experiências e interesses.

Pelo prisma organizacional, para Fulp (2018)[37], a diversidade é um imperativo de negócio, sem a qual a organização não terá ao certo futuro, pois não desfruta das vantagens que a diversidade traz para as organizações.

De fato, *"as organizações falham em perceber o que a diversidade realmente é: um ativo fundamental e estratégico, algo que as companhias devem ter para cumprir com suas obrigações fiduciárias para com os shareholders e para manter a vitalidade e o dinamismo de suas organizações. Como resultado, muitas organizações não perseguem a diversidade e não incorporam diversidade em todas as suas operações de recrutamento, deliberações do conselho, estratégias de marketing, inovação, cadeia de suprimentos e assim por diante. As empresas se fecham para a diversidade sem nem mesmo saber disso, renunciando a muito do que, de outra forma, poderia estar disponível para elas. A diversidade é um imperativo empresarial, e as empresas*

---

[37] Fulp, Carol. **Success though Diversity**. Boston: Beacon Press, 2018.

devem progredir rapidamente — não em dez anos, mas agora." (ibid. p. 9)

O entendimento de Fulp quanto à diversidade é bastante atual. Esse é o resultado do desenvolvimento do conceito que foi sendo expandido. Conforme mudanças socioeconômicas foram acontecendo, o conceito de diversidade também foi chegando ao entendimento de hoje de Diversidade, Equidade & Inclusão.

Uma retrospectiva sobre como o conceito de Diversidade vem sendo discutido e entendido mostra que ele é influenciado pelos acontecimentos políticos e sociais que fazem com que ele seja repensado. Com o tempo, ao conceito de Diversidade foi agregado o de Inclusão e, mais recentemente, o de Equidade. Ou seja, trata-se de um trinômio (DEI). Esse trinômio é relevante, pois está estritamente relacionado à **sustentabilidade** das organizações.

De fato, Diversidade, sem Equidade e Inclusão, não impacta tão positivamente os resultados de negócio e não garante a sustentabilidade das organizações.

O mundo VUCA pede organizações ágeis e flexíveis, bem como pede um pool de talentos para o enfrentamento dos complexos desafios da atualidade. Por essas razões, esse pool de talentos é proporcionalmente maior quanto maior for a Diversidade, Equidade & Inclusão na organização.

A Diversidade no local de trabalho vem sendo debatida desde a Segunda Guerra Mundial, quando as mulheres começaram a trabalhar nas fábricas e nos escritórios para fazer frente à escassez de mão de obra devido aos homens estarem cumprindo o serviço militar. Quando os homens voltaram da guerra, as mulheres não quiserem voltar para o 'lar'.[38]

Nos Estados Unidos, a Ordem Executiva 9981, assinada, em 26 de julho de 1948 pelo Presidente Truman, proibia a discriminação contra militares devido à raça, cor, religião ou origem nacional. Essa ordem executiva é considerada a primeira legislação a respeito da diversidade no local de trabalho. Ela abriu caminho para iniciativas semelhantes, em vários setores da economia (Gardener *et al.*, 2003)[39].

Por outro lado, Sales (2016)[40], em seus quatro artigos da série *Mais Diversidade: Breve Histórico da Diversidade nas Organizações*, discute a Diversidade nas organizações e argumenta que elas ganham *momentum* na década de '60.

> *"Falar em diversidade nas empresas envolve voltar no tempo algumas décadas e retomar pelo menos aos anos 1960. Naquele período, representantes de grupos historicamente excluídos tomaram as ruas de cidades dos Estados Unidos para criticar o racismo, o machismo, a homofobia, entre outras opressões. Foi quando Martin Luther King liderou milhares de negros na Marcha sobre Washington, que as feministas denunciaram com mais intensidade a desigualdade de gênero e o movimento LGBT tomou corpo em Nova York."*(ibid).

---

[38] Ver o filme *Rosie the Riveter*: Real Women Workers in World War II, em https://www.youtube.com/watch?v=04VNBM1PqR8.

[39] Gardner, Michael *et al.* **Harry Truman e direitos civis**: coragem moral e riscos políticos. Carbondale, IL: Imprensa SIU, 2003.

[40] Sales, Ricardo. Breve Histórico da Diversidade nas Organizações. Parte I. Parte II, Parte III e Parte IV, 2016. Em https://www.aberje.com.br/?blog=breve-historico--da-diversidade-nas-organizacoes. Acesso em: 05 set. 2021.

O *Mundo Novo, as Organizações, o Trinômio 'Diversidade...*   **33**

No fim dos anos '60, acontece a Rebelião de Stonewall, um outro evento definidor da década. Ela é o impulso que faltava para o Movimento LGBT tomar força, ir para as ruas e se tornar público. Em 28 de junho de 1969, a polícia de Nova York fez uma batida no Bar Stonewall, local frequentado pela Comunidade LGBT. A polícia prendeu vários clientes e funcionários do bar. Desta vez, a comunidade reagiu à violência da polícia e só foi controlada com a chegada dos bombeiros e mais policiais. Apesar de a manifestação ter sido controlada no local, ela se estendeu pela cidade durante 5 dias (Carter, 2004)[41].

Compondo o momento de organização popular, há a publicação do livro *A Mística Feminina,* de Betty Friedan[42]. O livro descreve a construção social, na qual as mulheres encontram realização pelo trabalho doméstico, do casamento, da passividade sexual e da criação dos filhos. O argumento é o de que as mulheres donas de casa estavam insatisfeitas, mas não conseguiam expressar seus sentimentos. Essa insatisfação era resultado da incapacidade de viver de acordo com a mística feminina. Ou seja, o problema que não tem nome.

Há, ainda, nos Estados Unidos o movimento contra a Guerra do Vietnã e o movimento de contracultura formado por jovens que questionavam os valores da cultura vigente, como o consumismo e a falta de liberdade (Silva, 2019)[43].

Esses movimentos pressionaram os governos para o atendimento de suas demandas. O resultado foi a promulgação da lei

---

[41]   Carter, David. **Stonewall**: The Riots That Sparked the Gay Revolution. Nova York: St. Martins Press, 2004.

[42]   Friedan, Betty. **The Feminine Mystique**. Nova York: W.W. Norton & Co., 1963.

[43]   Silva, Dhyonatan Jr. Gestão da Diversidade: origem, conceitos e desafios. *In*: Camilo, Juliano; Fortim, Evelise; Aguerre, Pedro (Orgs) **Gestão de Pessoas**: Práticas de Gestão da diversidade nas organizações. São Paulo: Editora Senac, 2019.

Civil Rights Act de 1964, nos Estados Unidos. Essa legislação teve impacto tanto nas esferas governamentais como nas empresas. Nas esferas governamentais ficou proibida a discriminação (cor, religião e nacionalidade) nos processos seletivos. A proibição de discriminação no setor público impactou as empresas prestadoras de serviços para o Estado quando foi estimulado que estas se comprometessem com ações afirmativas para o fim da discriminação (ibid).

Enquanto nos Estados Unidos a *Civil Rights Act* promovia mudanças que afetavam positivamente a diversidade no trabalho, no Brasil, a partir de 1975, o regime de Ditadura Militar começava a mostrar sinais de enfraquecimento. Isso possibilitou a organização do Movimento LGBT, que contou com a criação do jornal *Lampião da Esquina*[44] e do *Grupo Somos*[45], como mostra Sales (2016, cit.), no segundo artigo de sua série de quatro.

Enquanto isso, na década de '80, as organizações americanas começam a implementar ações para trabalhar a Diversidade nas organizações. Essas iniciativas (como Programas de Desenvolvimento e *Mentoring*) tinham como objetivo principal a preparação tanto das Lideranças como de suas equipes para a gestão das diferenças no trabalho (ibid).

---

[44] O jornal tratava assuntos relacionados aos homossexuais, travestis, lésbicas, negros, mulheres e população indígena. As matérias cobriam a masculinização dos homossexuais; mapas de encontro no centro de São Paulo; perseguição aos frequentadores de cinemas pornô; matança das travestis na Ditadura Militar; literatura lésbica de Cassandra Rios; música feminista de Leci Brandão; a sensualidade performática de Ney Matogrosso e o figuracionismo homoerótico de Darcy Penteado, dentre outros. O conteúdo das edições era feito pelos conselheiros editoriais e por convidados. Ele circulou de 1978 a 1981 (Ferreira, 2010).

[45] Grupo Somos, foi fundado em 1978. É considerado o primeiro grupo brasileiro em defesa dos direitos LGBT (*Green, James.* **Além do carnaval**: a homossexualidade masculina no Brasil do século XX. São Paulo: UNESP, 1999.

Nos anos '90, a internet tem seu boom, devido à criação da *World Wide Web* (www)[46], por Tim Berners-Lee, e do protocolo *HTTPS*[47] (*Hyper Text Transfer Protocol Secure*), pela Netscape. Essas duas criações são consideradas como o nascimento da internet atual, que garante o envio de dados criptografados pela web. Com isso, estava nascendo a internet atual (Barros, 2013)[48].

Naquele momento, o uso de PCs é expandido; surgem os grandes portais (AOL, Yahoo), as salas de bate-papo (ICQ, mIRC), os serviços de e-mail gratuitos, (Hotmail, Yahoo), os sites de busca como Google. Todas essas inovações deixaram as distâncias mais curtas e começaram a revolucionar a forma como nos comunicamos, nos relacionamos e trabalhamos.

Sem sombra de dúvida, todas essas mudanças facilitaram a comunicação tanto entre as áreas próximas das organizações como entre aquelas que estavam em outros países.

Dessa forma, os contatos com os profissionais que estavam fora da matriz são intensificados, gerando a necessidade de as organizações desenvolverem competências para gerir suas equipes à distância, de forma remota e, mais importante, ainda, em ambiente intracultural.

Dada essa necessidade de *cross cultural management* (os profissionais de diferentes áreas geográficas estando em contato frequente), é lógico e 'natural' que a Diversidade ganhe

---

[46] A WWW nasceu na Organização Europeia para a Investigação Nuclear. O intuito foi a criação de hipertextos para permitir que várias pessoas trabalhassem juntas acessando os mesmos documentos.

[47] A HTTPS garante o envio de dados criptografados pela web.

[48] Cf: Barros, Thiago. Internet completa 44 anos; relembre a história da web. Em https://www.techtudo.com.br/noticias/2013/04/internet-completa-44-anos-relembre-historia-da-web.ghtml. Acesso em: 06 out. 2021.

força para ser discutida e trabalhada como um tema organizacional relevante.

Pouco a pouco, com o passar do tempo, as iniciativas americanas foram sendo adotadas por outros países (Silva, 2019) inclusive pelo Brasil. Apesar de algumas dessas começarem a ser implantadas já nas décadas de '80 e '90, elas tomaram corpo, de fato, no Brasil, a partir de 2000.

Assim, *"(...) foi a partir dos anos 2000 que pôde ser observada uma postura mais ativa, por parte do poder público, na adoção das ações afirmativas; e somente em 2003 o país passou a ter uma Secretaria da Igualdade Racial e de Direitos Humanos, com caráter de Ministério, que institucionalizou de forma burocrática a gestão da diversidade com vistas à promoção da igualdade entre minorias de cor, etnia, gênero e orientação sexual."* (ibid:35)

1.3 Diversidade, diferenças, meritocracia e individualidade

Voltando ao contexto organizacional, o entendimento de como tratar a questão da **Diversidade nas organizações** não é único, mas tem duas perspectivas que resultam em diferentes Políticas e Programas Organizacionais.

1. A primeira perspectiva tem como objetivo **desfazer as diferenças**. *"Ela diz respeito, portanto, a um conjunto de políticas organizacionais que não consideram as diferenças individuais associadas à identidade social, como etnia, gênero, idade etc.,*

pois acredita-se que todos os integrantes da organização possuem oportunidades iguais, ou seja, os elementos que constituem a identidade pessoal do indivíduo não devem ser levados em conta: o que importa é se ele é competente e eficiente, no que diz respeito ao seu escopo de trabalho" (ibid:34).

Como consequência desse entendimento, em outras palavras, o que deve ser privilegiado é o **mérito pessoal**.

Entretanto, é importante notar que, em um país como o Brasil, considerando sua forte desigualdade histórica, falar de mérito e de **meritocracia** é assunto problemático e complexo, merecendo uma visão e uma abordagem menos lineares e ufanistas, em relação aos entusiásticos apreços que nortearam gerações de profissionais, em sua busca pelo sucesso pessoal.

Nesse contexto, em entrevista para o *Jornal da Unicamp*, o historiador Sidney Chalhoub (2017)[49]sustenta que a meritocracia é um mito que alimenta as desigualdades. Ele continua seu argumento reforçando que a meritocracia tem que ser contextualizada ou ela será apenas um mito e que esse mito precisa ser combatido, para não continuar criando desigualdades.

Chalhoub afirma de forma categórica que *"A meritocracia como valor universal, fora das condições sociais e históricas que marcam a sociedade brasileira, é um mito que serve à reprodução eterna das desigualdades sociais e raciais que caracterizam a nossa sociedade. Portanto, a meritocracia é um mito que precisa ser combatido tanto na teoria quanto na prática. Não existe nada que justifique essa meritocracia darwinista, que é a lei*

---

[49] Cf: Entrevista com Sidney Chalhoub: A meritocracia é o mito que alimenta as desigualdades. **Jornal da Unicamp**, junho 2017. Disponível em: https://www.unicamp.br/unicamp/ju/noticias/2017/06/07/meritocracia-e-um-mito-que-alimenta-desigualdades-diz-sidney-chalhoub. Acesso em: 10 set. 2021.

Além da Segurança Psicológica

da sobrevivência do mais forte e que promove constantemente a exclusão de setores da sociedade brasileira. Isso não pode continuar" (ibid).

É interessante notar como o coro de dissidentes do modelo da meritocracia está engrossando nos últimos anos não somente no Brasil, mas nos próprios contextos sociais, que o produziram há várias décadas.

De fato, alinhado com Chalhoub, o filósofo e ensaísta americano Michael Sandel (2020)[50] mostra que a crença segundo a qual quem se esforça consegue; e se você quer, você pode, é uma falácia. A meritocracia divide o mundo entre aqueles que ganham e aqueles que perdem, ou seja, entre ganhadores e perdedores. E nesse jogo díspar, os ganhadores são tais exatamente porque tiveram privilégios que os perdedores não tiveram.

Essa divisão entre ganhadores e perdedores tem como consequência um mundo no qual as desigualdades são criadas e recriadas, que responsabiliza os perdedores por não chegarem lá. O resultado é um mundo que gera frustração, raiva, populismo, polarização e descrença em relação tanto ao governo como aos outros cidadãos (ibid.).

Sem sombra de dúvida, a cultura inegavelmente antropofágica dos *"winners vs. losers"*, de matriz darwinista — que moldou inteiras gerações — está sendo questionada e posta em cheque em nossos dias por autores de várias origens.

---

[50] Cf: Sandel, Michael. **A tirania do mérito**: O que aconteceu com o bem comum?. São Paulo: Civilização Brasileira, 2020.

O Mundo Novo, as Organizações, o Trinômio 'Diversidade... 39

Nessa mesma linha, Daniel Markovits, professor de Direito de Yale, publicou recentemente um trabalho[51] revelador e incômodo que define a meritocracia como uma armadilha, uma trampa que alimenta a iniquidade social e que não somente destrói o mito americano que criou a ilusão de uma classe média feliz, mas também desmonta a elite, uma vez que a crescente concentração dos privilégios nas mãos de poucos egressos de escolas seletas, como aquela onde o próprio autor leciona, inibe a distribuição equitativa da riqueza, gerando uma involução na dinâmica socioeconômica e a consequente inviabilização da própria elite.

Com essa mesma visão crítica, do outro lado do Atlântico, Jo Littler, Professora de Análise Social e Políticas Culturais da City University of London, publicou recentemente um interessante trabalho, no qual analisa a meritocracia e o mito da mobilidade social à luz das diversas tendências contemporâneas. Essas *"indicam, de várias formas, que existem problemas com o discurso atual da meritocracia neoliberal. Simplificando, isso acontece, em primeiro lugar, porque, desde a crise financeira de 2008, a distância social entre ricos e pobres ficou consideravelmente mais ampla, (...) sendo sempre mais difícil ou impossível de ser superada, para a maioria daqueles, que não têm algum privilégio estrutural relevante. Consequentemente, (...) existem narrativas dramáticas, que questionam implicitamente a ideia [da meritocracia, segundo a qual] trabalhar duro é suficiente para ativar seus talentos e ser propulsionado para o topo"* [52].

---

[51] Markovits, Daniel. **The Meritocracy Trap**: How America's Foundational Myth Feeds Inequality, Dismantles the Middle Class, and Devours the Elite. Nova York: Penguin Press, 2019.

[52] Littler, Jo. **Against Meritocracy. Culture, power and myths of mobility**. London: Taylor and Francis. 2019. (pp. 212-213). Edição do Kindle.

Enfim, se a primeira perspectiva tem como objetivo desfazer as diferenças na sociedade e nas organizações que nela se espelham, o modelo de meritocracia neoliberal começa a parecer obsoleto e desalinhado com critérios mais contemporâneos que se inserem em modelos de DEI, de espírito mais equitativo.

2. A segunda perspectiva de como tratar a questão da Diversidade, ao contrário da primeira, entende as **diferenças** e, portanto, a **individualidade**, como tendo que ser reconhecidas e valorizadas.

De fato, Silva argumenta que *"a segunda abordagem, por outro lado, trata a gestão da diversidade com base na valorização das diferenças, procurando reforçar as diferenças individuais — como etnia, gênero, religião etc. — por entender que elas constituem elementos competitivos para as empresas. Essa abordagem também reconhece a existência de desigualdades no acesso às oportunidades dentro da organização e, por isso, ocupa de criá-las, implementando políticas organizacionais que permitam às minorias uma igualdade de condições em sua atuação"* (Silva, 2019:35).

Finalmente, Silva coloca que a competitividade é das organizações que têm Diversidade. Contudo, ser diverso é condição necessária, porém não suficiente. De fato, para que a Diversidade seja um diferencial, ela precisa ser acompanhada de Equidade e Inclusão.

1.4 Inclusão e fenômenos de exclusão

Quanto à **Inclusão**, Johnson (2020)[53] a definiu de maneira simples, direta e clara: *"singularidade + pertencimento = inclusão"* (ibid:32).

Singularidade é a nossa individualidade, o que nos faz únicos. Pertencimento é sentir que fazemos parte, é sermos vistos e aceitos, é não sermos invisíveis, é fazermos a diferença.

Com relação às organizações, Johnson cita alguns exemplos típicos de todo dia a dia organizacional: funcionários de limpeza que se sentem invisíveis por terem seu trabalho menosprezado; mulheres brancas e mulheres não brancas que não recebem contato visual; mulheres que nas reuniões não são ouvidas e são frequentemente interrompidas e ignoradas (ibid).

Nesse último caso, o fenômeno muito comum dos homens interromperem as mulheres é conhecido por *'Manterrupting'* [54], que é auto explicativo e sintomático do desejo consciente ou inconsciente, de *excluir* a outra parte.

O fato de ser interrompida e ignorada é uma experiência comum entre as mulheres. Essa experiência é vivida pelas mulheres independentemente da classe social, do tipo de trabalho ou da senioridade, como mostra o artigo do *Adivisory Board*[55]*,* que discute o fenômeno de os homens interromperem as mulheres.

---

[53] Johnson, Stefanie. **Inclusifique**. São Paulo: Benvirá, 2020.

[54] Há também o fenômeno do *'Mansplaining'*: *os homens* explicam para as mulheres que acabaram de falar; ou explicam para elas, assumindo que elas não sabem ou não entendem. Cf: Solnit, Rebecca. **Men Explain Things to Me**. Chicago: Haymarket Books, 2a edição, 2015.

[55] Cf: Advisory Board. How often are women interrupted by men? Here's what the research says. Disponível em: https://www.advisory.com/daily-briefing/2017/07/07/men-interrupting-women. July 2017. Acesso em: 31 ago. 2021.

Além da Segurança Psicológica

Os estudos apresentados mostram que os homens frequentemente interrompem as mulheres. Nesse contexto, é interessante notar que *"(...) um estudo analisou 31 conversas separadas em duas partes, 10 das quais foram entre dois homens, 10 das quais foram entre duas mulheres e 11 das quais foram entre um homem e uma mulher. Os pesquisadores identificaram sete interrupções, no geral, nos dois grupos do mesmo sexo combinados; nos grupos de homens e mulheres, no entanto, os pesquisadores encontraram 48 interrupções no total, sendo que 46 delas foram instigadas por um homem. (...) Um estudo da George Washington University descobriu que os homens interrompiam 33% mais frequentemente quando falavam com mulheres do que quando falavam com outros homens. (...) Outro estudo, de pesquisadores da Northwestern Pritzker School of Law, descobriu que esse padrão de homens interrompendo mulheres acontece até mesmo na Suprema Corte. Para o estudo, os pesquisadores analisaram 15 anos de transcrições de argumentos orais para ver com que frequência os homens — fossem eles próprios no banco ou advogados perante o tribunal superior — interrompiam as juízas. De acordo com os pesquisadores, nos últimos 12 anos — durante os quais as mulheres representaram 24% da bancada — as juízas sendo interrompidas foram responsáveis por 32% das interrupções no geral, enquanto as juízas, que interromperam outras, foram responsáveis por 4% das interrupções, no geral"* (A.B. 2017).

Nesse ponto, é possível pensar que com mais mulheres participando das reuniões, a constante interrupção das mulheres pelos homens poderia diminuir. Infelizmente, não foi o que constataram os pesquisadores da *Northwestern Pritzker School of Law*. De fato, *"à medida que mais mulheres ingressam no tribunal superior a situação só parece piorar (...). Por exemplo, em 1990, quando apenas um juiz era uma mulher, a ex-juíza Sandra Day O'Connor, 35,7% das interrupções foram dirigidas a O'Connor. Em 2002, quando havia duas juízas, O'Connor e Ruth Bader Ginsburg, 45,3% das interrupções foram direcionadas a elas. Em 2015, com três juízas no banco, Ginsburg, Sonia Sotomayor e Elena Kagan, 65,9% de todas as interrupções foram direcionadas a elas."* (A.B. 2017).

Margolis (2021), em artigo para o *The Guardian*[56], comenta que *'Manterrupting' foi oficialmente reconhecido pela Suprema Corte dos USA.* "Regras recentemente introduzidas para a estrutura de argumentos orais estão em vigor para tratar da questão de juízes e advogados do sexo masculino interrompendo (com extrema regularidade) suas colegas do sexo feminino. As medidas foram discutidas na semana passada por Sonia Sotomayor, que teve a honra de ser a ministra da Suprema Corte mais interrompida no mandato de 2019".

Na análise da inclusão, insistir sobre esses tipos de situação é extremamente relevante, uma vez que os fenômenos de *Manterrupting e Mansplaning* podem potencialmente criar situações de **exclusão**, pois as mulheres sentem que não são ouvidas ou 'vistas' pelos seus pares.

Entre ser incluído e ser invisível, há, ainda, duas outras possibilidades: sentir-se *incompleto* e sentir-se *isolado*, como mostra o quadro a seguir.

---

[56] Margolis, Eleonor. Bravo, Supreme Court: we do need rules to stop men interrupting women. Em: https://www.theguardian.com/commentisfree/2021/oct/19/supreme-court-men-interrupting-women, 2021. Acesso em: 02 set. 2021.

	Incompleto: Você sente que há para você halo, mas não como seu verdadeiro eu	**Incluído:** Você sente que é valorizado e aceito por aquilo que é
Pertencimento	**Invisível:** Você não sente que há lugar para você ali e acha que ninguém o conhece de verdade.	**Isolado:** Você não sente que há lugar para você ali, mas todos conhecem seu verdadeiro eu

Singularidade

Quadro 1: Pertencimento e Singularidade
FONTE: JOHNSON, 2020, P. 35

Continuando a análise da exclusão, além do *Manterrupting* e do *Mansplaning*, há outras situações nas quais nos sentimos excluídos. Uma dessas formas bastante comuns de exclusão que é adotada consciente ou inconscientemente, é representada pelas **microagressões**. Jana e Baran (2020)[57], em seu trabalho sobre microagressões entendem que *"o termo 'microagressão' teve sua origem no início dos anos '70, com o trabalho do psiquiatra de Harvard Chester M. Pierce, e foi usado, pela primeira vez, para descrever insultos contra os negros americanos e, depois, contra as mulheres. Agora se tornou amplamente aceito como uma forma de as pessoas falarem sobre uma ampla gama de questões relacionadas à discriminação, ofensa e exclusão contra qualquer grupo marginalizado. O termo em si é bem conhecido em cer-*

---

[57] Jana, Tiffany e Baran, Michael. Subtle Acts of Exclusion – **How to Understand, Identify, and Stop Microaggressions**. Oakland: Berrettt – Koehler Publishers, 2020.

tos círculos, mas amplamente desconhecido para a maioria das pessoas. É mais usado no contexto do ensino superior, ligado a uma consciência crescente dos alunos que falam da injustiça que veem, incluindo injustiças verbais sutis, na sala de aula e no campus." (ibid: 13).

As microagressões, no nosso caso, tendem a acontecer nas organizações mais frequentemente, mas não exclusivamente pela fala, muitas vezes, com brincadeiras vazias que desqualificam os outros, apesar de parecerem inocentes. Ao contrário, o humor inteligente agrega e faz exatamente o oposto, uma vez que qualifica e integra.

Nesse contexto, um exemplo concreto aconteceu no *Greenpeace International*, na reunião global anual à qual Leda presenciou há alguns anos. Na despedida de um dos executivos de origem indiana, a brincadeira foi direcionada às camisas coloridas usadas frequentemente por ele, bem diferentes das do estilo ocidental, mas que representavam sua cultura. A intenção era ser algo alegre, contudo o resultado foi grosseiro e nem todos acharam graça. Como diz o ditado "De boas intenções o inferno está cheio".

Finalmente, Diversidade sem Inclusão não trará resultados positivos e poderá, inclusive, criar problemas para a organização, já que o sentimento de exclusão pode afetar a saúde mental dos profissionais, conforme comentou Dr. Eliézio, anteriormente.

1.5 Equidade

Todas as empresas entrevistadas[58] para este livro implementaram em diferentes graus Programas de Diversidade & Inclusão. Contudo, não se fez menção ao conceito de **Equidade**.

Nessa altura, vale refletir sobre por que Equidade dever formar um **trinômio** com Diversidade & Inclusão: Diversidade, Equidade & Inclusão – **DEI**[59]

Equidade, de acordo com Rodrigues (2021)[60], é "(...) *o tratamento justo, com acesso, oportunidade e promoção para todas as pessoas, ao mesmo tempo em que se empenha em identificar e eliminar as barreiras que têm impedido a plena participação de alguns grupos. Melhorar a equidade envolve aumentar a justiça e imparcialidade dos procedimentos e processos das instituições ou sistemas, bem como a distribuição de recursos.*"

Para haver Diversidade, de fato, é preciso que ela esteja acompanhada da Equidade & Inclusão. Sem esses três aspectos *juntos*, a Diversidade não será representativa, uma vez que significará que há, sim, pessoas diferentes na organização, mas que essas pessoas não a impactarão positivamente, pois elas não são ouvidas ou consideradas, não havendo senso de pertencimento. Elas são, de fato, pessoas *invisíveis*.

---

[58] Para a lista completa das empresas pesquisadas ver Capítulo 9° "Pesquisa de Campo", *infra*.

[59] Usaremos o DEI, pois essa é a sigla usada internacionalmente para o trinômio Diversidade, Equidade e Inclusão.

[60] Ver Rodrigues, Haroldo. Diversidade, equidade e inclusão nas empresas. Por que isso é importante agora? Em https://forbes.com.br/forbesesg/2021/04/haroldo-rodrigues-diversidade-equidade-e-inclusao-nas-empresas-por-que-isso-e-importante-agora/. Acesso em: 29 set. 2021.

O Mundo Novo, as Organizações, o Trinômio 'Diversidade... **47**

Nesse caso, uma das interpretações possíveis é que elas foram contratadas somente para que a empresa mantivesse uma imagem de politicamente correta.

Nesse contexto, Kumi Naidoo apresentou um exemplo de como a falta de Equidade acontece no dia a dia das organizações sem intenção de causar dano, mas por puro desconhecimento, o que, no entanto, não deveria acontecer. Uma profissional muçulmana foi contratada para ser a recepcionista da *Amnesty International*. Ela começou a trabalhar sem problema. Próximo do dia Eid Al Fitr — a celebração do fim do Ramadan, mês do jejum sagrado para os Muçulmanos, celebrado no primeiro dia do mês de Shawwal, décimo mês do calendário islâmico —, ela avisou que não poderia trabalhar naquela data. Como não havia ninguém do staff para substituí-la, ela não poderia faltar. Para solucionar esse impasse, o próprio Kumi, que na ocasião era o Secretário Geral da *Amnesty International,* a substituiu.

Esse exemplo deixa claro que, se houvesse Equidade & Inclusão, a organização saberia que no feriado de Eid Al Fitr a recepcionista não trabalharia e teria arrumado uma substituta para aquele dia. Não houve Equidade, pois, como Kumi comentou, pedir para que ela trabalhasse no dia sagrado de sua religião seria o mesmo que pedir para um católico trabalhar no Natal, o que seria impensável em sua perspectiva!

Em síntese, em um contexto organizacional, o trinômio DEI propicia diferentes perspectivas e entendimentos de problemas que têm como resultado maior criatividade e inovação, melhor processo decisório e rapidez na solução de problemas, maior produtividade, maior lucratividade, maior engajamento, menor *turn over*, melhor reputação organizacional e melhores resultados nos processos seletivos.

Fulp (2018, cit.), apesar de não mencionar claramente a questão da Equidade, a deixa implícita quando menciona a necessidade de os processos de Atração e Seleção serem alinhados à diversidade; prepararem toda a organização para abraçar diversidade e implantarem programas de Liderança que trabalhem a gestão da diversidade.

A autora apresenta vários indicadores com referência aos Estados Unidos[61], que demonstram a relação entre diversidade e resultado de negócios.

- Companhias com diversidade racial e étnica têm 30% mais probabilidade do que as companhias menos diversas de ter "retornos financeiros acima da mediana das respectivas indústrias nacionais";

- Companhias com forte diversidade de gênero têm melhor desempenho e 15% a mais de chance do que as organizações menos diversas de acumular "retornos financeiros acima das medianas das respectivas indústrias nacionais";

- Companhias não diversas avaliadas em termos de etnias, raça e sexo têm desempenho inferior à média das empresas no setor (...). Existe uma forte correlação nos Estados Unidos entre diversidade na gestão e resultados financeiros. Todo aumento em 10% na diversidade da gestão gera um aumento de 0,8% nos ganhos antes de

---

[61] Não há dados para concluirmos que, em outros países, o trinômio D&E&I não está relacionado aos resultados dos negócios.

impostos e juros (no Reino Unido, ele gera um aumento de 3,5%);

- Diversidade é um "diferencial competitivo", pois ajuda a prever a participação de mercado com empresas mais diversificadas, distinguindo-se de seus concorrentes com base em suas taxas de diversidade." (ibid.: 28-29)

O impacto da diversidade nos resultados do negócio é também demostrado pela McKinsey (2018)[62], que argumenta em sua pesquisa que (...) *"muitas empresas de sucesso consideram a D&I uma fonte de vantagem competitiva. Para alguns é uma questão de justiça social, responsabilidade social corporativa ou mesmo conformidade regulatória. Para outros é essencial para sua estratégia de crescimento".*

Agora imaginem se essas organizações trabalhassem também a Equidade!

Nessa altura, é importante lembrar que o trinômio DEI faz parte das métricas ESG[63], que é um conjunto de indicadores que utilizam fatores ambientais, sociais e de governança para avaliar empresas e países para aferir quão avançados estão em termos de sustentabilidade. Essas métricas são usadas para a tomada de decisão dos investidores sobre quais empresas e países investir.

---

[62] McKinsey. Relatório. **A Diversidade como Alavanca de Performance**. 18 de janeiro de 2018. Disponível em: https://www.mckinsey.com/business-functions/organization/our-insights/delivering-through-diversity/pt-br. Acesso em: 10 set., 12 set. e 10 out. 2020.

[63] ESG – Environmental, Social, and Corporate Governance (ESG) – Governança Corporativa, Social e Ambiental refere-se aos três fatores centrais que medem a sustentabilidade e o impacto social de um investimento. Esses três critérios norteiam a definição de quais KPIs a organização e seu ecossistema lançarão mão para medir tanto sua performance como sua aderência ao próprio modelo ESG.

Finalmente, o trinômio DEI é refletido nas organizações quando elas trabalham com Talentos e Competências. Esses temas serão discutidos a seguir.

1.6 O binômio Talentos-Competências

Prosseguindo na análise da construção do Alto Desempenho organizacional, é essencial abordar o tema dos **Talentos** e das **Competências** cujo desenvolvimento sustenta o crescimento e a performance das organizações.

Para Buckingham e Clifton (2002), Talentos são diferentes de Competências[64]. Eles são padrões recorrentes de sentimento, pensamento e conduta, aplicados produtivamente. Cada pessoa tem um conjunto de talentos que a fazem única.

"Competências estão relacionadas a Habilidades e Conhecimentos. Talento e Competência têm sido usados como sinônimos, mas não o são. Competências implicam espaço para o aprendizado" (Boxall, Purcell e Wright, 2007)[65]. Esse não é o caso dos Talentos, que ao contrário das Competências, que podem ser adquiridas, uma pessoa tem ou não tem. O interessante é que todos temos talentos: a grande questão é descobri-los e usá-los *produtivamente*. Podemos e devemos *desenvolver* nossos talentos, mas não *aprender* novos talentos. Ao contrário, podemos, sim, adquirir (no sentido de aprender) novas competências.

---

[64] Cf: Buckingham, Marcus e Clifton, Donald. **Now Discover your Strengths**. Nova York: Free Press, 2001.

[65] Cf: Boxall, Peter; Purcell, John; Wright, Patrick (eds). **The Oxford Handbook of Human Resources Management**. Oxford: Oxford University Press, 2007, p.333.

Segundo Tomas Jr. e Picarelli, Filho (2004) [66], *"uma habilidade pode ser definida como a capacidade de realizar uma tarefa ou um conjunto de tarefas em conformidade com determinados padrões exigidos pela organização".* Habilidade é o "fazer".

Seguindo nesse raciocínio, Conhecimento[67] é um tema que vem sendo discutido desde os filósofos gregos. Contudo, para o contexto do Desenvolvimento Organizacional e de Gestão de Pessoas, poderíamos usar definições mais genéricas, como a do dicionário Aurélio (1986, p. 454): *"(...) Ato ou efeito de conhecer, ideia, noção (...). Informação, notícia (...) Prática da vida, experiência,* ou a do Oxford Advanced Learner's Dictionary (2000, p.746) que é um pouco mais clara *"(...) a informação, compreensão e as habilidades que você ganha através da educação ou experiência (...)."*

Conhecimento é, portanto, o conjunto de informações e habilidades que adquirimos durante nossa vida, seja através das experiências que tivemos, seja pela educação formal. Conhecimento é o "saber".

A Figura 1, a seguir, mostra que Habilidades mais Conhecimento geram Competência:

---

[66] Cf: Wood, Thomas e Picarelli, Vicente. **Remuneração e Carreira por Habilidades e Competências**: Preparando a Organização para a era das Empresas de Conhecimento Intensivo. São Paulo: Atlas, 2004.

[67] Do grego γνῶσις (gnósis), que tem a mesma raiz do verbo γιγνώσκω (conheço).

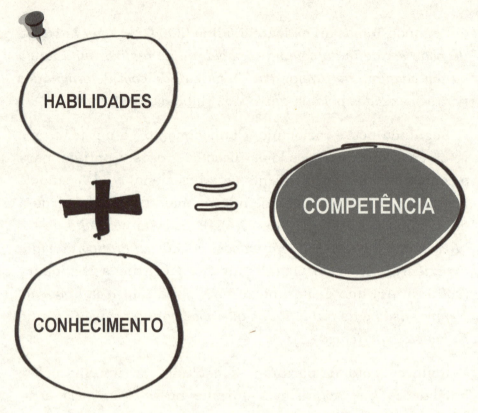

Figura 1: Habilidades, Conhecimento e Competência [68]
FONTE: AUTORES, 2021

Talento, por sua vez, é a propensão para algo. Por exemplo propensão para a música, para ensinar, para desenhar e pintar, para estudar disciplinas quantitativas, para cuidar dos outros, para vislumbrar o futuro etc.

Pelo mesmo raciocínio descrito anteriormente, Talento + Competência produzem uma Fortaleza.

Quando um Talento é acompanhado das respectivas Competências, ele é considerado uma Fortaleza. Alguns exemplos brasileiros: Marta Vieira da Silva, que se tornou jogadora profis-

---
[68] A arte final de todas as figuras, (exceto a 12), foi elaborada por Paola Martuscelli.

O Mundo Novo, as Organizações, o Trinômio 'Diversidade... **53**

sional aos 14 anos; Clementina de Jesus, que cantava desde menina; Maria Ester Bueno, que participou do seu primeiro campeonato aos 11 anos. E também Pelé, que demonstrou desde jovem talento para o futebol, (ou seja, demonstrou ter propensão para o futebol, começando a jogar no Santos com 15 anos e aperfeiçoando sua técnica, tornando seu talento imbatível); Guga, para o tênis (começou aos 6 anos); ou Tom Jobim para a música (começou cedo a tocar violão e, aos 14, a estudar piano).

Em todos esses casos, com treinos e estudos, os talentos foram desenvolvidos e se tornaram fortalezas. Todos desenvolveram seus talentos estudando e treinando, transformando-se em fortalezas e tornando-se referências em suas áreas de atuação.

Passando agora para um contexto organizacional, o mesmo acontece com os profissionais das organizações. Sem sequer saberem quais são seus talentos, seu uso constante e o aprendizado de novas competências acabam fortalecendo o talento. Por exemplo: um profissional que sempre gostou de planejar e sempre usou o planejamento em seu trabalho, resolve fazer um curso de novas metodologias de planejamento. Esse curso o ajudará a aprender novas competências e estas fortalecerão seu talento.

O conjunto de talentos de cada pessoa faz parte da individualidade de cada um de nós. Diversidade nas organizações também engloba profissionais com talentos diferentes. Quando as organizações focam no desenvolvimento individual dos talentos de seus profissionais e equipes, o grupo é imbatível; contudo, se o foco é no que os profissionais e equipes não têm, a equipe é fraca.

Esse é, de fato, um erro bastante comum, causado pelo entendimento equivocado do conceito atávico de *superação,* uma vez que não podemos superar desafios, apoiando-nos em algo de que não dispomos. Em outras palavras, estamos aqui argumentando que não adianta tentar adquirir talentos que não temos, uma vez que nessa tentativa ilógica serão gastos tempo, esforços e outros recursos, inutilmente. Nesse sentido, resulta muito mais sensato e profícuo focar nos talentos *que temos*, desenvolvendo-os e aproveitando-os ao máximo de maneira a, eventualmente, *compensar* os que não temos.

Por essa razão, está claro que as organizações precisam mudar de *mindset* e desenvolver os Talentos paralelamente às Competências a esses relacionadas; e fazer a gestão do que os colaboradores e as equipes não têm.

De fato, em nossa experiência profissional como Gestores de Pessoas, vimos que é possível e até comum suprir o que não temos em termos de Talentos, com os próprios Talentos dos quais somos dotados e com os das nossas equipes.

Dessa forma, focando nos Talentos, a autoestima é incentivada, o aprendizado é maior e constante, sentimo-nos mais produtivos e o engajamento tende a se concretizar.

Por sua vez, o alto engajamento tem impacto positivo nos resultados dos negócios, ou seja, possibilita lucros mais elevados e uma maior produtividade; estimula a lealdade dos clientes; garante uma maior segurança física e emocional e conduz à menor rotatividade[69].

---

[69] Cf:. The Gallup Organization. Disponível em: https://www.gallup.com/cliftonstrengths/pt/253799/ciência%20do%20cliftonstrength-.aspx. Acesso em: 29 ago. 2021.

O Mundo Novo, as Organizações, o Trinômio 'Diversidade... **55**

Para completar a análise do binômio Talentos-Competências, Clifton e Nelson (1992)[70] definem o conceito de **Fortaleza** conforme segue:

"Nós definimos os pontos fortes em dois níveis diferentes. Em um nível rudimentar, fortalezas são atividades que você faz bem (...). Em um nível mais sofisticado, uma fortaleza é um padrão de comportamentos, pensamentos ou sentimentos que produz um alto grau de satisfação e orgulho; gera recompensas psíquicas e/ou financeiras e apresenta progressos mensuráveis, alcançando a excelência. (...). Nós não limitamos essa definição como a ter habilidades específicas, mas a ampliamos para abranger os motivos e o que nos estimula. Enquanto as habilidades físicas são uma forma de fortaleza, o segundo tipo tem mais a ver com motivações, tais como ego, persistência, dedicação, coragem, orgulho, perfeccionismo e competição. Vale lembrar que motivações, muitas vezes, funcionam como impulso para o sucesso." (ibid:42)

O entendimento desses conceitos é extremamente importante, pois quando a empresa desenha seu plano de Desenvolvimento Profissional, eles devem ser considerados, uma vez que determinam a intenção e o foco.

Nesse contexto, a intenção é priorizar o desenvolvimento das competências ou transformar talentos em fortalezas? Caso o objetivo seja desenvolver as fortalezas, o ideal seria que os programas de desenvolvimento alinhassem as competências com os talentos.

---

[70] Clifton, Donald e Nelson, Paula. **Soar with your Strengths**. Nova York: Delacorte, 1992, p. 42.

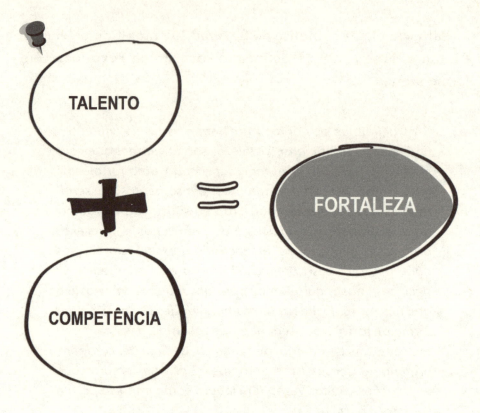

Figura 2: Talento, Competência e Fortaleza
FONTE: AUTORES, 2021

As empresas, quando elaboram seus planos de Desenvolvimento, definem as necessidades de desenvolvimento — sejam elas relativas às competências, aos talentos ou a ambos — desenham um plano, o implementam e, posteriormente, avaliam os resultados do programa. É um processo contínuo, caso a empresa queira ser competitiva, ter uma longa vida e, assim, se perpetuar.

Os planos de desenvolvimento têm como objetivo melhorar o desempenho do profissional e, dessa maneira, impactar os resultados do negócio.

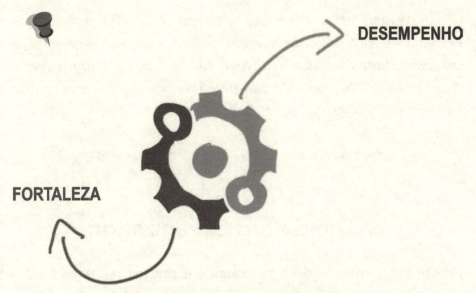

Figura 3: Fortaleza e Desempenho
FONTE: AUTORES, 2021

A Figura 3 sugere que o desempenho e a fortaleza fazem parte de uma mesma engrenagem, que só funciona se as duas partes funcionarem. Ou seja, caso uma das partes tenha problemas, a outra também terá.

Finalmente, os Talentos estão relacionados à **Cultura Organizacional de Alto Desempenho,** pois somente os profissionais que se encontram em posições adequadas a seus talentos têm a possibilidade de atingir um desempenho diferenciado. Da mesma forma, desenvolver Talentos é uma das ações estruturantes do 2º Pilar que sustenta o modelo organizacional das Novas Organizações que Aprendem.

Nesse sentido, a questão de os profissionais estarem em posições adequadas aos seus Talentos vai ao encontro do que Mead

(1963)[71] propõe: *"Se quisermos alcançar uma cultura mais rica em valores contrastantes, cumpre reconhecer toda a gama das potencialidades humanas e tecer, assim, uma estrutura social menos arbitrária, na qual cada dote humano diferente encontrará um lugar adequado"* (ibid: 303).

1.7 The Gallup Organization

Finalmente, em relação à pesquisa e à prática relativas ao desenvolvimento de Talentos, um exemplo reconhecido globalmente é aquele da The Gallup Organization.

Essa organização define 34 talentos divididos em quatro áreas-chave, conforme apresentados no Quadro 2, a seguir.

As áreas são:

- Pensamento Estratégico;
- Construção de Relacionamentos;
- Influência;
- Execução.

É importante ressaltar que não é condição *sine qua non* ter talentos em cada uma das áreas, mas, sim, desenvolvermos os talentos dos quais somos dotados.

---

[71] Mead, Margareth. **Sexo e Temperamento**. São Paulo: Perspectiva. 4 edição 1963.

1. Pensamento Estratégico:	2. Construção de Relacionamentos:
Analítico Contexto Futurista Ideativo Input Intelecção Estudioso Estratégico	Adaptabilidade Conexão Desenvolvimento Empatia Harmonia Inclusão Individualização Positivo Relacionamento
3. Execução:	4. Influência:
Realização Organização Crença Imparcialidade Prudência Disciplina Foco Responsabilidade Restauração	Ativação Comando Comunicação Competição Excelência Autoafirmação Significância Carisma

Quadro 2: Os 34 Talentos da The Gallup Organization[72]
FONTE: THE GALLUP ORGANIZATION

---

[72] Em https://www.gallup.com/cliftonstrengths/pt/253724/34-temas-cliftonstrengths.aspx. Acesso: em 30 de ago 2021.

CAPÍTULO 2

CONHECER, APRENDER, SABER: DO APRENDIZADO
INDIVIDUAL AO ORGANIZACIONAL

"Live as if you were to die tomorrow. Learn as if you were to live forever"[1]

— MOHANDAS GANDHI

"Knowledge is the capacity for effective action. There is no capacity for effective action in a database"[2]

— PETER SENGE

2.1 Introdução

Alguns anos atrás, quando era membro do Conselho da *UNICON*[3], eu (Luca) tive uma troca de ideias reveladoras com

---

[1]   Viva como se você tivesse que morrer amanhã. Aprenda como se você tivesse que viver eternamente.

[2]   O saber é a capacitação para a ação eficiente. Não existe capacitação para ações eficientes em um banco de dados.

[3]   UNICON é o *Consortium for University-based Executive Education*, o Consórcio global que reúne as melhores Escolas de Negócios do mundo que oferecem cursos de Educação Executiva. Luca Borroni-Biancastelli foi membro do Conselho, de 2009 a 2015, por um mandato de 6 anos sendo agora *Emeritus Board Member* vitalício daquela organização. Cf.: https://www.uniconexed.org/.

Elena Escagedo[4], minha colega espanhola de longa data e companheira naquele *board* internacional. A discussão tratava de *conhecimento e aprendizado* e, como era inevitável naquele ambiente em que transitavam as principais escolas de negócios do mundo, a conversa derivou rapidamente para como os indivíduos e os profissionais aprendem e, mais especificamente, _como as organizações aprendem_.

A esse propósito, Elena afirmava que, apesar de o conhecimento estar, hoje em dia, ao fácil alcance de todos, o aprendizado é muito mais complexo do que simplesmente ter acesso ao conhecimento uma vez que, particularmente, em ambiente organizacional, ele implica saber *aplicar* tal conhecimento, bem como cambiar hábitos e formas de fazer. Ou seja (eu mesmo resumi, a esse ponto), o **aprendizado** é uma *elaboração* do **conhecimento,** que, por meio de uma série de *ações* tanto conscientes como inconscientes, se transforma em **saber**. Finalmente, no contexto organizacional esse saber modifica a **prática** do dia a dia, permitindo que os colaboradores alcancem seu **potencial pleno** como seres humanos e como profissionais.

Esses são, de fato, temas intrigantes e inesgotáveis que geram inúmeras perguntas e reflexões, tanto sobre *o que* estimula o aprendizado, como *de qual forma* adultos e organizações aprendem, bem como, também, *quais* metodologias, instrumentos e ações aceleram e potencializam o aprendizado, ajudando a criar aquilo que batizamos neste livro de *biblioteca do saber organizacional*.

---

[4] Elena Escagedo era, naquela época, diretora de Educação Executiva da IE Business School de Madri e membro do Conselho da Unicon.

Analisar as origens do conhecimento — e como esse se estratifica nos seres humanos, modificando suas sinapses, transformando-se em aprendizado e consolidando-se em saber — é um processo em si e por si só fascinante e motivador, que merece ser aprofundado com uma abordagem neurocientífica, inclusive.

> Entretanto, nossa abordagem neste livro é mais focada na etapa sucessiva, ou seja, entender como o aprendizado se transforma em *ação* em um contexto organizacional e como essa ação gera *resultados tangíveis*, tanto imediatos como futuros, abrindo o caminho para a organização se tornar ambidestra, ou seja, sustentável e perene.

2.2 Conhecimento, Aprendizado e Saber

Por esse prisma, tudo isso nos sugere que, mais uma vez, *aprender* significa *"construir capacidade para resultados futuros"*[5]. Esse axioma nos leva a refletir sobre a dimensão de *quão real* é o aprendizado, ou seja, sobre sua *aplicação* na *vida real*, que define sua *transformação* na prática diária e que justifica uma de suas razões de ser.

Entretanto, nos perguntamos: "E se isso não fizer sentido ou se tal visão não for correta, o aprendizado, sendo um conceito absoluto e autossuficiente que não precisa ser, necessariamente, confrontado com a prática?".

---

[5] Cf.: Senge, Peter, **The Fifth Discipline**. Nova York: Currency. E- Book Kindle, 2006, 314.

Em outras palavras, o conhecimento precisa ser obrigatoriamente *aplicado*, ou seja, *experimentado* pela prática para transformar-se em aprendizado? Portanto, não poderia existir *aprendizado por si só,* sendo uma *"elaboração do conhecimento"* como citamos há pouco, sem nenhuma necessidade de aplicação, mas que seria fim em si mesmo e existiria somente para o prazer do aprendiz e para a construção de seu próprio saber?

Essa é uma colocação interessante, além de semântica e algo filosófica, que mereceria certamente uma reflexão mais longa e articulada...

Com certeza, em nosso mundo em constante e rápida transformação, em um contexto educacional, os papéis estão mudando e deixam de ser tão definidos. As fronteiras do aprendizado se tornaram mais fluidas e as formas de aprender são hoje bem menos estanques e menos formais.

O próprio papel do **educador** e do sistema educacional evoluiu por necessidade e não somente por virtude, em razão do aumento hiperbólico das informações relevantes ou não postas à disposição de todos nas mais distintas formas e canais.

Esse papel que continuamos entendendo como chave, apesar de mudado e com abrangência e significado novos, além de ser de responsabilidade do **docente** — que garante a *transferência* de conhecimento pelos conteúdos formais e predefinidos —, tornou-se também de responsabilidade do **aprendiz,** como de quem faz a **curadoria** do conhecimento, que é efetivamente relevante para cada indivíduo. Dessa maneira, podem-se separar, no limite do possível, o joio do trigo, na nossa sociedade do conhecimento e da informação, que está excessivamente inflacionada, dificultando a captura daquilo que pode, de fato, transformar-se em conhecimento.

Focando a atenção no ambiente organizacional, a curadoria do conhecimento e do aprendizado é necessária em razão dos colaboradores não terem, em sentido geral, os conhecimentos específicos para determinarem o que eles deveriam aprender, visando melhorar contemporaneamente suas competências e o saber organizacional como um todo.

Essa afirmação não quer, de maneira alguma, diminuir nem a inteligência, nem a autodeterminação, nem a capacidade de aprendizado das pessoas. Trata-se, tão simplesmente, da constatação de que, em sua grande maioria, os indivíduos não têm toda a capacidade e todas as competências necessárias para definirem sozinhos suas próprias **trilhas de desenvolvimento**. Apesar de isso soar extremo e, em certa medida, desrespeitoso para com os demais, vale lembrar que esse é um tema bastante **técnico** e que não faz parte do *job description* das pessoas. Por isso, em um contexto organizacional, argumentamos ser de responsabilidade da própria organização e da liderança orientar o desenvolvimento de todos os colaboradores nos moldes e objetivos definidos pela própria organização, conforme trataremos no Capítulo 6º, que estuda o pilar das **Organizações Dedicadas ao Desenvolvimento — DDOs**.

Para melhor esclarecer esse ponto nevrálgico — no duplo sentido de sensível e central —, é oportuno descrever e diferenciar o **aprendizado individual** do **aprendizado organizacional,** bem como sua importância relativa pelo prisma da nossa análise.

2.3 Aprendizado individual: aprendizado autodirigido[6] e *lifelong learning*

No que diz respeito ao **aprendizado individual**, vale lembrar que, apesar de o conceito já ter meio século de uso, somente há uma década fala-se com entusiasmo de ***lifelong learning***. Nesse contexto, tanto órgãos públicos internacionais (Unesco, OCDE, CEE etc.) como a sociedade e os indivíduos entendem que faz parte dos desejos e das necessidades dos seres humanos estarem motivados e prontos para o ***aprendizado contínuo*** ao longo de toda sua vida. O fato mesmo de aprender sem limitações de temas e conteúdos e aprender o que mais nos interessa e nos dá prazer nos traz motivação, bem-estar, *mindfullness* e, finalmente, felicidade. Aprender estimula nossas sinapses e nos ajuda a progredir e a superar as dúvidas e as dificuldades da nossa existência. Essa forma de aprendizado costuma ser informal, o que adiciona autonomia e senso de protagonismo ao aprendiz.

Em uma perspectiva mais antropológica que retomaremos em um próximo capítulo deste livro, podemos afirmar que *"o **aprendizado** é absolutamente necessário para garantir tanto a sobrevivência do **indivíduo** como da cultura e da espécie. É a maneira de o homem crescer, amadurecer e evoluir"*[7].

É justamente nessa **ótica *individual*** que, em nossa avaliação, se inserem os conceitos de ***aprendizado autodirigido ou autodeterminado*** e de ***lifelong learning***.

---

[6]   Cf., também, o conceito de "heutagogia", no cap. 2.4 desse livro, infra.
[7]   Hall, Edward T. **Beyond Culture**. Nova York: Anchor Books, 1976, p. 207.

Nessa perspectiva, não existe dúvida de que qualquer forma de educação, tanto formal como informal, e, consequentemente, o aprendizado, desenvolve a independência intelectual das pessoas estimulando sua participação no *convívio social* e transformando-as em *cidadãos*.

O desejo de aprender certamente promove o aprendizado consciente, conforme vislumbrado por Edward Hall, *supra*, gerando indivíduos melhores, mais preparados e mais engajados, que buscam transformar seu aprendizado em **ação prática**.

Conforme retomaremos esse tema mais adiante, neste livro, Christensen e colaboradores 2021 argumentam em artigo recente que, de fato, *"o aprendizado pode ser afinado pela prática"*[8], precisando, entretanto, de uma estratégia para que este seja constante e alcance seus objetivos. De fato, o espírito inquisitivo do ser humano, bem como a curiosidade e o desejo de crescer, são os *drivers* que nos fazem aprender *intencionalmente*.

Contudo, esses autores, em uma pesquisa anterior[9] sobre o ***aprendizado intencional***, argumentaram que transformar esse desejo em novas formas de capacitação requer um plano de ação que vise definir **objetivos** simples e claros de desenvolvimento, que serão uma das principais práticas do aprendizado eficaz e servirão como esteio e motor para novas oportunidades de aprendizado organizacional. Nessa ótica, uma vez definidos

---

[8] Christensen L., Gittleson J., e Smith M. Intentional learning in practice: A 3x3x3 approach. *McKinsey Quarterly*, Abril 2021, McKinsey.com. Disponível em: https://www.mckinsey.com/business-functions/mckinsey-accelerate/our-insights/intentional-learning-in-practice-a-3x3x3-approach Acesso em: 12 jul. 2021.

[9] Christensen L., Gittleson J., e Smith M. The most fundamental skill: Intentional learning and the career advantage. *McKinsey Quarterly*, August 7, 2020, McKinsey.com. Disponível em https://www.mckinsey.com/featured-insights/future-of-work/the-most-fundamental-skill-intentional-learning-and-the-career-advantage. Acesso em: 12 jul. 2021.

os **objetivos de aprendizado**, é importante estabelecer um **prazo** para alcançá-los e escolher **quem vai apoiar** e **monitorar** os progressos feitos, uma vez que *"é mais provável que as pessoas consigam alcançar os objetivos quando escolhem outras pessoas para ajudá-las e para cobrá-las"* [10].

Em síntese, esta é uma abordagem consistente com o argumento de que, sem sombra de dúvida, o **aprendizado** está na origem do desenvolvimento individual e constitui sua **âncora**. Nesse contexto, é interessante reparar que a pesquisa citada sugere que a pessoa que estiver aprendendo precisa de **monitoramento** e de **ajuda** para conseguir aprender nos prazos estabelecidos.

Uma pergunta candente e uma reflexão se fazem oportunas em relação a essas questões: quem poderia monitorar e ajudar e de qual forma chegaria a ajuda? Naturalmente, no que diz respeito ao aprendizado individual, não existirá uma resposta unívoca para essa pergunta, que envolve uma boa dose de crença pessoal e uma abordagem quase que filosófica.

De fato, entendemos que o aprendizado individual é motivado e se ancora em **valores pessoais** que, na maioria das vezes, buscam alcançar seu desenvolvimento e futuro crescimento pessoal e profissional pelas motivações de cunho hedonista ou por interesse econômico, e não necessariamente pelo conhecimento adequado daqueles que deveriam ser os temas "certos" a motivar o aprendizado de cada um.

Um exemplo disso é a escolha de qual faculdade cursar em nossos primeiros estudos universitários. Ainda hoje, os futuros

---

[10] Christensen L., Gittleson J., e Smith M. Intentional learning in practice... Cit.

calouros escolhem uma ou outra faculdade porque essa "parece legal", porque eles "gostam" daquelas disciplinas ou porque a faculdade é conhecida no mercado. De fato, a motivação raramente é objetiva e embasada no conhecimento real que deveria motivar a escolha.

Eu mesmo (Luca), nos anos '80 do século passado, escolhi cursar Economia Política em uma das mais renomadas Universidades europeias — a *Università Bocconi* de Milão — *unicamente* porque sabia que um diploma daquela universidade me garantiria uma rápida colocação no mercado de trabalho, em uma época conturbada na qual as taxas de desemprego na Itália — país onde nasci e morei — eram preocupantemente altas. A bem da verdade, ignorava o que seria estudar a "Economia" propriamente dita; e o que o "pacote" universitário continha. Garanto que após anos de estudo dos clássicos gregos e latinos durante o ensino médio, no começo, achei mortalmente entediantes as aulas de Teoria da Organização e aterrorizantes aquelas de Cálculo! Mal sabia eu que me apaixonaria por esses temas e que todo o latim estudado e a lógica de sua *concinnitas*[11] me ajudariam enormemente, tanto na modelagem organizacional como no estudo das funções matemáticas. Coisas da vida!

Para finalizar este capítulo — já antecipando os temas dos quais trataremos no próximo —, é importante, a esta altura, estabelecer um elo entre o **aprendizado autodirigido ou autodeterminado** que é também uma base do **aprendizado individual** e **contínuo**, e o **aprendizado organizacional** com suas dinâmicas específicas.

---

[11] Cf. infra, no Capítulo 3.3.

Nesse intuito, é fundamental que o aprendizado autodirigido desenvolva as **competências** e as **habilidades** necessárias aos indivíduos para seu crescimento pessoal e profissional.

Desta forma, será pavimentado o caminho para que os indivíduos possam "construir capacidade para resultados futuros"[12], conforme pregaria Senge, já pensando em um contexto organizacional conforme analisaremos a seguir.

2.4 Aprendizado individual e organizacional: pedagogia, andragogia e heutagogia, e o desenvolvimento das organizações

Vamos agora dirigir nossa atenção para o contexto organizacional. Este exige algumas reflexões distintas, uma vez que estamos analisando um universo de indivíduos no *agregado* que precisam agir de forma harmônica, mantendo a mesma sintonia, rumo a um objetivo comum.

Nesse sentido, fica claro que o **aprendizado organizacional** precisa estar alinhado com a própria **estratégia** da organização de melhorar as competências e desenvolver os talentos de seus colaboradores. Dessa maneira, será possível estruturar protocolos que evitem problemas sérios, conforme detalharemos daqui a pouco, que podem afligir qualquer organização por mais sofisticada que seja.

---

[12] "Building capacity for future results", em Senge, Peter, **The Fifth Discipline**. Nova York: Currency. E- Book Kindle, 2006, p. 314.

Abordando o aprendizado individual citado, citamos que o **desejo e a necessidade de aprender** estão entre os principais motores da evolução do ser humano. De fato, esses dois imperativos humano são também os princípios norteadores da **andragogia**, que define como os adultos, e em especial os *profissionais* são educados e aprendem, como oposta à **pedagogia,** que, desde sempre, define a didática como todos nós — crianças e não crianças — somos educados e aprendemos.

O termo *andragogia* foi cunhado pelo educador alemão Alexander Kapp em 1833, ligando esse conceito à teoria educacional de Platão. Em época contemporânea, o termo foi reelaborado e popularizado por Malcolm S. Knowles, cuja obra seminal[13] sobre esse tema foi reeditada e revisada por Holton e Swanson, em 2005.

Pessoalmente, não somos grandes entusiastas do termo *andragogia,* uma vez que entendemos que ele é mencionado às vezes de forma enviesada, pelo fato de ser comumente utilizado no sentido de *aprender* — ou seja, como os adultos *aprendem* — mais do que de *ser ensinado.* Este é, de fato, um axioma bastante equivocado, que contradiz nossa experiência prática ao longo das últimas décadas, além de contradizer o significado etimológico original de "ensinar ao adulto".[14]

Entretanto, o que nos parece mais relevante é resgatar a propriedade do *continuum* que existe entre as formas de aprender

---

[13] *Knowles, M. S.; Holton, E. F., III; Swanson, R. A.* **The adult learner:** The definitive classic in adult education and human resource development (6th ed.). *Burlington, MA: Elsevier.* 2005.

[14] Em grego, ανδραγωγία, (andragogia) tem a raiz ανδρ ("andr", homem adulto), e άγω ("ago", eu conduzo, no sentido de ensinar). Andragogia é, portanto, o ensino para os homens adultos — como oposto à παιδαγωγία (pegagogia), da raiz παιδ ("paid", criança).

subjacentes aos conceitos tanto de pedagogia como de andragogia. De fato, em ambos os modelos é clara a importância do **aprendizado contínuo**, <u>ao longo da vida</u>, sendo que o que muda é a intensidade decrescente do protagonismo do docente, que se torna progressivamente um facilitador em prol do desenvolvimento e da autodeterminação do aprendiz. De fato, este ser já maduro e adulto, define mais ativamente como alcançar o conhecimento e o saber, que são importantes para ele como indivíduo, bem como para seu crescimento enquanto profissional.

Nessa mesma abordagem do *continuum* do aprendizado, o novo conceito estudado mais recentemente é o da **heutagogia**[15]. Esse termo foi cunhado em 2000 por Hase e Kenyon, e sublinha a evolução do processo de aprendizagem em uma atitude de autorrealização por parte do aprendiz, que se torna o principal sujeito ativo do processo único responsável por ele, no sentido de definir o que aprender e como aprender sem precisar de ensino formal e de supervisão de um docente.

Esses autores definem que a *"heutagogia é o estudo do aprendizado* **autodeterminado**. *(...) É também a tentativa de desafiar algumas ideias em relação ao ensino e ao aprendizado, que ainda prevalecem no [modelo de] aprendizado* **centrado no docente**. *(...) Nesse sentido, a heutagogia olha para um futuro no qual saber como aprender será uma* **competência fundamental**, *dado o ritmo da* **inovação** *e dadas as* **mudanças** *na estrutura das organizações e do ambiente de trabalho"* [16].

---

[15] O termo *heutagogia* deriva do verbo grego εὑρίσκω, *heurisko,* que significa *descobrir,* da mesma raiz etimológica de εὕρηκα!, *héureka!* ("achei!"); e *heurístico,* termo que remete ao método de ensino que estimula os aprendizes a "descobrirem" sozinhos o que precisam apreender.

[16] Cf. Hase, S. and Kenyon, C. From andragogy to heutagogy. Ultibase, RMIT. 2000. https://webarchive.nla.gov.au/awa/20010220130000/http://ultibase.rmit.edu. au/Articles/dec00/hase2.htm. Acesso em: 28 set. 2021.

Nessa altura, precisamos resgatar os temas abordados no capítulo 2.3, *supra*, sobre o **aprendizado individual**. Nesse contexto, queremos ressaltar a importância central do aprendizado **autodeterminado** (ou autodirigido) na construção do **aprendizado organizacional** também. Não sobra dúvida, a esse propósito, que o protagonismo no processo de aprendizado por parte de um público adulto de profissionais condiz perfeitamente com os critérios de superação e de autorrealização que as organizações esperam de seus colaboradores.

Isto posto, explicaremos, neste capítulo, como administrar a dicotomia — e a eventual confusão — que pode surgir entre o *saber individual* e o *saber organizacional,* que derivam do processo de aprendizado.

Naturalmente, conforme argumentado por Hase e Canyon, nesse modelo tem sempre menos espaço para o *aprendizado centrado no docente,* no qual este é o centro geodésico do saber que administra e controla o processo de aprendizagem. Pelo contrário, já há décadas inúmeros estudos e pesquisas sustentam que esse modelo de ensino-aprendizado é incompatível com aprendizes adultos que atuam em um contexto organizacional.

Dentre todos, vale lembrar os esforços de divulgação do método de ensino centrado no participante, que é a bandeira da Harvard Business School (HBS). Como é notório, o *participant--centered learning* da HBS se ancora no estudo de casos empresariais escritos por docentes da escola, que são deixados propositalmente sem solução definida para que os participantes analisem os "dilemas" implícitos na narrativa e, assim, sugiram quais decisões tomar para solucioná-los.

Além da Segurança Psicológica

De fato, como podemos constatar — participando do programa chamado de *Colloquium on Participant-Centered Learning* organizado pela HBS em seu campus de Boston[17] —, a metodologia e as dinâmicas propostas definem um modelo de ensino, que dedicado a um público de profissionais adultos, se insere a meio caminho entre a andragogia e a heutagogia.

Aliás, devemos convir que esse modelo só não é mais orientado para a heutagogia pura porque não faria sentido, para uma escola de negócios, sugerir gratuitamente que seus docentes sejam *virtualmente desnecessários* no processo de aprendizagem dos participantes do processo educacional!

Por alguma razão difusa, enquanto docentes, tendemos a concordar com a HBS...

O Gráfico 1 sugere que modelos pedagógicos tradicionais pressupõem escassa maturidade e autonomia por parte do aprendiz que ainda é muito dependente da figura do "pedagogo", que, por sua vez, impõe rigidez à estrutura da aprendizagem. Estamos, de fato, referindo-nos a aprendizes jovens, que por razões óbvias de idade e estágio de desenvolvimento, precisam de orientação e mentoria constantes.

Com o passar do tempo, o aprendiz adquire maior maturidade e independência no processo de aprendizado, estando pronto para abraçar o modelo da andragogia no qual a figura do docente se torna, progressivamente, menos relevante.

---

[17] *Colloquium on Participant-Centered Learning*, Harvard Business School, Boston, Edição de Julho de 2006.

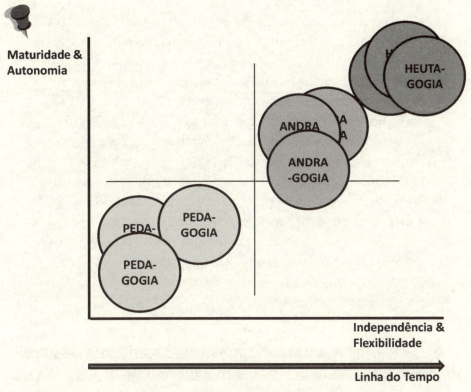

Gráfico 1: O *continuum* Pedagogia, Andragogia e Heutagogia e sua linha temporal, em relação ao nível de "Maturidade e Autonomia do Aprendiz" vs. "Sua Independência em relação ao Docente e maior Flexibilidade do Processo de Ensino".

FONTE: AUTORES, 2021

Finalmente, na fase da heutagogia, o aprendiz se liberta das interferências do docente, que passa a ser um mero facilitador no processo de aprendizado, uma vez que o aprendiz se torna protagonista graças à maturidade e à independência adquiridas.

> Vale notar que, em época de pandemia, devido à suspensão das aulas presenciais e à necessidade imperativa da utilização de plataformas de ensino em modalidade EaD; a heutagogia é um modelo que dialoga perfeitamente com os instrumentos de aprendizagem tecnológicos e digitais. Esse modelo é indicado para todos os públicos enquanto especialmente adaptável a um contexto de profissionais adultos. Na utilização desse modelo, aparece claramente o protagonismo do aprendiz que, apoiado por instrumentos da tecnologia da informação, define tanto a **cadência** como a **estrutura** do seu próprio processo de aprendizagem que ele, de certa maneira, pode customizar para si mesmo. Aqui, novamente o docente é somente um facilitador que ajuda o aprendiz na organização de seu processo de aprendizagem sem, contudo, dominá-lo.

Nesse movimento, o próprio processo de ***avaliação da aprendizagem*** torna-se uma verdadeira **experiência** de aprendizado em si — e não uma simples ação passiva — no momento em que estimula a reflexão sobre o que o aprendiz *de fato* aprendeu. Nesse mesmo contexto, reconheceremos essa dinâmica de *assessment* de uma forma prática e própria dos processos organizacionais, no item 3.2, quando abordaremos a descrição do **AAR — *After Action Review***. Este nada mais é do que um instrumento para conferir o aprendizado gerado pelas ações tomadas, bem como para criar melhores práticas na definição do conhecimento adquirido que é desejável que a organização passe a armazenar em sua *biblioteca do saber organizacional.*

2.5 Aprendizado organizacional vs. aprendizado individual

Voltando, agora, ao universo das empresas, de qualquer forma, quando falamos em **aprendizado organizacional**, estamos olhando para um público não somente de **adultos,** mas também de **profissionais** cujas dinâmicas educacionais são necessariamente distintas daquelas de estudantes-padrão.

Nesse contexto, vale refletir sobre o aspecto de que o aprendizado organizacional precisa ter uma visão mais ampla e abrangente do que o individual: uma visão mais "generosa" e holística, que possa conduzir as ações que coordenam o aprendizado organizacional, sendo este norteado pela própria estratégia **da organização**.

Nesse sentido, as óticas se invertem, sendo que as vontades e os interesses individuais não devem prevalecer. O modelo autocentrado do tipo "EU, EU, EU" focado no indivíduo, não funciona nesse contexto ao ponto que — se é verdade que o aprendizado individual é importante — o aprendizado organizacional como um todo é mais relevante ainda. Ou seja, o que faz sentido individualmente pode não fazer sentido para a organização como um todo.

De fato, em sua obra seminal, **Peter Senge**[18] sugere uma abordagem da qual trataremos extensivamente no item 3.2, que define as disciplinas que norteiam o **aprendizado** nas *learning organizations*, ou seja, nas *"organizações que aprendem"*.

---

[18] Senge, Peter. **The Fifth Discipline**: The Art and Practice of the Learning Organization. Nova York: Currency. E-Book Kindle, 1990-2006.

Nessa ótica, a necessidade e o compromisso de cada colaborador de **compartilhar sua visão individual** com os outros membros da organização promove, de maneira natural e progressiva, o **aprendizado em equipe**.

A interação dessas duas disciplinas está na base do despertar do **pensamento coletivo** — elemento que agrega e consolida o saber organizacional —, que, por sua vez, estimula a interação entre equipes e a vontade de **experimentar**. Esse movimento facilita tanto o diálogo intraorganizacional como a **quebra dos silos** que porventura existam entre áreas.

Dessa forma, toda essa articulação conduz à criação de um **pensamento sistêmico** em nível organizacional, que é a *quinta disciplina* de Senge, que integra todas as outras.

Nessa linha de raciocínio, é totalmente legítimo e desejável que os colaboradores de uma empresa queiram desenvolver seu *lifelong learning* buscando experiências satisfatórias e prazerosas que certamente contribuirão com seu **desenvolvimento individual e autodirigido**. Para tanto, não existem limites de temas que possam interessar, como aulas de pintura e de culinária, ou cursos de meditação, ou de literatura grega ou bramânica, ou outras atividades que desenvolvam seu aprendizado pessoal tanto formal como informal.

Todas essas atividades contribuirão certamente com a melhora da qualidade de vida dos aprendizes, bem como com a formação de seres humanos mais completos e, de maneira geral, mais "sabidos".

Por outro lado, deve estar claro que por um viés de **estratégia de aprendizado organizacional**, essas iniciativas não podem ser contempladas pela **curadoria** de atividades e programas de **desenvolvimento organizacional** que planeja o **aprimoramento de competências e talentos** que, não necessariamente, condizem com os anseios dos colaboradores como entendidos individualmente.

> Esse ponto é crucial, uma vez que estabelecer **níveis ótimos de aprendizado organizacional** pressupõe que os colaboradores saibam **o que** é necessário saber pelo **prisma da organização**, não pelo seu próprio prisma pessoal. Entretanto, ao longo da nossa experiência, constatamos que, no geral, tanto os colaboradores como suas empresas tendem a não ter as **competências necessárias** ou o *drive* ou, simplesmente, o **interesse e tempo** para construir o arcabouço necessário a identificar e garantir os objetivos organizacionais no que tange às necessidades de aprendizado.

De fato, está claro que o ***saber individual*** é diferente do ***saber organizacional,*** entendido como o conjunto de competências, talentos, experiências, leituras de atualização, programas educacionais e toda a panóplia de ações necessárias para alcançá-lo.

> Nesse sentido, conceitos como o do ***aprendizado autodirigido*** e o do ***lifelong learning***, típicos do aprendizado individual, **não são suficientes e não se adequam** completamente às necessidades do aprendizado organizacional.

Por essa razão, entendemos como fundamental organizar o referido quadro através de uma **curadoria** que garanta o ali-

Além da Segurança Psicológica

nhamento dos conteúdos e das ações para que os resultados a serem obtidos condigam com aqueles planejados pela organização, a fim de transformar-se em **saber organizacional**. Em nossos dias, quem costuma ser o fiel depositário dessa atividade de curadoria é — ao menos nas organizações de maior porte — a estrutura conhecida como **Universidade Corporativa**.

As Universidades Corporativas (UC) não são assunto da nossa análise. Entretanto, é oportuno, a essa altura, refletir que, em muitos casos, elas tendem a reproduzir modelos obsoletos e não adequados ao desenvolvimento do saber organizacional, além de serem geridas, às vezes, por profissionais que não têm a expertise necessária de Desenvolvimento Organizacional no que diz respeito ao melhoramento de competências e ao desenvolvimento de talentos.

> Nosso argumento aqui é que o problema não são as UC em si, mas **o que** se espera delas e **onde** seus recursos são utilizados para alcançar os objetivos de aprendizado estabelecidos. Enfim, é preciso ter maior clareza sobre **quais** são esses objetivos e **quem** (e com **quais competências**) faz a curadoria das atividades da UC. Nesse sentido, portanto, não é raro que as UC tendam a reproduzir estratégia de aprendizado individual na tentativa de criar uma curadoria para o aprendizado organizacional que está, assim, miseravelmente fadada ao fracasso. É aqui que reside o perigo!

De fato, nesse contexto é importante tomar extremo cuidado em **reproduzir, em nível organizacional, modelos de aprendizado individual.** Aqui, um erro bastante comum, mas não por isso menos grave, é acreditar que todos os colaboradores têm condição de aprender e, assim, emular as façanhas de figuras bem-sucedidas e tarimbadas do mundo dos negócios, que, volta e meia, são tidos como exemplos a serem emulados. Dessa forma, Jeff Bezos, como novo Midas da atualidade, já se juntou a Bill Gates e Elon Musk e muitos outros, cuja extraordinária capacidade de gerar negócios os projetou no olimpo do imaginário corporativo, como *role models* a serem seguidos pelos executivos.

Certo? **<u>Não, redondamente errado!</u>** Acontece que os mortais comuns de qualquer nível profissional não são nem clones de Elon Musk, nem, normalmente, superexecutivos altamente desenvolvidos e sofisticados no que tange a seu conhecimento, nem desenvolvem o saber organizacional, nem sequer seu próprio, em muitos casos.

As companhias, de fato, se dão conta de tais limitações naturais a ponto de lançar mão de instrumentos como ***coaching*** e **mentorias**, além de todo o arsenal de **programas corporativos de ensino**, quando identificam fraquezas ou falhas tanto nas competências de gestão como nas técnicas.

Esse ponto é tão crítico, que justifica os esforços e investimentos por parte de universidades, escolas de negócios e consultorias dos mais variados portes e especializações, que estão sempre mais engajadas em oferecer suporte tanto para o modelo de aprendizado individual como organizacional.

À luz de todas as considerações citadas, concluímos que modelos de **aprendizado individual autodirigido**, em ambiente organizacional, **tendem a não funcionar** e a não <u>alcançar os objetivos de desenvolvimento necessários e conforme planejados pela companhia</u>.

Além da Segurança Psicológica

Inúmeras experiências em nossa vida profissional, tanto na veste de executivos como de consultores de desenvolvimento organizacional e de docentes, nos comprovaram esses argumentos, ao nos deixar espectadores de "crônicas de mortes anunciadas" que poderiam ter sido evitadas, lançando mão simplesmente de alguns redirecionamentos de esforços e de **estratégias de desenvolvimento**.

Para finalizar a análise deste tema, uma vez entendidos os pontos abordados anteriormente, vale a pena olhar por um outro prisma a relação que existe entre o saber individual e o saber organizacional.

De fato, é fundamental criar a conscientização de que o saber individual, assim como proporcionado pela organização nas suas mais diversas formas, ***pertence, também, à organização*** e não somente ao colaborador, constituindo, dessa forma, uma das bases de sua evolução e sustentabilidade presente e futura.

Paralelamente, utilizando uma **ótica de ROI**, agregar o aprendizado individual para constituir o saber organizacional representa o *"retorno tangível sobre o investimento"*[19] feito pela própria organização para desenvolver suas bases de conhecimento que garantem sua perpetuidade.

Enfim, do ponto de vista da organização, <u>transformar o conhecimento de individual em organizacional é tão importante quanto promover o aprendizado em si</u>. O grande desafio para a organização é, portanto, conseguir **reter seus talentos** e, consequentemente, o aprendizado dentro de casa!

---

[19] Cf. Senge, Peter. **The Fifth Discipline**. Nova York: Currency. E-Book Kindle, 2006, p. 292.

Finalmente, lembramos que o tema de **quem é responsável** pelo aprendizado e pelo desenvolvimento, dentro de um contexto organizacional, será analisado mais detalhadamente no item 6.1.C, que aborda o 2° pilar das NOA (aquele que trata das **Organizações Deliberadamente Focadas em Desenvolvimento).**

2.6 ESTUDO DE CASO

Quantum do Brasil[20]: Evoluindo de uma abordagem de DO errada para a Curadoria das ações certas, que visam desenvolver o aprendizado organizacional.

O caso mais recente que ilustra e sustenta nosso argumento é aquele de um atual parceiro, a Quantum do Brasil, a filial brasileira de uma importante multinacional europeia, líder do seu setor em vários produtos *premium* e de produção exclusiva. Muito intensiva em P&D, a matriz tem protocolos de desenvolvimento organizacional que, por razões históricas, não foram implementados na filial brasileira. De fato, por ser responsável por uma porcentagem considerável da receita global do grupo, a filial brasileira sempre teve muita autonomia, particularmente em relação às decisões de DO. Por essa razão, a companhia vinha desenvolvendo localmente uma trilha específica de competências, que não passou por mudanças importantes na última década. Esse fato acabou gerando um descompasso com as atividades da matriz, bem como gerou desatualização nas equipes, especialmente na área comercial, cujas práticas

---

[20] Nome fictício criado para preservar a verdadeira identidade da companhia.

andavam obsoletas e pouco alinhadas com as mais modernas tendências do mercado.

Paralelamente (e essa foi uma das principais necessidades a serem endereçadas), a organização está passando por uma **transformação cultural em nível global.** Existe, portanto, a urgência da filial brasileira em alinhar-se com as novas diretrizes culturais globais, bem como das ações de DO estarem alinhadas com a estratégia organizacional da companhia. Nenhum desses pontos tinha sido abordado, até então.

Foi nesse cenário que a Quantum nos pediu para que assumíssemos a **curadoria** de suas ações de desenvolvimento organizacional e aprendizado corporativo. Essa decisão veio a reboque de uma precedente experiência muito malsucedida, implementada por uma consultoria contratada cuja **estratégia errada de aprendizado autodirigido** tinha resultado nas distorções, que explicaremos, na sequência:

1. Importante perda de **recursos** gastos na contratação de **programas eletivos** de *reskilling*, que sequer conseguiram espontaneamente o quórum necessário para serem implementados;

2. Mais de um ano de **tempo perdido**, entre idas e vindas, na tentativa de implementar esse modelo;

3. **Frustração** e **desmotivação** por parte dos clientes internos e suas equipes, bem como **descrédito** da área de DO, que parecia estar "atirando de todos os lados", não tendo foco algum;

4. **Atraso** no desenvolvimento dos **talentos** e das **competências organizacionais** necessários por parte das

equipes, com consequente **descompasso** nas suas atividades;

5. **Atraso** na assimilação e implementação da **transformação cultural** e organizacional, prevista pelo Conselho da matriz da companhia.

Na verdade, a consultoria, que tinha desenhado e sugerido o modelo de aprendizado autodirigido, não tinha ligado os programas de desenvolvimento a nenhuma **âncora** claramente identificada e definida. Ao contrário, tinha definido temas bastantes dispersos, que misturavam bem-estar dos colaboradores com ações de transformação cultural e tinha deixado todos os programas soltos, sem estarem amarrados em um desenho coeso, e sendo oferecidos para serem eletivos.

Esse conjunto de desacertos teve a previsível conclusão de não ter nenhum programa que tivesse um número mínimo de inscritos para ser implementado.

Nessa altura, a direção decidiu suspender o projeto e pediu socorro.

Agora, perguntamo-nos como é possível que ocorra um cenário tão robusto de *tempestade perfeita*! Como sempre, em toda situação crítica, nunca existe um único motivo. Contudo, vale a pena refletirmos sobre um ponto crucial, cujo preterimento é razão de resultados deletérios para o planejamento do desenvolvimento organizacional das companhias.

De fato, ao contrário do que se prega em alguns ambientes empresariais e do que é defendido por alguns profissionais da área, todo processo de definição das ações necessárias para o desenvolvimento de talentos e esmero de competências têm um componente que deve ser entendido como ***top down***, ou seja, **inegociável** e **compulsório**. Essas decisões, de fato, não são menos estratégicas e relevantes de outras tomadas pela liderança sênior.

Em outras palavras, em um contexto de aprendizado organizacional, não é nem adequado nem aconselhável deixar que os colaboradores tenham autonomia de escolha, uma vez que os **curadores** tenham definido as ações ***específicas*** de desenvolvimento organizacional. De fato, tais ações nascem como **alinhadas com a estratégia** de **desenvolvimento** da companhia, por sua vez, parte da própria **estratégia organizacional**, e são desenhadas com a finalidade explicita de **impactar** aquele determinado público, alinhando talentos com competências.

Alguém poderá perguntar o porquê de o aprendizado autodirigido não funcionar, nesse contexto, e dos colaboradores não poderem escolher suas próprias ações de desenvolvimento (movimento ***top down***). Vejamos as razões:

1. Normalmente, os colaboradores de uma organização não têm visão holística e de conjunto da organização no que tange às suas necessidades de DO. Como é natural, eles podem (ou não) ter um entendimento correto do que é bom para seu aprendizado como indivíduos. Entretanto, conforme vimos antes, o que faz sentido individualmente pode não fazer sentido para a organização como um todo;

2. Pela razão citada no item 1, diferentemente do que seria desejável no caso do aprendizado individual e autodirigido, os colaboradores não têm e não precisam ter competências específicas para determinar e dese-

nhar as ações de DO das quais eles mesmos são o alvo. De fato, existe uma curadoria que cumpre esse papel, definindo e coordenando as ações de desenvolvimento para a organização toda;

3. Muitos colaboradores têm dificuldades em exercer seu raciocínio analítico e crítico, tendendo a repetir pensamentos, ações e atitudes, sem questionar sua adequação ao momento atual e tampouco analisar as outras variáveis do sistema desde a última decisão tomada. Por essa razão, é importante exercer constantemente uma curadoria e mentoria do saber que é preciso que os colaboradores alcancem, <u>do ponto de vista da organização e não do indivíduo</u>;

4. De uma maneira geral, quando livres para escolher, as pessoas tendem a preferir o que mais lhes dá prazer e o que mais gostam em detrimento daquilo que elas *devem* aprender, no interesse da organização.

Nesse momento, em conjunto com o C-level da Quantum, tomamos a decisão de repartir de estaca zero no projeto de capacitação, utilizando como norteador o **movimento de transformação** no qual o Grupo está envolvido, em nível global. Nesse intuito, definimos uma abordagem alinhada com as diretrizes da matriz para definir as áreas prioritárias que devem ser incluídas no projeto. Nessa ótica, acompanhando tais diretrizes que redefiniram estrategicamente o modelo comercial da companhia, decidimos endereçar *in primis* a reorganização comercial da empresa, em seus vários níveis de atuação, em parceria com o VP Comercial e sua equipe. O trabalho visa implementar um modelo arrojado de *customer centricity* que garanta uma *customer experience* única e engajadora.

Esse projeto será ancorado em uma solução integrada de Desenvolvimento Organizacional, que prevê:

- *assessment* das competências de todos os membros dos times comerciais, para definir quem terá condições de acompanhar a transformação do modelo e quem não terá;

- um conjunto de programas de Educação Executiva altamente customizados e alinhados com a nova estratégia de *customer centricity & experience*;

- projetos reais mentorados que reproduzem vivências e experiências reais dos membros do time;

- sessões de *coaching*, conforme as necessidades detectadas.

CAPÍTULO 3

UM NOVO MODELO ORGANIZACIONAL PARA O ALTO DESEMPENHO
O MODELO DAS *NOVEL LEARNING ORGANIZATIONS*[1]: AS NOVAS ORGANIZAÇÕES QUE APRENDEM – NOA

"O todo não é igual à simples soma de suas partes"

– ARISTÓTELES

3.1 Introdução

Conforme adiantamos na sua Introdução e ao longo dos capítulos precedentes, este livro apresenta o novo modelo organizacional que desenvolvemos e testamos nos últimos anos. Esse modelo foi apelidado por nós de **"*Novel Learning Organizations*: as Novas Organizações que Aprendem — NOA"**, fazendo referência ao trabalho de Peter Senge[2] que queremos, de tal forma,

---

[1] *"Novel Learning Organizations"* é o nome, em língua inglesa, elaborado pelos autores de seu modelo que define as "Novas Organizações que Aprendem".

[2] Senge, Peter é autor do trabalho seminal, **The Fifth Discipline**, 1990-2006. Cf. Senge, Peter. **The Fifth Discipline**: The Art and Practice of the Learning Organization. Nova York: Currency. E-Book Kindle, 2006.

homenagear, reconhecendo sua importância seminal no estudo do aprendizado organizacional e de como esse se constrói, se consolida e se alastra capilarmente nas organizações.

Como será detalhado ao longo deste livro, as *Novas Organizações que Aprendem* são definidas por sua **Cultura de Aprendizado Contínuo**, constituindo o *leit motif* que modula entre si e retroalimenta os pilares do modelo. Esses, de forma coesa, são responsáveis pelo **alto desempenho** das organizações.

Nos próximos capítulos definiremos de qual forma as NOA se estruturam sob a égide de sua Cultura Organizacional, apoiando-se nos seguintes pilares que, enquanto interligados, interagem constantemente no dia a dia organizacional. Os pilares são:

1. Segurança Psicológica *nas Organizações sem Medo*[3];

2. Organizações Dedicadas ao Desenvolvimento (e.g. Desenvolvimento como Decisão Deliberada das Organizações — DDO)[4];

3. (Re)humanização da Liderança & Propósito[5];

4. Ambidestria Organizacional[6] & Liderança Ambidestra.

Os conceitos e as definições relativos aos temas citados são apresentados para que se tenha claro qual Cultura Organizacional (e com quais caraterísticas) fomenta o Alto Desempenho.

---

[3] Cf. Edmondson, Amy; Kahn, William.
[4] Cf. Kegan, Robert e Lahey, Lisa.
[5] Cf. Palsule, Sudhanshu e Chavez, Michael.
[6] Cf. Duncan, Robert; Tushman, Michael e O'Reilly III, Charles; Birkinshaw, Julian e Gibson, Cristina; Chen, Ming-Jer, *et al.*

Todos os conceitos foram testados em nossa pesquisa de campo, permitindo-nos chegar às conclusões que sustentam a originalidade e a robustez do modelo das NLO.

Queremos frisar que cada pilar se inspira nas pesquisas e no *opus* de autores cujas contribuições seminais permitiram que chegássemos ao desenho do modelo e às conclusões que apresentamos neste livro.

Figura 4: Modelo das *Novel Learning Organizations*: os Pilares sob a égide da Cultura Organizacional.
FONTE: AUTORES, 2021

3.2 Relembrando Peter Senge e suas *"Learning Organizations"*

O conceito de "Organizações Que Aprendem" foi definido por Peter Senge em 1990, em seu trabalho seminal **The Fifth Discipline**.

O modelo de Senge é extremamente articulado e complexo, abordando temas estruturais e de amplo fôlego, que, hoje em dia, estão na pauta consolidada não somente das discussões acadêmicas, mas das práticas organizacionais também. Para citar somente um tema entre todos, vale lembrar a conceituação do **Pensamento Sistêmico**[7] que está na base dos esforços de aprendizado das organizações contemporâneas, norteando a curadoria, que alinhava e estruturava o raciocínio e o saber organizacional.

Portanto, em síntese, uma organização que aprende é aquela que facilita e estimula o **aprendizado contínuo** de seus profissionais e que, graças a essa caraterística, é capaz de **transformar-se** *constantemente*. Essa organização é um ser vivo que tem, em seu DNA, a capacidade de **aprender**, de **mudar** continuamente, de **adaptar**-se a circunstâncias inéditas, bem como de entender as novas dinâmicas do mercado e atender às suas demandas.

Senge (2006) é muito explícito em ligar o desenvolvimento das organizações, bem como sua perenidade à sua capacidade de *aprender*. Aprender é a ação que define a raça humana e sua capacidade de transformação do mundo sendo que, para fazer isso, os seres humanos se juntam para formar grupos sociais e organizações que sabem implementar sua própria visão de futuro. Senge enfatiza que *"o verdadeiro aprendizado está no centro*

---

[7] Em **The Fifth Discipline**, *op. cit.* (cf. *Systems Thinking*).

*daquilo que significa sermos seres humanos. Pelo aprendizado, nos recriamos. Pelo aprendizado, nos tornamos capazes de fazer algo que nunca conseguimos antes. Pelo aprendizado, percebemos o mundo e nossa relação com ele. Pelo conhecimento, expandimos nossa capacidade de criar e de ser parte do processo gerador da vida. (...). É este o significado básico de "organização que aprende" — <u>uma organização que está continuamente expandindo sua</u> capacidade **de criar seu futuro**[8]*. Como podemos ver, sem nem sequer pensar nisso! Senge já estava lastreando o terreno que seria fértil para as **Organizações Ambidestras** das quais trataremos em um dos próximos capítulos.

Dessa maneira, as organizações que aprendem têm a capacidade de produzir conhecimento, bem como de inovar com rapidez, sendo flexíveis e racionais na tomada de decisão, bem como resilientes à panóplia de mudanças que a inovação acarreta. Enfim, a própria essência dessas organizações é o que lhes garante a sustentabilidade e perpetuidade no mundo VUCA.

Essas organizações adotam um padrão de ações de desenvolvimento que norteiam o processo de construção do saber organizacional, entendendo-o como uma sucessão de etapas e atitudes coerentes que estimulam a **reflexão** e fortalecem a **atuação** das equipes. De fato, elas:

- incentivam e apoiam o aprendizado constante e contínuo dos seus profissionais;
- estimulam o pensamento analítico e crítico para uma tomada de decisão mais embasada em dados e situações reais.

---

[8] Senge, Peter. **The Fifth Discipline**. Nova York: Currency E-Book Kindle, 2006, p. 13.

Extrapolando Senge para o contexto de uma ótica conceitual contemporânea, as organizações que aprendem:

- prestigiam a experiência dos profissionais desde que esta esteja alinhada com a análise crítica, evitando condicionar as decisões somente ao "faro" de experts, que nele se apoiam;

- aceitam e abraçam novas ideias, mudando seu *mindset* de querer "saber tudo", para "aprender tudo" (cf. Nadella[9]) e "ensinar tudo";

- entendem que a inovação é necessária e indispensável para a sustentabilidade e que ela requer experimentação, e percebem eventuais erros como possibilidades de aprendizado;

- esforçam-se em implodir os silos internos, visando permear o conhecimento e a comunicação por todos os níveis organizacionais;

- desenvolvem e compartilham o conhecimento com toda a organização, não focando somente no C-Level e nos gestores seniores (cf. Kegan e Lahey, 2016);

- estruturam-se para que o conhecimento adquirido seja colocado em prática visando ao futuro da organização (cf. Senge, 2006. Vide infra).

De fato, as **Organizações que Aprendem** são aquelas que constroem a capacidade efetiva para resultados: *"building ca-*

---

[9] Nadella, Satya. Hit Refresh. **The Quest to Rediscover Microsoft's Soul and Imagine**. Nova York: Harper Business, 2017.

pacity for future results"[10]. Ou seja, elas não param somente no entendimento conceitual externo, <u>mas criam seu próprio aprendizado por meio de suas práticas internas e o utilizam como base para a **ação**</u>.

Esse ponto é extremamente importante, porque põe o trabalho de Senge na interseção entre modelos teóricos e práticas organizacionais com a clara ambição de <u>ensinar o caminho rumo à **alta performance** e à **perenidade** da companhia, pelo **aprendizado**</u>. Este é gerado tanto fora da organização como, e com maior frequência e relevância sempre, dentro dela, pela análise de suas próprias ações e reações.

Em suma, as *learning organizations* são organizações multifacetadas que pensam e agem de forma estruturada, sendo dispostas a aprender e a transformar o aprendizado. Nesse sentido, elas:

a. pensam de forma sistêmica;

b. são "antenadas" e "democráticas", porque sabem como e onde buscar o aprendizado, e sabem como compartilhá-lo;

c. escutam, aprendem e ensinam;

d. transformam o aprendizado individual em organizacional;

e. sabem revisar suas ações e fazer dessa revisão um processo de aprendizado, ou seja, fazem *After Action Review (AAR)*[11].

---

[10]   "Construir capacidade para resultados futuros", em Senge, Peter, **The Fifth Discipline**. Nova York: Currency. E- Book Kindle, 2006, 314.

[11]   AAR: um processo estruturado de revisão ou *de-briefing* (debriefing) para analisar o que aconteceu, por que aconteceu e como poderia ser feito melhor pelos participantes e pelos responsáveis pelo projeto ou evento, elaborado pelo Exército americano. Cf. *Sawyer, Taylor e Deering, Shad. Adaptation of the US Army's After-Action Review for Simulation Debriefing in Healthcare. Simulation in Healthcare, v. 8, n. 6, 2013, p. 388-97.*

Além da Segurança Psicológica

O ponto a. espelha uma das principais contribuições de Senge em seu modelo o conceito da **Quinta Disciplina**, a do *Systems Thinking*, ou seja, o *Pensamento Sistêmico*, analisado por nós.

O ponto b. expressa uma das caraterísticas estruturais de uma *learning organization*, que sabe buscar o **conhecimento**, transformá-lo em **aprendizado**, aplicá-lo e, posteriormente, compartilhá-lo na forma de **saber** dentro e fora da organização. Vale observar que, em um mundo de economia compartilhada, as organizações tendem a democratizar o conhecimento e a interagir de forma mais direta com todos os *players* do sistema. Esse movimento abre o caminho para a discussão sobre *Stakeholders Capitalism*, que abordaremos.

O ponto c. representa uma tendência crescente das organizações contemporâneas, quase um movimento catártico que resgata certa humildade ou "volta à realidade" das companhias que entenderam que sua sustentabilidade e perenidade estão ligadas à atitude de querer **"aprender tudo"** e não mais de **"saber tudo"**. De fato, este foi o modelo de muitas corporações que dominaram seus mercados durante décadas e que, por isso, esqueceram-se de escutar humildemente e eficazmente a voz dos clientes e de pô-los ao centro de suas estratégias de negócio[12]. Por causa de tamanho erro de perspectiva estratégica, houve a necessidade de "redescobrir a alma" da própria organização e seu futuro como um todo. Esse inexorável e doloroso processo de mudança foi popularizado pela Microsoft[13], a "vaca sagrada" que se tornou um recente *case study* de referência sobre esse tema.

---

[12] Cf. Gulati, Ranjay. **(Re)Organize for Resilience**. Boston: Harvard Business Press, 2009.

[13] Cf. Nadella, Satya., Hit Refresh, cit.

O ponto d. é de extrema relevância, uma vez que foca a importância de constituir uma **biblioteca do saber organizacional**[14], capturando e agregando o aprendizado individual de todos os colaboradores e todos os times, transformando-o em aprendizado *organizacional*. De fato, conforme argumentamos no capítulo anterior, é fundamental criar a conscientização de que o saber individual, assim como proporcionado pela organização nas suas mais diversas formas, *pertence à organização* também, e não somente ao colaborador, constituindo, dessa forma, uma das bases de sua evolução e sustentabilidade presente e futura.

Paralelamente, utilizando uma ótica de ROI, agregar o aprendizado individual para constituir o saber organizacional representa o *"retorno tangível sobre o investimento"*[15] feito pela própria organização, para desenvolver suas bases de conhecimento que perpetuarão o saber organizacional.

Finalmente, para as organizações, transformar o conhecimento de individual em organizacional é tão importante quanto promover o aprendizado em si.

O ponto e. reflete uma das principais contribuições das *learning organizations* para a construção das práticas organizacionais por meio da análise e do entendimento de suas próprias ações, que se tornam verdadeiras **oportunidades de aprendizado,** bem como a base do conjunto de práticas, que os autores definiram como a *biblioteca do saber organizacional*. Tal instrumento ajuda a *"reconhecer tanto os pequenos eventos do dia a*

---

[14] Terminologia própria dos autores criada para indicar o conjunto de conceitos, práticas, ações, parâmetros e outros instrumentos que definem o aprendizado (ou saber) organizacional.

[15] Cf. Senge, Peter. **The Fifth Discipline**. Nova York: Currency. E-Book Kindle, 2006, p. 292.

dia quanto as grandes crises como oportunidades para aprender e ajudar os times a conectar o passado ao presente, de maneira que lições do passado podem ser aplicadas para melhorar os resultados atuais"[16]. Esse instrumento relativamente simples e empírico, porém extremamente eficaz, é conhecido como AAR — After Action Review e foi elaborado, originalmente, pelo Exército dos EUA e utilizado por vários outros serviços não militares, como a área da saúde.

Foi justamente por causa de sua estrutura empírica, de natureza tanto formal como informal, que foca na análise e comparação dos eventos *ante* e *post*, que o AAR foi adotado também pelo mundo dos negócios. De fato, o AAR é um instrumento adequado para a **gestão do conhecimento** como forma de moldar a cultura organizacional, visando estudar e parametrizar a própria retenção do aprendizado nos vários níveis organizacionais para melhor entender seu impacto no crescimento dos negócios[17].

Nesse sentido, o AAR é um instrumento cuja prática se apoia no aprendizado organizacional mais do que individual, permitindo aos próprios times identificar quais processos e práticas devem ser melhorados no dia a dia. Dessa forma, esse modelo adota uma estrutura de aprendizagem assimilável ao *PBL*[18], à medida que cria protocolos conceituais derivados da prática empírica. Uma derivação desse método que nasceu no âmbi-

---

[16] Cf. Senge, Peter. **The Fifth Discipline**. Nova York: Currency. E-Book Kindle, 2006, 291.

[17] Cf. Levy, Moria. Knowledge retention: minimizing organizational business loss. **Journal of Knowledge Management**, v.15, n.4, 2011, p. 582-600.

[18] PBL é Problem Based Learning, uma metodologia de ensino empírica, que associa as necessidades de aprendizado à solução de problemas cujo protagonista e solucionador é o próprio participante que recebe apoio conceitual, à medida que dele precise. Dessa forma, estabelece-se uma estratégia pedagógica centrada no participante, em que ele é incentivado a aprender por si próprio.

to das *business schools* é, atualmente, adotada também em cursos de graduação e de formação executiva. Assim sendo, *"a abordagem do AAR torna os times de trabalho os primeiros e melhores clientes para o seu próprio aprendizado, em evidente contraste com o método "capture e espalhe" da maioria das práticas de gestão do conhecimento"*[19]

Em relação ao modelo de Senge, já falamos da sua importância seminal no sentido de ter aberto o caminho para o estudo do desenvolvimento organizacional como bastante articulado e ancorado em distintos processos de aprendizagem.

Tal modelo é amplamente conhecido e estudado, não sendo nosso foco propor uma nova análise. Contudo, é importante lembrar sua estrutura no que diz respeito à articulação do **processo de geração do conhecimento**, tanto individual como agregado, ou seja, *organizacional*.

Em síntese, o Modelo das Cinco Disciplinas é embasado em cinco competências ou pilares cognitivos que constroem o arcabouço de como a organização estrutura seu conhecimento e, de fato, aprende, conforme Figura 5, a seguir:

---

[19] Cf. Senge, Peter. **The Fifth Discipline**. Nova York: Currency (1990-2006). E-Book Kindle, 2006, p. 292.

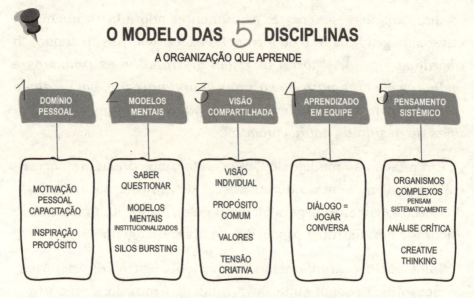

Figura 5: O Modelo das Cinco Disciplinas
FONTE: AUTORES, D'APRÈS PETER SENGE, 2021

Os pilares do modelo das *Cinco Disciplinas* são, portanto:

1. **Domínio Pessoal**. É o pilar que sustenta o *aprendizado contínuo,* apoiando-se na motivação e capacitação pessoal dos indivíduos, inspirando-os a seguir seu propósito;

2. **Modelos Mentais**. Representam *os arquétipos e as crenças* que enquadram e, assim, limitam nosso entendimento do mundo. A institucionalização de tais modelos tende a gerar *silos* na organização que precisam ser endereçados e, possivelmente, implodidos;

3. **Visão Compartilhada**. Representa o compromisso com a aspiração de compartilhar sua visão individual com os outros membros da organização, definindo um propósito e valores comuns que despertam a vontade de "criar" juntos, pondo as bases para a experimentação,

a cocriação e, consequentemente, para a inovação. Conforme já argumentamos, no item 2.5, essa disciplina, em conjunto com a próxima (Aprendizado em Equipe), pavimenta o caminho para a construção de um **Pensamento Coletivo,** que é o elemento agregador do saber organizacional;

4. **Aprendizado em Equipe**. Esse pilar alinha e desenvolve a capacidade da equipe como um todo, com base nos talentos individuais colocados em prol de um aprendizado comum, pelo **diálogo**[20] intraorganizacional como instrumento estrutural do aprendizado. Esse movimento facilita, além do **diálogo**, a quebra dos **silos** que porventura existam entre áreas. Dessa forma, toda essa articulação conduz à próxima disciplina, a seguir;

5. **Pensamento Sistêmico**. Essa é a *"Quinta Disciplina"* que integra todas as outras. É a grande e indiscutível contribuição de Senge aos estudos e às práticas organizacionais, que permite entender a estrutura sistêmica das organizações e de sua maneira de aprender. As organizações são, de fato, organismos complexos que pensam, agem e aprendem sistematicamente. Esse pilar se lastreia no pensamento analítico-crítico que abre espaço para a criação, a experimentação e a inovação.

Sobre esse último ponto, é interessante notar como, de fato, Senge insiste no conceito de experimentação *ante litteram*, tendo um *a priori* muito positivo no que diz respeito à liberdade do atual mundo organizacional e dos negócios de experimen-

---

[20] Do grego διάλογος (diálogos), ou seja, διά-λογος, sendo λόγος = palavra. Literalmente, "trocar palavras/ideias"; e " 'jogar' palavras para o outro, conversar".

tar novas ideias e novos caminhos, ao contrário do que podia acontecer no passado. Nesse contexto, e dado o *modus operandi* próprio dos negócios, os experimentos têm a vantagem de poder ser avaliados por critérios objetivos no limite do possível.

EM FOCO

LEARNING ORGANIZATIONS
O modelo das 5 Disciplinas de Peter Senge

"BUILDING CAPACITY FOR EFFECTIVE ACTION"
Peter Senge

O que é uma LO?

É uma organização que **pensa**, **planeja** e **executa** de **forma sistêmica**

As 5 Disciplinas

(5) Uma LO busca alcançar o **pensamento sistêmico** através de:

(1) Construção de uma **visão organizacional compartilhada**;

(2) Institucionalização de **seus modelos mentais**, implodindo **silos**;

(3) Facilitação da **aprendizagem entre times** através do **diálogo**; e

(4) Estímulo à **capacitação pessoal** dos colaboradores através de **motivação**, **inspiração** e **propósito**.

Finalmente, cabe lembrar que a contribuição de Senge foi seminal, servindo de estímulo para a produção de vasta literatura organizacional, que manteve vivo o debate acadêmico sobre os temas abordados, até nossos dias. Paralelamente, o entendimento do modelo das Cinco Disciplinas e sua adoção em âmbito organizacional promoveu verdadeiras mudanças de rumo nas corporações e nas práticas de gestão. Isso aconteceu, particularmente, no que diz respeito à gestão do conhecimento organizacional, de como ele se gera, é testado, se modifica e é transmitido por toda a organização, consolidando seu DNA e retroalimentando, assim, sua cultura.

3.3 As Novas Organizações que Aprendem[21]: uma abordagem arquitetônica clássica da construção da comunicação e do aprendizado organizacional

Observação. *Esse breve item 3.3 é uma digressão de um dos autores (Luca) que quis resgatar seus estudos clássicos das línguas e literaturas grega e latina que estão profundamente arraigadas em nossa cultura e são, surpreendentemente, atuais. Tais reflexões são, inclusive, adequadas a um contexto organizacional no que diz respeito à elaboração de uma* **comunicação efetiva**, *às ações e reações, que derivam desta. A consequência disso é a construção de um modelo de aprendizado organizacional que se origina de uma* **síntese lógica**. *O autor recorreu a*

---

[21] *"Novel Learning Organizations"* é o nome, em língua inglesa, elaborado pelos autores de seu modelo que define as "Novas Organizações que Aprendem".

conceitos de **linguística aplicada**, fazendo uma interseção entre a **comunicação** e a estrutura de um **templo clássico** que remete ao conceito de **concinnitas**, ou harmonia oratória e arquitetônica, que está na base da elegância formal do discurso, visando à sua **clareza** e **comunicabilidade**.

Os leitores que porventura não tenham especial interesse nesses temas, poderão passar diretamente para o próximo capítulo sem prejuízo do entendimento do conteúdo dos próximos.

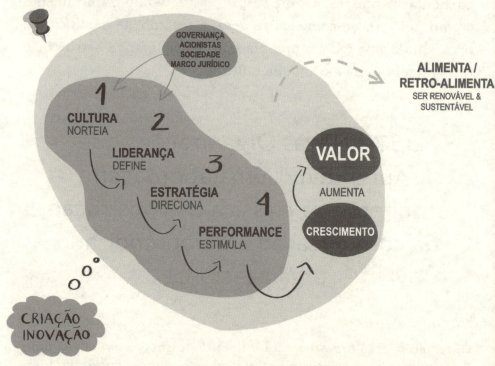

Figura 6: A Mitocôndria Organizacional do Modelo CLE(E)P: Cultura+Lideraça+Estratégia Empreendedora+Performance para a Geração de Valor

FONTE: AUTORES, 2021

Antecipamos que as organizações são organismos vivos e permeáveis, que respiram e trocam constantemente informações com o mundo no qual estão imersos. O arquétipo dessa

Mitocôndria Organizacional[22] (vide Figura 6) será central na descrição do Modelo CLE(E)P, que será tratado em um próximo trabalho, a ser publicado em breve.

A ideia da organização entendida como um verdadeiro *organismo* que estuda, aprende e ensina, remete a uma abordagem conceitual onde <u>equilíbrio</u>, <u>harmonia</u> e <u>síntese</u> são os elementos estruturais que definem a *praxis* da edificação do aprendizado e do *saber organizacional*.

De fato, tal construção quase arquitetônica remete ao conceito latino de *concinnitas*[23], ou *harmonia formal*, uma qualidade dos oradores clássicos *à la* Cícero[24] bem como dos historiadores como Plínio e Tito Lívio, cuja retórica e argumentação eram sempre tanto estruturalmente como esteticamente elegantes, harmônicas e fundamentalmente claras. Certos níveis de *inconcinnitas*[25] *à la* Tácito, reconhecido já na sua época como grande historiador e analista político, eram tolerados e até celebrados nos círculos intelectuais mais arrojados. Entretanto, eram vistos com alguma dose de criticismo por parte da *intelligentsia* romana, sendo considerados pouco clássicos, muito pessoais e,

---

[22] *Mitocôndria Organizacional* é denominação original criada pelos autores. Cfr. Modelo CLE(E)P, infra.

[23] *Concinnitas* é um conceito de estética literária romana que pode ser livremente traduzido por "harmonia", representando a *organização harmônica* da linguagem que define a prosa elegante. É termo emprestado dos tratados de arquitetura clássica. Cfr. *De Arquitectura* de Vitrúvio (Roma, séc 1º a.C.); cujos conceitos foram retomados no tratado *De Re Aedificatória*, de Leon Battista Alberti (Itália, Séc. XV), que recupera o conceito de *concinnitas*. O significado original do termo remete à harmonia musical vindo do verbo *con+canere*, e.g. cantar juntos, em harmonia.

[24] Cícero foi o mais famoso orador da Roma clássica, autor, dentre outras obras das famosas *Catilinarias*. Plínio, Tito Lívio e Tácito são considerados os maiores historiadores de língua latina, cobrindo distintos períodos da história da Roma clássica com uma sofisticada abordagem de análise política.

[25] *Inconcinnitas* é o oposto da *concinnitas*, portanto é a "desarmonia".

de certa forma, esotéricos[26], não sendo destináveis ao grande público, mas somente ao seu próprio círculo.

Essa forma de estruturar o conhecimento encontra, de fato, sua origem na própria essência da cultura e da civilização romanas. De fato, ao contrário do universo grego povoado por poetas, marinheiros e mercantes cuja língua era o resultado de uma complexa *coiné*[27], muitas vezes pouco clara e de entendimento difícil e confuso, Roma era uma república baseada na conquista constante de territórios estrangeiros que seriam, posteriormente, anexos à República.

Nesse sentido, Roma era uma sociedade de <u>guerreiros liderados por generais</u>, que precisavam dar <u>ordens militares claras e inequívocas</u> que permitissem às legiões cumprir com exatidão e sem possíveis dúvidas os distintos comandos recebidos.

É nesse momento que a estrutura lógica da linguagem e da comunicação escrita, expressa na *concinnitas* ciceroniana, se torna estratégica para os fins de uma inteira nação, transformando um movimento de estética literária e arquitetônica em um <u>instrumento de conhecimento e aprendizagem</u> da mais importante <u>organização multinacional</u> do mundo daquela época: SP*QR*[28], ou seja, a própria Roma!

---

[26] *Esotérico* no sentido aristotélico de "destinado a um círculo restrito" de discípulos e ouvintes. Oposto a *exotérico*, destinado ao grande público, ou seja, externo à escola do filósofo. Do grego εσωτερικός, interno; e εξωτερικός, externo.

[27] Do grego κοινή γλῶσσα, ou simplesmente κοινή, a "língua comum" da Grécia da época helenística, que funcionava como dialeto ou língua franca falada nas diferentes regiões do país, substituindo o ático e o jônico, visando promover a integração dos povos da Grécia, facilitando o principal instrumento de coesão: a língua e a comunicação verbal.

[28] SPQR era o acrônimo de "*Senatus Populusque Romanus*", ou seja "O Senado e o Povo de Roma", e indicava formalmente a República Romana.

Mas, finalmente, qual é o "segredo" da *concinnitas*? E mais importante ainda, como essa impacta a construção do aprendizado organizacional?

Para explicar de maneira clara e visual como a *concinnitas* atua na estratificação do aprendizado que alicerça o conhecimento e a cultura social e organizacional, promovendo clareza de entendimento e facilitando a comunicação, vale resgatar a tríade conceitual de **equilíbrio**, **harmonia** e **síntese** inserida em um desenho físico tomado emprestado da Arquitetura.

Nesse sentido, a construção do conhecimento e de sua comunicação é assimilável à estrutura arquitetônica de um **templo clássico**, conforme estilizado na Figura 7, a seguir.

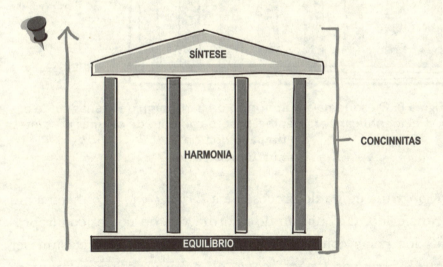

Figura 7: A construção do conhecimento como modelo arquitetônico clássico: a estruturação harmônica ou *concinnitas*.
FONTE: AUTORES, 2021

Lembramo-nos de que nosso postulado é que estamos estudando uma organização (a República Romana) composta por legiões de militares, cujos generais precisam *tomar decisões estratégicas e comunicá-las de forma inequívoca*. Ou seja, na transferência da informação (conhecimento), a *comunicação* deve ser *direta e firme,* sendo a pedra angular a verdadeira base para o **equilíbrio** do entendimento da mensagem.

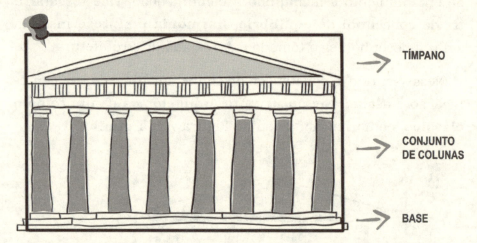

Figura 8: O esquema arquitetônico do Parthenon de Atenas, onde é possível identificar claramente a **base**, o conjunto de **colunas** portantes e o **tímpano** do frontão.
FONTE: AUTOR ANÔNIMO

A próxima etapa do processo é a *forma como* o conhecimento é transferido. O conjunto de informações ou comandos (representados pelas colunas do templo, na Figura 8) precisam ser claros e objetivos ("retos" como as próprias colunas) mantendo, porém, **harmonia e integração** entre os conceitos. Ou seja, nesse modelo a aprendizagem não pode acontecer somente de forma paratática ou assindética, onde os conceitos são meramente alinhados e "jogados" como pontos desconexos. Muito pelo contrário, a qualidade da transferência do conhecimento e da sedimentação da aprendizagem são melhorados *de maneira harmônica* por um constante movimento de *coordenação* sindética entre os conceitos, que define sua *consequencialidade* e, portanto, sua *ordem* de importância. Essa articulação lógica entre premissas e conceitos estrutura as bases do conhecimento que se sintetizam na aprendizagem na etapa final do modelo.

A **síntese** (representada na Figura 8 pelo tímpano no frontão do templo) exemplifica, assim, o fechamento do movimento de aprendizagem, onde todas as informações que alicerçam o saber foram decodificadas e assimiladas, gerando o conhecimento individual e organizacional na sua forma agregada.

Explicando, finalmente, de forma prática, o modelo que gerou a explicação da *concinnitas* é o mecanismo de coordenação e consequencialidade, que *harmoniza* a *aprendizagem* e a transforma em **conhecimento organizacional**. Tal transformação é obtida pelo movimento que, partindo de uma análise e um **equilíbrio de base** dos dados capturados e das informações disponíveis, evolui para a **coordenação harmônica** de conceitos e práticas, para conduzir à **síntese** que disponibiliza o conhecimento organizacional para seus usuários. Naturalmente, a síntese acontece com base na análise crítica, que permite a correta leitura das informações e o consequente entendimento do ambiente interno e externo, possibilitando a tomada das decisões adequadas.

Além da Segurança Psicológica

A bem da verdade, o mecanismo técnico descrito nasce de um modelo clássico na intersecção da estética literária com a arquitetônica que, em época platônica[29], tomaram um viés moral no binômio estético e ético do καλός κἀγαθός[30] ou *kalós kagathós*, ou seja, do *belo e virtuoso,* onde a beleza formal (estética) torna-se um imperativo moral (ética): *se for belo, há de ser virtuoso!*

Extrapolando tal binômio para um contexto organizacional contemporâneo, entendemos como o *aprendizado* em todos os níveis hierárquicos e funcionais torna-se uma *obrigação ética das organizações* para com seus colaboradores, objetivando o desenvolvimento intelectual e profissional de todos os profissionais ligados àquela casa. De fato, transliterando esse viés ético para as melhores práticas organizacionais, Kegan e Lahey[31], (2016), enfatizam ao longo de seu trabalho, a importância das organizações se dedicarem ao desenvolvimento dos colaboradores de t*odos os níveis* e não somente dos quadros superiores e do C-level.

---

[29] Platão (em grego: Πλάτων, "o Amplo") Atenas, V séc. a.C. Foi um matemático e filósofo fundador da Academia de Atenas. Escreveu uma panóplia de discursos filosóficos, dentre os quais se destacam *A República* e *O Banquete.* Teve Sócrates como mentor e Aristóteles como pupilo.

[30] O grego καλός κἀγαθός é forma sincopada de καλός καὶ αγαθός, *belo e bom (virtuoso).* Platão definia a *καλοσκαγαθία, kaloskagathia, como* a soma de todas as virtudes humanas que todo bom aristocrata ateniense fazia questão de acreditar e declarar possuir! É a base da ética de Platão aprofundada por Aristóteles que o aplica a todos os sentidos, inclusive ao conceito da beleza física entendida como simulacro do *belo moral,* e.g. o *bem.*

[31] Kegan, R. e Laslow Lahey L., **An Everyone Culture**: Becoming a Deliberately Developmental Organization, 2016, HBRP.

3.4 As Novas Organizações que Aprendem: um novo mindset para desenhar um novo modelo organizacional

Como mencionamos anteriormente, a relevância seminal do modelo das *Learning Organizations* e o legado de Peter Senge são inegáveis. Entretanto, desde a publicação do **The Fifth Discipline,** em 1990, passaram-se trinta anos durante os quais o mundo contemporâneo passou por mudanças estruturais nunca vividas antes, tanto em termos de relevância e impactos gerados como de rapidez e diversidade. Para citar somente alguns eventos que marcaram e definiram o novo milênio e geraram grande impacto e instabilidade, lembramos os ataques terroristas que destruíram o WTC em Nova York e danificaram o Pentágono em 2001, aumentando exponencialmente o medo e a desconfiança entre agentes políticos globais; a quebra sistêmica dos mercados financeiros de 2008; o recrudescimento do terrorismo de matriz religiosa, na Europa; as crescentes migrações de prófugos do Oriente Médio, motivadas por intolerância e fome; e não menos importante e devastadora, a pandemia de Covid-19 que, desde o primeiro trimestre de 2020, está assolando o mundo, impondo novas reflexões e novos hábitos tanto para os indivíduos e suas famílias como para as organizações.

Nesse contexto histórico conturbado, caraterizado por crises profundas e em rápida e constante transformação, é natural que tenham surgido e que tenham sido trabalhadas questões que não estavam no escopo do trabalho de Senge. De fato, nós mesmos entendemos que ao longo das três décadas que se passaram, desde 1990, novos conceitos foram relacionados ao significado do que são as *Learning Organizations*.

> Nesse sentido, mantendo o conceito original de *Learning Organizations* além do que foi proposto por Peter Senge, uma nova abordagem e um novo entendimento organizacional permitem que hoje se entenda e se abrace o erro como oportunidade de aprendizado, consolidando a construção de uma cultura que promove um ambiente organizacional no qual a Segurança Psicológica é uma realidade. São, essas, organizações que são Deliberadamente Focadas em Desenvolvimento (DDOs), que são lideradas por Líderes (Re)humanizados movidos por um Propósito claro; e que são Ambidestras buscando o alto desempenho hoje enquanto inovam para garantir sua sobrevivência futura.

Esses novos conceitos e características formam **quatro pilares** que, sob a égide da **Cultura Organizacional**, fazem parte do guarda-chuva que define as **Novas Organizações Que Aprendem**. Os pilares são: **Segurança Psicológica**, **Foco Deliberado no Desenvolvimento**, **(Re)humanização da Liderança** e **Ambidestria Organizacional**. Esses quatro pilares estão interligados e se reforçam mutuamente, de maneira a se retroalimentarem. Dependendo do momento que a organização está passando, um ou mais pilares estarão em evidência. A perspectiva central é que para que se dê uma *Nova Organização que Aprende*, os quatro pilares têm que estar presentes. Quando esses pilares estão presentes, estamos nos referindo às Novas Organizações que Aprendem.

Vamos focar agora na mudança de pensamento e atitudes que conduzem ao novo modelo. Antes mesmo que a palavra *"mindset"* se tornasse termo técnico em uso na literatura de *management* e nas práticas organizacionais, era central na análise de Senge o conceito de mudança de *mindset* necessário para o desenvolvimento das *learning organizations*. Senge chamava essa mudança de *"metanoia"*[32]. Metanoia[33] é literalmente o *arrependimento*, o *"second thought"*, o repensar que define a mudança de pensamento, ou seja, a criação e a aquisição do novo *arcabouço mental.*

O próprio conceito de *aprendizado organizacional* em seu significado mais profundo pressupõe uma contínua mudança de *mindset*, e. g. da forma de pensar. As organizações que aprendem são "construídas" em volta desse conceito, que significa estar aberto às mudanças tanto de *postura mental* como organizacionais, municiando-se da resiliência necessária para enfrentá-las. O conceito de *metanoia* é, portanto, o legítimo precursor de "mudança de *mindset*"!

Nesse contexto de mudança de modelo mental, apesar de ser relevante e necessário, o "aprendizado adaptativo" que nos permite sobreviver, como é definido por Senge, não é suficiente para aplacar a sede de mudança e novidades do ser humano. Sendo seres inquietos por natureza, que almejam *crescer,* homens e organizações são protagonistas do "aprendizado generativo"[34] que lhes permite aumentar sua capacidade de "gerar", ou seja,

---

[32] Cf. Senge, Peter. **The Fifth Discipline**. Nova York. E-Book Kindle, 2006, p.13.

[33] Do grego μετάνοια, da raiz do verbo μετανοεεν composto por μετα, e.g. acima e além, e νοια, e.g. pensamento, intelecto. Portanto, a *Metanoia* é, literalmente, o *arrependimento* que define a mudança de pensamento, ou seja, a criação e a aquisição do novo *mindset.*

[34] Senge, Peter. **The Fifth Discipline**. Nova York. E-Book Kindle, 2006, p.14.

Além da Segurança Psicológica

de criar e modificar seu futuro, de fazer algo novo que nunca foram capazes de fazer antes, de entender o mundo e as suas relações com ele. Tudo isso por meio do e graças ao aprendizado e ao saber por ele gerado.

Extrapolando para o novo modelo das *Novel Learning Organizations*, "criar seu futuro" significa **criar um negócio sustentável e perene**. Esse fato pressupõe resiliência e capacidade de experimentação (e certa dose de coragem para tanto!).

Dessa forma, o foco está efetivamente na capacidade organizacional de mudar de *mindset* para poder *inovar*. Em outras palavras, as NLO são aquelas organizações que, por meio do aprendizado e de sua bagagem de conhecimento adquirido, estão equipadas com o *mindset* para inovar, em seu DNA cultural.

Nessa ótica, é fascinante o trabalho do antropólogo americano Edward T. Hall, que afirma que os seres humanos são, por excelência, organismos que aprendem. Ele nota que *"o impulso para aprender e o apetite sexual são muito próximos um ao outro, no que diz respeito ao poder que exercem sobre a vida humana. O sexo assegura a sobrevivência da espécie, mesmo que não seja essencial à sobrevivência do indivíduo. Ao contrário, o aprendizado é absolutamente necessário para garantir tanto a sobrevivência do indivíduo como da cultura e da espécie. É a maneira do homem de crescer, amadurecer e evoluir"*[35]. Em outras palavras, mais do que o sexo, o aprendizado e o conhecimento são os fatores que garantem a evolução dos seres humanos e sua perenidade.

---

[35] Hall, Edward T. **Beyond Culture**. Nova York: Anchor Books, 1976, p. 207.

Um novo modelo organizacional para o alto desempenho... **115**

Entendemos que esse mesmo axioma pode ser aplicado às organizações que são o *locus* onde os indivíduos constroem sua *persona* profissional, transferindo-lhes suas caraterísticas humanas mais marcantes (no bem e no mal). Dessa forma, as organizações são, por definição, *organismos que aprendem a ser perenes.* Sabemos que no mundo moderno as organizações sustentáveis e perenes são aquelas que empreendem e trilham caminhos para inovar.

Isto posto, fazendo um paralelo com as *Novel Learning Organizations*, entendemos que elas são *organismos que aprendem e inovam*. Esse axioma abre a análise da Ambidestria Organizacional como um dos pilares estruturais do modelo das NLO, que será detalhado *infra.*

Finalmente, podemos apresentar o modelo organizacional das ***Novel Learning Organizations* — Novas Organizações que Aprendem** em sua estrutura completa.

3.5 A nova estrutura organizacional e seus componentes

Retomando o conceito que as *Novel Learning Organizations* são organizações que *aprendem* e *inovam*, podemos arguir que esse é o *leit motif* que interliga os componentes do modelo, cada um dos quais será descrito *infra.*

Nesse sentido, mais uma vez, o ponto de partida será a cultura organizacional sob cuja égide se articulam os quatro pilares do modelo. Na verdade, dada e extensão enciclopédica da literatura e da casuística relativas a esse tema, resolvemos concentrar as questões mais conceituais e acadêmica em um próximo trabalho que será publicado na sequência deste. Neste livro, nos próximos capítulos, apresentaremos à cultura organizacional pelo viés da *transformação cultural*, apresentando os casos práticos das organizações que participaram da nossa pesquisa, cada um dos quais tem um ponto de interesse específico.

Na sequência da cultura, apresentaremos o <u>primeiro pilar</u>, ou seja, a construção de um modelo organizacional **psicologicamente seguro**. De fato, somente nesse ambiente os colaboradores poderão sentir-se estimulados a correr riscos e, assim, trilhar caminhos novos para adquirir novo conhecimento e, consequentemente, inovar.

Esse movimento é sustentado pelo <u>segundo pilar,</u> que se dedica ao **desenvolvimento da organização** e o promove para todos os colaboradores que aprendem constantemente e são protagonistas de seu crescimento e daquele da companhia, bem como de sua perpetuidade. Nessa altura, a companhia é mais madura, segura e exigente, demandando e sendo conduzida por **líderes empáticos e humanizados** que enxergam o **propósito** da companhia além do lucro e atuam alinhados com o *stakeholder capitalism*, atendendo às demandas de todos os seus *stakeholders*, conforme representado no <u>terceiro pilar</u>.

Nesse ponto, conforme sintetizado no <u>quarto pilar</u>, uma organização segura psicologicamente e inovadora, que cuida de seu desenvolvimento, sendo liderada de forma empática com um propósito claro que respeita todos os *stakeholders*, é o protótipo perfeito da **organização ambidestra.** Nesse protótipo convivem, ao mesmo tempo, uma estrutura mais tradicional e focada em objetivos de mais curto prazo, e uma estrutura com visão de inovação e ações mais disruptivas, voltadas a criar o ambiente propício para a perpetuação futura da companhia.

Conceitualmente, para deixar o modelo visualmente mais fácil de ser interpretado, utilizamos a estrutura arquitetônica do templo grego com sua base, colunas e tímpano, conforme representado na Figura 9, a seguir.

Figura 9: Modelo das *Novel Learning Organizations*: os Pilares sob a égide da Cultura

FONTE: AUTORES, 2021

Toda a estrutura organizacional das **Novas Organizações que Aprendem** é moldada pela **Cultura Organizacional**. De fato, é embaixo da égide da Cultura que se alinham os **Pilares** do modelo, que o sustentam e representam o principal alvo de análise deste trabalho. Estes, por sua vez, se apoiam firmemente nas **Competências e Caraterísticas** que sustentam as ações da organização, visando alcançar seus objetivos.

Além da Segurança Psicológica

Os capítulos seguintes serão dedicados ao detalhamento e à análise de cada um dos componentes do modelo.

Nesse contexto, daremos ênfase à explicação das interligações existentes entre os vários pilares que sustentam o modelo, sob a égide da cultura organizacional.

EM FOCO

NOVEL LEARNING ORGANIZATIONS

O que é uma NLO?

É uma organização em transformação com um novo **mindset cultural**

É **psicologicamente segura em 360º**

Foca no **desenvolvimento de todos** os colaboradores (DDO)

Tem **propósito** claro e **liderança reumanizada**

É **ambidestra**

Se baseia em **principios sustentáveis** e é **perene**

Transforma aprendizado individual em organizacional

É **"antenada"** e sabe se comunicar, buscando implodir os **silos**

Não sabe tudo, mas quer **aprender** tudo

Pensa de **forma sistêmica**

Sabe **revisar suas ações** (AAR-after action review) e **aprender** com elas e com seus **erros**, construindo sua própria *biblioteca do saber organizacional*

Maximiza o processo de interação do **Capital Social** de forma que permeie a organização, em todos seus níveis

CAPÍTULO 4

A TRANSFORMAÇÃO DA CULTURA ORGANIZACIONAL:
MOLDANDO OS PILARES DO MODELO

> *"Leadership is now the ability to step outside the culture that created the leader and to start evolutionary change processes that are more adaptive. This ability to perceive the limitations of one's own culture and to evolve the culture adaptively is the essence and ultimate challenge of leadership"*[1]
>
> **– EDGAR SCHEIN**

4.1 Cultura Organizacional: algumas reflexões e cases de Transformação Cultural das organizações

O modelo inteiro das **Novas Organizações que Aprendem** se estrutura sob a égide da **Cultura Organizacional**, que molda os pilares do modelo e define suas interligações em um contexto de evolução constante. Na ótica deste livro, é fundamental enten-

---

[1] Liderança é agora a capacidade de se colocar fora da cultura que criou o líder e de iniciar processos de mudança revolucionários que sejam mais adaptativos. Essa capacidade de perceber as limitações de sua própria cultura e de desenvolver a cultura de forma adaptativa constitui a essência e o desafio final da liderança.

der as **transformações culturais** das organizações para poder testar o modelo com cada companhia específica.

Vale sinalizar que entendemos que, nesse momento, seria pretensioso abordar o universo da Cultura Organizacional em si em um único livro, dadas a magnitude e profundeza da literatura e das reflexões acadêmicas e de natureza empírica que surgiram ao longo das últimas décadas, à luz das mais diversas práticas corporativas.

Por essa razão, focaremos aqui nos aspectos da Transformação Cultural propriamente dita e retomaremos o tema da Cultura com maior profundidade conceitual e de análise, em um próximo trabalho, que tratará, inclusive, do modelo CLE(E)P. Aquele modelo foca mais explicitamente na Cultura Organizacional e suas relações com a Liderança, a Estratégia Empreendedora e a Performance para a geração de Valor, visando ao crescimento de uma organização, conforme mencionado anteriormente.

Finalmente, compartilharemos algumas reflexões embasadas nos *cases* organizacionais que emergem da nossa pesquisa de campo. Os resultados foram reveladores e, em alguns casos, surpreendentes, ajudando-nos enormemente a compor o tabuleiro para a análise das variáveis do modelo que procuramos testar.

Queremos novamente agradecer pela colaboração fundamental de todas as pessoas e empresas que participaram da nossa pesquisa, compartilhando suas experiências.

Para começarmos, o principal alvo dessa nossa análise específica consiste, neste momento, nas implicações da **transfor-**

mação cultural que as organizações estão vivenciando, em um contexto VUCA.

Em relação ao processo de mudança cultural e de transformação organizacional que ela acarreta e que são as duas faces da mesma moeda, veremos (no próximo capítulo, que trata da Segurança Psicológica 360°) como Tom DeLong[2], professor de *Organizational Behavior* da Harvard Business School descreve o *covenant, (o pacto organizacional* que rege os comportamentos e as responsabilidades de todo colaborador vis-à-vis da companhia).

4.2 Cases de Transformação Cultural

IED-Istituto Europeo di Design

Para contribuir com um exemplo relevante de mudança organizacional e cultural, Victor Megido[3], que foi Diretor Geral do **IED-Istituto Europeo di Design** em São Paulo, retrata para nós sua recente experiência, quando liderou a transformação da filial brasileira de uma das mais reputadas escolas de design do mundo.

Victor reconhece que *"a cultura é a alma da organização. [Portanto] a alma de uma organização criativa como o IED é a sua cultura, a sua percepção sensorial, a sua consciência do*

---

[2] DeLong, Thomas. Why Your Students Need to Know You're All In: Moving Beyond Knowledge Transactions to Learning Covenants. Boston: Harvard Business Publishing. 25/09.2020. Disponível em: https://www.hbsp.harvard.edu/inspiring-minds/why-your-students-need-to-know-youre-all-in. Acesso em: 15 jan. 2021.

[3] Victor Falasca Megido foi Diretor Geral do *IED-Istituto Europeo di Design*, de 2013 a 2018. Ele participou da entrevista semiestruturada para nossa pesquisa de campo em 22/07/2021.

tempo e do espaço, a sua inclinação, a sua autoconsciência e inteligência, as suas emoções, os seus impulsos e desejos, a sua capacidade de simbolizar, imaginar, exprimir-se, recordar, aprender, representar o mundo, autorrepresentar-se e auto-organizar-se. A alma do IED é feita das coisas que não podemos nem ver nem explicar com os olhos da razão". É evidente que Victor coloca um grande entusiasmo e bastante ênfase em sua descrição da cultura dessa organização. Entretanto, está claro, também, que todos os pontos lembrados nessa apaixonada descrição (que poderia ser o verdadeiro mote do IED) são sensíveis e passíveis de transformação.

Exatamente na mesma linha de raciocínio de DeLong, conforme citamos anteriormente, Victor pondera sobre as mudanças culturais e suas implicações. Para ele, ecoando Gary Pisano[4] da HBS, *"todas as mudanças culturais são difíceis. [De fato] as culturas organizacionais são como contratos sociais que especificam as regras das partes interessadas. Quando os líderes resolvem mudar a cultura de uma organização, eles estão, de certa forma, rompendo um contrato social"*.

Essa visão iluminista *à la Rousseau*[5], que descreve em sua obra *O Contrato Social*[6] os princípios do direito que regem as relações na sociedade, sugere uma abordagem política da estrutura da sociedade e das organizações. Nesses grupos sociais existem normalmente pressões naturais internas que buscam

---

[4] Cf. Pisano, Gary P. The Hard Truth About Innovative Cultures. Harvard Business Review, jan. 2019. Disponível em: https://hbr.org/2019/01/the-hard-truth-about--innovative-cultures. Acesso em: 19 out. 2021.

[5] Jean-Jacques Rousseau foi um importante filósofo, teórico político e ensaísta nascido em Genebra. É um dos principais expoentes do iluminismo, sendo um precursor do romantismo filosófico. Sua visão de filosofia política esteve na base do Iluminismo que deu origem à Revolução Francesa.

[6] Rousseau, Jean-Jacques. Du Contrat Social ou Principes de Droit Politique. Amsterdam: Marc-Michel Rey, 1762.

A Transformação da Cultura Organizacional... 123

impedir que se mude o *status quo*, freando, assim, o movimento de transformação. De fato, continuando no seu raciocínio, Victor argumenta que *"não seria de se surpreender que muitas pessoas da organização, principalmente as bem-sucedidas com as regras em vigor, se opusessem [à transformação]".*

No caso descrito, o impasse gerado pelo conservadorismo autodefensivo de boa parte dos colaboradores deverá ser endereçado para que o processo de transformação continue nos moldes e no ritmo planejados. A responsabilidade de administrar a crise e compor com os colaboradores refratários às mudanças é, naturalmente, dos líderes que precisam de *savoir faire* e energia para contornar esse problema. *"Pressupõe-se coragem, por parte da liderança, para enfrentar a situação"*, conclui Victor. Coragem é, de fato, um atributo indispensável para todo líder que está incumbido de conduzir uma mudança organizacional tão profunda quando uma transformação cultural!

Mas o que fazer quando as diretrizes da transformação cultural não estão claras? Ou, pior ainda, quando não existe uma cultura claramente definida e existem tensões entre distintos polos de "poder" dentro da organização? Mais uma vez, a experiência do IED constitui um caso representativo que expressa uma componente de gestão *cross-cultural* adicionada às já complicadas problemáticas locais.

Nesse sentido, Victor lembra que, no momento em que assumiu o desafio da transformação, na verdade *"a cultura da empresa era ausente. Não havia clareza sobre propósito, identidades abrangentes, pensamento de futuro, valores e princípios-guia. (...) O relacionamento com a matriz sempre foi também de negociação e conflito, luta por recursos, confiança, influência. A distância cultural entre Milão e São Paulo sentia-se constantemente".*

O primeiro ponto interessante desse relato é que as dificuldades e incompreensões entre a matriz em Milão e a filial de São Paulo não podem ser atribuídas a conflitos de ordem *high context vs. low context*[7], ambas as organizações sendo de países (Brasil e Itália) cujas culturas são *high context*. Portanto, uma vez que o problema não parece ter sido gerado por desentendimento sobre as peculiaridades da cultura, podemos nos arriscar a dizer que essa situação pode ter sido causada pela desconfiança natural das lideranças de Milão, cuja cultura é de matriz *family-style*, típica de *"países que se industrializaram tardiamente: Grécia, Itália, Japão, Singapura, Coreia do Sul e Espanha. Nos países onde a transição do feudalismo à industrialização tem sido rápida, muitas tradições feudais permanecem. Culturas organizacionais de estilo familiar tendem a ser high-context. Esse termo se refere à quantidade de informações e conteúdos culturais que são considerados óbvios e incorporados pelos membros"*[8].

Essa cultura de matriz *family-style* é uma metáfora arquetípica à medida que pressupõe, por um lado, uma relação *pessoal próxima* e, por outro, uma relação *hierárquica* em que estão claras as limitações e a subordinação tanto econômica como decisória do *filho mais jovem* (no caso, a filial) vis-à-vis o *pai* ou *parente mais sênior* (a matriz).

De fato, os temas *Cultura* e *Transformação Cultural* são, por si só, de complexa articulação e gestão. Quando pensamos nes-

---

[7]   Cf. Hampden-Turner e Trompenaars (2012), infra.

[8]   Hampden-Turner, Charles; Trompenaars, Fons. Riding the Waves of Culture: Understanding Diversity in Global Business (pp. 194-197). London & Boston: John Murray Press. 3a ed. 2012. Edição do Kindle.

ses temas, no contexto da indústria criativa, a complexidade cresce exponencialmente! Inegavelmente, essa era também a realidade do IED em relação à qual Victor argumenta que *"não dá para negar a complexidade dos ambientes humanos".* Para que a organização não ficasse paralisada durante o processo de transformação de sua identidade cultural, lançou-se mão de instrumentos criativos e do constante diálogo, que permitiram "juntar as pontas" e redimensionar os conflitos. *"A dialógica e o design thinking ajudaram a lidar com os paradoxos e moderaram as divergências pela conexão das convergências".* Naturalmente, como é de se imaginar, a essência fundamentalmente criativa dessa organização estimula a constante dialética que conduz ao conflito, que deve ser dirimido pela própria liderança. *"Foi um conflito criativo, em que a liderança atuou com transparência, esclareceu o projeto e seu propósito, pactuou, validou, e definiu o time do futuro"*, lembra Victor.

Cabe a reflexão de que o conflito criativo precisa de uma composição e de um esforço extra por parte da liderança para manter a organização dentro de padrões ótimos de gestão. Por outro lado, veremos no capítulo 8º que uma **organização ambidestra** (aquela que sabe gerir seu presente, enquanto aposta na sua perpetuidade futura) consegue criar condições de crescimento e sucesso corporativo, que emanam exatamente das **tensões constantes entre o velho e o novo, entre o presente e o futuro**. Nesse sentido, o caso do IED é emblemático à medida que o Instituto *"prosperou quando as equipes abraçaram a tensão entre o presente e o novo e promoveram um estado de constante conflito criativo no topo. (...) Colocar aquilo em prática foi duro, mas conseguimos. Um ano depois, em 2016, estávamos fluindo como um projeto criativo. (...) A partir de 2017, a operação* *se tornou rentável e independente da matriz. Tivemos dois anos extraordinários em 2017 e 2018, enfrentando a crise do mercado da educação e superando os obstáculos".*

E como não podia faltar em uma organização de cultura *high-context* de matriz italiana, o IED buscou pôr em prática e vivenciar os preceitos do *ócio criativo* de Domenico De Masi[9] e de seu *smart working*[10], que ele entende como a revolução do trabalho inteligente. Nesse sentido, Victor se despede lembrando como a organização foi bem-sucedida em recriar e transformar sua cultura, gerando um modelo sustentável apesar de atuar em um mercado conturbado, mantendo um equilíbrio peculiar de trabalho no dia a dia organizacional. *"Conseguimos criar uma cultura fluida, um espaço do ócio criativo em que estudo, trabalho e bem-estar confluíam e colaboradores atuaram com intenção e satisfação, os alunos prosperavam em concursos e projetos. A consultoria cresceu muito pelo Brasil todo e lançamos novos cursos e produtos".*

O IED representa um caso interessante de organização que conseguiu se reestruturar, gerindo a transformação tanto operacional como cultural, imprimindo novo caráter e nova dinâmica ao negócio, visando preparar seu futuro de maneira a garantir sua perenidade. Nesse momento de transição, o *instituto* trilhava o caminho para ser uma organização ambidestra, estando prestes a definir seus próximos passos enquanto administrava sua operação atual. Um exemplo excelente de capacidade de transformação e de ambidestria de uma indústria, por definição, criativa!

---

[9]   De Masi, Domenico. L'ozio creativo. Milão: BUR Rizzoli. 2002.
[10]   De Masi, Domenico. *Smart working*: La rivoluzione del lavoro intelligente. Venezia: Marcilio. 2020.

Quando falamos em *change management* e em toda a transformação que isso ocasiona para a organização, não podemos pensar que esse fenômeno aconteça por um passe de mágica e de um dia para o outro. Muito pelo contrário, promover uma transformação cultural é um processo que exige uma visão de futuro de longo prazo, cujo alcance é geralmente definido pelo Conselho. Esse movimento *top down* é normalmente motivado por estudos prévios de cunho estratégico e análises de *futuring* destinados a projetar os cenários futuros que representem proxies realistas das tendências globais e dos mercados nos quais a organização opera. A partir desses entendimentos, começam os esforços para que o novo modelo seja implementado e a transformação se inicie.

Claro que tudo isso é mais fácil dizer do que fazer, uma vez que é justamente o elemento humano o principal fator que deverá protagonizar e implementar a transformação cultural! Isso significa dizer que o caleidoscópio de percepções, sentimentos, dúvidas, inseguranças, medos e toda a panóplia de emoções que habitam uma organização tenderá a produzir imagens intrincadas e complexas, cuja interpretação não será nem cristalina nem única em muitos casos.

Ambev

"A evolução da cultura é um puzzle de milhares de peças", explica Camilla Tabet[11] da **Ambev**. De fato, é necessário que centenas dessas peças se encaixem umas nas outras *"no dia a dia, para que se evolua da visão inicial até a transformação"* propriamente dita. A evolução cultural da própria Ambev, que Camilla vem liderando, adota um modelo tripartite integrado que se apoia:

a. na colaboração com o ecossistema;

b. na escuta ativa, dentro e fora da organização;

c. na visão de longo prazo.

É interessante notar como esses pivôs da transformação cultural da Ambev estão perfeitamente alinhados com os pilares que sustentam nosso modelo das Novas Organizações que Aprendem — NOA, conforme serão detalhados nos próximos capítulos.

De fato, o ponto a) é consistente com o primeiro pilar do NOA, que chamamos de Segurança Psicológica 360°, à medida que busca a criação de um ecossistema seguro psicologicamente em que todos os *stakeholders* envolvidos possam interagir positivamente, gerando relações *win-win*. A preocupação visionária da Ambev para com todo seu ecossistema é uma realidade inegável, a ponto de a companhia ser um *trendsetter* e abrir caminhos novos e engajados para outras organizações sustentáveis e

---

[11] Camilla Tabet é *People Design Director* da cervejaria Ambev. Ela participou da entrevista semiestruturada para nossa pesquisa de campo, representando a companhia, em 16/07/2021.

A Transformação da Cultura Organizacional... **129**

perenes. Os próprios investimentos para acelerar empresas que fazem parte de seu ecossistema, como no caso da Green Mining, que opera a logística reversa de garrafas e embalagens de vidro (cf. capítulo sobre Segurança Psicológica 360°, infra), são exemplos vivos da importância estratégica que a companhia atribui a todos os *players* do ecossistema.

Da mesma forma, o ponto b) da escuta ativa também remete à importância de se criar um ambiente psicologicamente seguro dentro e fora da organização, com a dupla função de garantir um melhor equilíbrio nas relações entre níveis profissionais e na inclusão da diversidade, bem como de melhorar o negócio em si, alcançando níveis sempre mais altos de performance. A questão da segurança psicológica, diga-se de passagem, foi uma das pedras angulares do movimento de transformação endereçada, inclusive, por diferentes iniciativas e com a contratação de programas de desenvolvimento organizacional específicos.

Finalmente, o ponto c) da visão de longo prazo é consistente com o 3º e o 4º pilares do NOA, uma vez que pressupõe uma liderança reumanizada com um propósito. Esse propósito deve garantir a sustentabilidade de longo prazo, no contexto de uma organização ambidestra, que busca sua perenidade sabendo se desdobrar entre a entrega dos resultados presentes e as atividades do futuro.

A essa altura, vale ressaltar que, apesar de toda mudança organizacional profunda ser difícil e dolorida, existem transformações culturais que pressupõem uma vontade de mudar e uma dedicação especiais por parte dos vários níveis de liderança, bem como do "núcleo duro" dos liderados. Esse é o caso da Ambev, cuja cultura já foi o espelho de uma organização tida como "agressiva", desde sua fundação, sendo o exemplo clássico da meritocracia de resultados. Entretanto, a sociedade está em contínua e rápida mudança e as organizações, que são espelhos da sociedade, não poderiam deixar de fazer o mesmo.

Voltando à Ambev, a transformação cultural veio pautada na resposta entusiástica das lideranças que, sempre partindo da premissa de *Growth Mindset*[12] (uma das competências essenciais da companhia), abraçaram rapidamente as mudanças e estão até hoje sensibilizando os times constantemente. Naturalmente, não todos os esforços são sempre bem-sucedidos e existem, ainda, problemas a serem identificados. Entretanto, atualmente, *"estamos indo maravilhosamente bem, de forma veloz!"*, relata Camilla, entusiasticamente. Nesse contexto, analisando a reação favorável à mudança cultural, ela observa que *"importante é a forma de como se incentivam e se reconhecem"* os esforços e o engajamento das pessoas no processo de transformação.

Finalmente, nesse contexto de mudança cultural, podemos observar que a Ambev é uma empresa sempre mais diversa, que reúne jovens das novas gerações para os quais o atual movimento de transformação é *conditio sine qua non*. *"Ter jovens questionadores é muito importante para fazer juntos e crescer a companhia"*. Da mesma forma, o pilar de *Diversidade & Inclusão* é elemento-chave para a evolução da cultura e da estratégia organizacional. *"Nada vence o poder de um grupo diverso, com opiniões e visões diversas. Mas não adianta ter diversidade se a cultura não é inclusiva, por isso estamos construindo iniciativas específicas para cada dor, para desenhar um plano cirúrgico"*, conclui Camilla, fazendo alusão à capacidade de transformação

---

[12] Cf. Quadro "Em Foco", *infra*.

de uma organização diversa, multifacetada e inclusiva, como a Ambev está trabalhando para ser.

⌐EM FOCO⌐

Growth Mindset

O conceito de **growth mindset**, como oposto a *fixed mindset*, foi concebido por **Carol Dweck**, professora de Psicologia da *Stanford University*, cujo trabalho de pesquisa começou há trinta anos, estudando o comportamento de milhares de crianças e estudantes. Dweck utilizou tais conceitos para descrever as crenças que as pessoas têm em relação à sua capacidade de aprender e à sua inteligência. As evidências das suas pesquisas indicam que quando os alunos se dão conta de que podem se tornar mais inteligentes com a prática, passam a acreditar que seus esforços os tornam mais fortes e mergulham de cabeça em suas atividades educacionais, conseguindo resultados sempre mais satisfatórios.

Growth mindset "diz respeito a nos tornarmos melhores"[13]. Esse modelo de psicologia comportamental foi, em seguida, amplamente aplicado para estudar os comportamentos dos líderes das organizações. Como a própria Dweck descreve, os *"líderes dotados de growth mindset começam acreditando no potencial e no desenvolvimento humano, tanto seu como dos outros. No lugar de utilizar a companhia como um veículo para sua própria grandeza, eles a usam como um motor de crescimento para si mesmos, os colaboradores e a companhia como um todo"*[14]. Nesse sentido, o líder dotado de *growth mindset* sabe perfeitamente que todo sucesso que ele consegue é obtido com e por meio de seu time, e nunca sozinho. Não é mais tolerada a figura do líder super-herói ou superstar, todo-poderoso e soberbo *à la* Lee Iacocca, e entram em cena líderes "reumanizados", conforme descritos, neste livro, que fazem do *growth mindset* e do reconhecimento da importância dos outros e dos times sua própria bandeira.

Finalmente, conforme estudaremos no capítulo das DDOs, a abordagem do *growth mindset* nos remete a Kegan, para o qual crescer é *"uma versão melhorada de si"*[15]

---

[13] Dweck, Carol S. **Mindset**. Nova York: Random House Publishing Group. Edição do Kindle. p.17.

[14] Dweck, Carol S. op.cit. p.125.

[15] Kegan, Robert *et al.* **An Everyone Culture**. Boston: Harvard Business Review Press, 2016, p. 57-58. Edição do Kindle.

Syngenta

Um caso interessante para ser analisado no que tange à transformação cultural é o da **Syngenta**, a empresa multinacional líder em tecnologia agrícola de sementes e agroquímicos com sede na Suíça. A companhia foi adquirida em 2017 pela estatal chinesa ChemChina, na maior aquisição de todos os tempos (US$ 43 bilhões) por parte de uma corporação chinesa. Essa transação permitiu à ChemChina incorporar em sua carteira de atividades a tecnologia de ponta da Syngenta no desenvolvimento e na produção de sementes, além de poder aproveitar todo seu portfólio de agroquímicos, que inclui inseticidas, fungicidas e herbicidas destinados a diversas culturas.

Olhando pelo prisma da cultura, quem está acostumado a lidar com transações de M&A[16] sabe que, segundo somente ao cálculo das sinergias que serão (ou não) capturadas pela junção das companhias, o tema mais crucial para o sucesso da transação é justamente a criação de uma nova cultura que (ao menos, idealmente) concentre o melhor das culturas preexistentes e acomode todas as partes envolvidas. Na prática corporativa, na hipótese de uma transação de M&A, existem distintas modalidades de integração cultural da mais agressiva e radical (onde a empresa compradora extingue a cultura da outra impondo a sua própria sem negociação) até a mais "politicamente correta", que, sob os auspícios do conceito de *fusão entre pares*", busca aproveitar, de fato, o que as duas culturas têm de melhor.

---

[16] M&A é o acrônimo inglês de *Mergers and Acquisitions*, ou seja, *Fusões e Aquisições* de empresas.

A Transformação da Cultura Organizacional...

Isto posto, continua sendo inegável que qualquer processo de M&A representa um estresse descomunal para todos os *players* que tomam parte na transação. E costuma ser bastante desestabilizador quando o tema em análise é a cultura da nova organização, que é o resultado da combinação das outras. Como é de se imaginar, o processo de PMI[17] após o M&A, que organiza as ações necessárias para a integração das empresas após a fusão, tende a não ser rápido e, mais uma vez, a integração das culturas costuma ser o capítulo mais demorado de toda a transação.

Por essa razão, não ficamos surpresos quando Cinthia Bossi[18], da Syngenta, afirma que *"estamos vendo mudanças importantes acontecendo ao longo dos anos. A companhia está em ebulição cultural para entender qual é a cultura de cada um dos negócios!"*. Contudo, é interessante a abordagem de estudar e entender a cultura *por cada negócio* para mergulhar em cada uma delas e chegar à construção do conceito de cultura universal da organização.

A Syngenta no Brasil vem de uma cultura tradicionalmente muito técnica em que a agronomia e o P&D são chave. Dentro desse universo de engenheiros agrônomos e pesquisadores de ponta do setor, a organização mantém um propósito voltado à sustentabilidade para *"extrair o máximo do potencial ilimitado das plantas, permitindo aos agricultores produzir de forma sustentável e consciente"*, uma vez que todos os colaboradores são *"inspirados pelas plantas, impulsionados pelas necessidades humanas e fundamentados na ciência e [têm] o propósito de*

---

[17] PMI é o acrônimo de *Post Merger Integration*, ou seja, *Integração pós-Fusão*.

[18] Cinthia Bossi é Head HR Latam & Brazil Territory da Syngenta. Ela participou da entrevista semiestruturada para nossa pesquisa de campo, representando a companhia, em 16/07/2021.

trazer o potencial das plantas para a vida"[19]. Nesse contexto, é importante argumentar que, por um lado, é verdade que o setor agrícola é percebido como sendo "conservador' na sua essência, na ponta dos produtores rurais, enquanto ligado a funções humanas e trabalhos primordiais e insubstituíveis. Por outro lado, essa percepção está sendo questionada já há anos em razão do alto nível de pesquisa aplicada ao setor e de uso de tecnologia no campo, sempre mais comuns nas lavouras brasileiras. Isso lhes garante uma posição de destaque tanto em termos de modernidade como de produtividade na produção agrícola mundial.

É justamente nesse contexto que se insere a Syngenta, cuja atuação é pautada nos mais altos padrões de pesquisa e tecnologia aplicadas ao campo. Portanto, como não podia ser diferente, sua cultura organizacional é construída em volta de sofisticados critérios de atuação, que buscam incluir em seu ecossistema seus vários *stakeholders* como parceiros estratégicos do negócio.

1. "Foco do cliente" é a palavra de ordem que molda a cultura da Syngenta. *"É o cliente que lidera a tomada de decisão"*, lembra Cinthia, por meio de comunicação clara de suas necessidades específicas. Ou seja, o preceito de Gulati[20] de pôr o cliente no centro da estratégia organizacional é incorporado na cultura da Syngenta e vivenciado como seu principal motor;

---

[19] Fonte: Syngenta, 2021. Cf. https://www.syngenta.com.br/nossos-valores. Acesso em: 03 ago. 2021.

[20] Cf. Gulati, Ranjay. op. Cit.

2. Esse movimento cultural se estende aos conceitos de colaboração e parceiras de longo prazo, que prezam sobremaneira a cocriação, integrando os processos de pesquisa e inovação e trabalho em conjunto tanto fora como dentro da companhia. Nesse sentido, fenômenos de "estrelismo" e de "voo solo" não são incorporados no dia a dia da Syngenta, uma vez que o trabalho em time e as equipes em seu conjunto são as unidades operacionais da companhia;

3. Esse modelo cultural favorece um desenho organizacional de pouca hierarquia, em que a fluidez e a escassez de barreiras hierárquicas tendem a implodir os *silos* existentes entre os distintos níveis e as áreas da companhia, bem como facilitam a comunicação e o trânsito de informações relevantes;

4. Essa cultura altamente colaborativa se estende a toda a cadeia e seus *players*, valorizando, por exemplo, a capacitação dos distribuidores Syngenta através de ações e investimentos que promovem melhoras na gestão de seu próprio negócio e, consequentemente, do negócio da Syngenta. Aqui, lembramos de um programa de desenvolvimento que nós mesmos desenhamos para a Syngenta há oito anos sob os auspícios de sua Academia FFE (Force Field Effectiveness), cuja missão era *"suportar os territórios na garantia da efetividade e transformação da equipe comercial"*. O programa foi batizado de *"Academia de Líderes"*, tendo como objetivo *"proporcionar o conhecimento e a prática de modernas técnicas e ferramentas gerenciais para fortalecer as competências de gestão dos líderes da Distribuidora Syngenta e,*

Além da Segurança Psicológica

assim, garantir a sustentabilidade e a perpetuidade de seus negócios"[21]. Esse programa se tornou uma referência dentro da companhia e contribuiu com o desenvolvimento de centenas de líderes de distribuidora e seus sucessores;

5. A outra ponta fundamental que é protagonista da <u>cultura colaborativa</u> e sustentável da Syngenta é representada pelo <u>universo dos agricultores</u>, cuja valorização e progresso são a razão de ser da companhia. Além das outras ações de desenvolvimento pontual, o Syngenta Group criou em 2013 o Plano de Agricultura Sustentável (*Good Growth Plan*) como parte integrante de sua estratégia de crescimento e perenidade. O plano já está na sua segunda fase, tendo como foco *"ajudar a reduzir a pegada de carbono presente na atividade agrícola e ajudar os produtores a enfrentar as mudanças climáticas"*[22]. O grupo planejou investir mais US$ 2 bilhões em agricultura sustentável até 2025 com o propósito de lançar duas tecnologias disruptivas a cada ano, em quatro áreas, visando a objetivos bastante audaciosos. Dentre esses objetivos estão o de acelerar a inovação para beneficiar os agricultores, fomentando a agricultura sustentável e promover uma agricultura neutra em carbono, para gerar impacto ambiental real até 2030.

Concluindo suas reflexões sobre a cultura da Syngenta, Cinthia pondera sobre a necessidade de criar um novo *backbone* para o desenvolvimento dos talentos e das competências ins-

---

[21] Fonte: Academia FFE Syngenta, São Paulo, 2013.
[22] Fonte: Syngenta 2021. Cf. https://www.syngenta.com.br/plano-de-agricultura-sustentavel Acesso em: 04 ago. 2021.

taladas da organização, evoluindo do simbolismo *à la* Aaron Beck[23] –pensar+sentir+agir = pensamentos+emoções+comportamentos – para um conjunto estruturado de ações que colabore para a criação de um novo *mindset* que facilite e favoreça o movimento de transformação cultural no qual a organização navega atualmente.

JTI (Japan Tobacco International)

Mudando de indústria, porém mantendo nossos pés na agricultura, a **JTI (Japan Tobacco International)** é um exemplo notável de uma multinacional líder global de uma indústria (a do beneficiamento da folha de tabaco e seus derivados) que a própria companhia reconhece ser controversa. Contudo, a JTI não deixa de implementar as melhores práticas de gestão, bem como de manter relações de estreita parceria e colaboração com os produtores e com as comunidades nas quais opera, conforme nos foi explicado por Paulo Saath[24] durante uma visita à sede de Santa Cruz do Sul, RS.

De fato, o grupo participa ativamente do desenvolvimento econômico e social dos membros de sua cadeia produtiva de forma intensa e consistente com suas políticas organizacionais e com a defesa dos direitos humanos patrocinados pelas Nações Unidas. Esse é um momento muito propício, uma vez que as

---

[23] Aaron T. Beck é considerado um dos pais da moderna psiquiatria, idealizador da Terapia Cognitiva Comportamental — como oposta à Psicanálise Freudiana —, que busca tratar e redirecionar os pensamentos distorcidos para pensamentos mais saudáveis, que resultam em comportamentos positivos, melhorando as funções executivas do cérebro descritas posteriormente por Muriel Lezak. Dr. Beck faleceu em 01/11/2021, aos 100 anos.

[24] Paulo Saath é o *Brazil Leaf Supply Vice President* da JTI.

NU festejaram em 2021 o 10º aniversário da publicação de seus *Princípios-Guia para os Negócios e os Direitos Humanos*, conhecidos também como *Princípios Ruggie*. Esse é, de fato, um tema de grande sensibilidade para a JTI, que afirma que *"o respeito dos direitos humanos é pedra angular e requerimento básico do Grupo. Trabalhamos em regiões do mundo, onde os direitos humanos fundamentais podem estar em risco"*[25].

Nesse sentido, o Grupo identificou nove possíveis problemas relativos aos direitos humanos que ele busca endereçar ativamente, inclusive por meio de um processo de *due diligence* dos Direitos Humanos, envidando esforços especiais na erradicação do trabalho infantil, da proteção do meio ambiente e do pagamento de salários justos (*fair wages*).

Chama a atenção, nesse contexto, a preocupação do grupo com o **trabalho infantil** e seu corolário dramático, a **falta da educação das crianças**, visando afastar essas distorções de toda sua cadeia produtiva. Para endereçar esse problema endêmico em muitos países, a JTI desenvolveu, em 2011, um programa que, sob o nome auspicioso de ARISE (Achieving Reduction of Child Labor in Support of Education), é um excelente exemplo de intervenção baseada no conceito de que facilitar o acesso à educação tende a afastar a possibilidade de as crianças serem exploradas pelo trabalho infantil. *"Até hoje, o programa tem ajudado diretamente a educar mais de 64.000 crianças em Malavi, Zâmbia, Tanzânia e Brasil, sendo 6358 crianças postas no ensino escolar, apesar da pandemia"* [26]. O grupo mantém re-

---

[25] Cf.: JTI Principles and Practices, em: https://www.jti.com/news-views/principles--practice.
[26] Cf.: JTI Principles and Practices, *ibidem*.

A Transformação da Cultura Organizacional... **139**

gistro de todas essas iniciativas em seus Relatórios dos Direitos Humanos, acessível ao público[27].

No caso específico do Brasil, a JTI nasce como *"uma empresa fruto de uma aquisição com a cultura de uma empresa multinacional consolidada localmente que sela o ciclo familiar preexistente"*, recordam Mirian Canto e Thiago Dotto[28]. Dessa forma, a transformação da cultura da JTI se desdobra em 4 componentes-chave:

1. Keep it simple;
2. Be accountable;
3. Make it happen;
4. One team[29].

Por essa descrição, está claro que a simplicidade e a responsabilidade são as principais regras do novo jogo que precisa acontecer e ser jogado em time!

Como podíamos imaginar, a transição para esse novo modelo demandou várias mudanças organizacionais, tanto de estrutura como de *core behaviors*, sempre ligados à essência do negócio. O redesenho da visão e missão que aconteceu há três anos, espelhando a estratégia de ser o líder global até 2030, impactou a estrutura do quadro de pessoas e, por isso, iniciou um proces-

---

[27] Cf.: Relatório disponível em: https://www.jti.com/sites/default/files/global-files/documents/JTG_Human_Rights_Report_2021.pdf.

[28] Thiago Dotto é People & Culture Director Brazil da JTI. Mirian Canto é Career & Development, Diversity & Inclusion e Employer Branding da JTI. Eles participaram da entrevista semiestruturada para nossa pesquisa de campo, representando a companhia, em 08/07/2021.

[29] 1 Simples é bom; 2 Seja responsável; 3 Faça acontecer; 4 Um só time.

so de *change management* ainda em andamento, cujos progresso são considerados positivos.

Para fortalecer as componentes da nova cultura, a JTI teve que melhorar certas competências como o pensamento analítico e crítico para a tomada de decisões, bem como desmistificar algumas crenças instaladas, como o excesso de "faro" por partes dos experts do negócio que atrasavam e limitavam a implementação do novo modelo.

"Estamos no caminho certo!" afirma Mirian, lembrando o trabalho de construção do *Employee Value Proposition* e de todas as mudanças que transformaram o dia a dia da organização até agora. E o trabalho só começou!

Grupo Gerdau

O **Grupo Gerdau** é uma organização cuja evolução pudemos acompanhar ativamente desde 2005. Naquele ano, tivemos o privilégio de ganhar a concorrência para que elaborássemos um curso de MBA Executivo customizado, cujo desenho arrojado incluía módulos presenciais, com docentes nacionais e internacionais, além de visitas a empresas e aulas em importantes *business schools* na China, na Europa e nos EUA. O objetivo era o desenvolvimento de uma visão e um conjunto de competências globalizadas quando pouco se falava disso ainda no mundo corporativo brasileiro. O curso era destinado a turmas anuais de jovens *high flyers* cotados para garantir o pipeline dos futuros sucessores da organização, nos distintos países onde opera.

A Transformação da Cultura Organizacional... 141

O programa foi batizado de *GBP-Gerdau Business Program*, ou simplesmente *GBP*, como passou a ser chamado na Gerdau, vindo para ficar tanto na nossa história, (ainda penso no *GBP* com carinho, como um dos melhores programas acadêmicos para executivos que desenhamos) como na história do Grupo. De fato, vários daqueles jovens líderes voaram muito alto no próprio Grupo ou no mercado e fora dele. Não último foi Gustavo Werneck, o atual Presidente e CEO do Grupo (o primeiro a não ser da família), sendo ele próprio egresso da segunda turma do *GBP*.

A lembrança da criação do *GBP* é relevante, <u>porque ilustra uma transformação que começou a ser vislumbrada há duas décadas</u>, quando o Grupo decidiu investir na globalização de suas operações para tornar-se um dos líderes mundiais da produção de aço. Esse grande grupo de origem familiar, que festeja esse ano seu 120º aniversário, de forte matriz cultural germânica, começou a planejar a longo prazo uma mudança estratégica que não poderia ser implementada com sucesso se não fosse acompanhada por uma transformação cultural cujos resultados são visíveis agora. De empresa líder gaúcha (ainda sediada na mítica sede da Av. Farrapos em Porto Alegre), o grupo se tornou um líder do setor siderúrgico latino-americano para, finalmente, transformar-se em um *player* global pelo intenso programa de aquisições, na América Latina e nos Estados Unidos.

"O ano de 2014 foi um marco para a Gerdau", lembra Caroline Carpenedo[30], já na nova sede de São Paulo. *"Após a revisão da estratégia, em 2012 e 2013, focamos no diagnóstico da nossa cul-*

---

[30] Caroline Carpenedo é *Diretora Global de Pessoas e Responsabilidade Social* da Gerdau. Ela participou da entrevista semiestruturada para nossa pesquisa de campo, representando a companhia, em 06/08/2021.

tura, para entendermos e definirmos o que devíamos manter e o que precisávamos abandonar". O diagnóstico serviu como base para que se definissem os <u>quatro pilares</u> nos quais se apoiaria a transformação cultural do Grupo:

1. **Abertura**: após anos de liderança do mercado interno, a entrada do aço chinês no mercado global obrigou a Gerdau a uma reflexão ampla para se reposicionar. Isso implicou rever seu próprio modelo, passando pela necessidade de, literalmente, abrir-se em 360 graus para entender melhor as tendências e escutar, dentro e fora da organização. A escuta ativa deixou de ser um conceito teórico e se transformou em uma prática necessária para alicerçar no dia a dia o movimento de abertura. Igualmente, buscou-se intensificar o aspecto mais aberto da cultura colaborativa, buscando, entretanto *"eliminar as sombras e corrigir as falsas harmonias"*, um resquício ainda da cultura familiar, que tende a distorcer as relações abertas e transparentes no ambiente de trabalho em razão de vínculos pessoais preexistentes. Esses vínculos geram certo desconforto no momento de se posicionar e dizer verdades incômodas. É aquilo que podemos chamar do resgate de um modelo de Segurança Psicológica;

2. **Simplicidade**: *"keep it simple"*, conforme já vimos no caso da JTI, é um dos comportamentos organizacionais mais necessários no mundo contemporâneo, inclusive para contrabalancear as complexidades e as incertezas que povoam e definem o mundo VUCA. Esse processo, na Gerdau, respondeu à necessidade de criar uma estrutura mais leve, com um nível menor de hierarquia e

um desenho organizacional mais ágil e menos estratificado. *"Somos uma organização superflat, estruturada em somente 5 níveis de liderança"*, confirma Caroline;

3. **Autonomia com Responsabilidade**: do comportamento que vimos anteriormente, a necessidade da simplicidade e de uma estrutura mais ágil e menos hierárquica deriva, como corolário, garantir maior autonomia para os líderes estratégicos para que eles possam tomar decisões de forma responsável com a segurança que estas serão contempladas pela organização, como um todo;

4. **Líderes Desenvolvendo Líderes**: *"o empoderamento das pessoas é um tema central no ecossistema Gerdau"*, lembra Caroline. Portanto, nada mais natural do que pressupor que os líderes da companhia dediquem uma boa parcela de seu tempo para desenvolver a nova geração de líderes, mantendo o pipeline cheio (conforme Ram Charan sugeriria!). De fato, a ideia do líder que dedica tempo para o desenvolvimento de seus liderados é algo já consolidado na cultura da Gerdau. (Eu mesmo lembro de Jorge Gerdau e depois de seu filho, André, em sua época como CEOs, ministrarem *master classes* para as turmas do *GBP*, explicando a estratégia do Grupo para os *high flyers*, que tinham sido selecionados para o programa, interagindo com eles e respondendo a qualquer tipo de perguntas).

Esse pilar da transformação cultural da Gerdau dialoga perfeitamente com o 2º pilar do modelo das NOA que estamos descrevendo neste livro, ou seja, aquele que trata das DDOs e do desenvolvimento de todos os colaboradores como escolha orga-

Além da Segurança Psicológica

nizacional. Nesse contexto, descrevemos como sendo atribuição e responsabilidade clara dos líderes desenvolver seus liderados em seu triplo papel de *líder desenvolvedor, líder educador* e *líder coach*. Esse movimento constante de escura ativa, feedbacks informais, conversas de interação, discussões sobre temas candentes, *coaching*, mentoria e, até, *peer reviews*, representam momentos poderosos de reflexão e de crescimento individual e profissional, que compõem com uma verdadeira cultura de desenvolvimento que espelha a transformação da Gerdau.

Um aspecto extremamente relevante que deve ser considerado em todo processo de transformação cultural das organizações é a **comunicação**[31] que se faz da nova cultura, tanto interna como externamente, e como essa se manifesta e é percebida. Nesse caso, trata-se também de uma questão de semiótica, uma vez que a transformação cultural define uma serie de **sinais** que são enviados tanto dentro da organização como fora dela. Tais sinais são tão estratégicos quanto o *significado*, o *propósito*[32] e os *novos valores* que a organização quer comunicar ao seu entorno. Contudo, muitas vezes esses sinais não são sequer percebidos, gerando um vácuo e inputs contraditórios na comunicação e no entendimento da cultura da organização, para seus *stakeholders* internos e externos.

---

[31] Sobre a importância da comunicação e a necessidade de um *sponsor* em distintos aspectos da cultura vide também, o capítulo 5.3, *infra*.

[32] Cf. 3º Pilar desse modelo no Capítulo 7 deste livro.

Grupo Piaggio

"O entendimento da nossa cultura é, infelizmente, ainda bastante frágil. Somos uma companhia que construiu a história de sua própria cultura organizacional embasando-a nas relações sindicais típicas da indústria metalmecânica italiana do segundo pós-guerra. Se, por um lado, isso permitiu tutelar o colaborador ao longo dos anos, por outro representou um freio para o desenvolvimento de uma cultura organizacional mais flexível, moderna e inovadora", afirma Davide Zanolini[33], da multinacional italiana Piaggio Group.

Existe uma conotação histórica e *cross cultural* importante na afirmação de Davide. De fato, o grupo Piaggio é o grupo industrial italiano que fabrica, dentre outros produtos memoráveis, o mítico *motoscooter "Vespa"*, que foi central no desenvolvimento da mobilidade urbana na Itália depois da Segunda Guerra Mundial, sendo um dos ícones da retomada econômica italiana do pós-guerra. O Piaggio Group é, atualmente, líder global em seus produtos e mercados, totalmente focado no P&D para a criação de produtos para o presente e para o futuro, que definirão a mobilidade urbana.

---

[33] Davide Zanolini é *Executive Vice-President Global Marketing & Communication* do Piaggio Group e *Board Member* da Piaggio Fast Forward. Ele respondeu à entrevista semiestruturada para nossa pesquisa de campo, representando a companhia, em 19/08/2021. "Tradução dos autores do texto original italiano."

Foto 1: *Vespa* GTS 300
FONTE: VESPA, PIAGGIO GROUP -
HTTPS://WWW.VESPA.COM/IT_IT/MODELLI/GTS/GTS-300-HPE-2020/

Enfim, nesse contexto de uma típica empresa industrial italiana que se tornou um dos líderes globais no espaço de algumas décadas, quais são as conotações culturais mais marcantes? *"A principal caraterística [da cultura da Piaggio] é* **colocar o ser humano, o colaborador, no centro da organização**, *garantindo seu respeito, o desenvolvimento de suas competências, suas 'capabilities' e sua segurança. O problema é que não é sempre que essa cultura é* <u>comunicada e compartilhada</u> *[como deveria ser], dentro da própria organização. Dessa forma, nem todos os colaboradores conseguem enxergar-se como sua parte integrante"*, pondera Davide. Esse modelo cultural **human centric** está totalmente alinhado com os anseios contemporâneos da sociedade, das organizações e dos mercados, conforme discutiremos no Capítulo 7º desse livro, que descreve o Pilar da (Re)humanização da Liderança.

O século XXI, de fato, traz um *novo* olhar para a *nova* organização em um mundo *novo*! O modelo *Strategy Centric* do século XX deixa espaço, no século XXI, para um modelo **Human Centric** (cf. Figura 12, no Capítulo 7º), que foca na centralidade do ser humano tanto dentro como fora da organização. A cultura das organizações do século XXI, que, como o Grupo Piaggio, buscam a perenidade através da ambidestria (cf. Capítulo 8º deste livro), apoia-se nesse novo modelo focando na segurança psicológica e no desenvolvimento de seus colaboradores ao gerar uma organização plenamente *human centric*. Externamente, criam-se estratégias totalmente **centradas no cliente** (*customer centric*) e na sua experiência, bem como se passa a estender o conceito de segurança psicológica em 360º para todos os *stakeholders* da organização (cf. Capítulo 5º).

Mas como se deu a transformação do Piaggio Group na última década? Davide se lembra dessa evolução com uma dose extra de modéstia e de *fair play*, afirmando que *"não aconteceram grandes reviravoltas em época recente. As principais mudanças organizacionais foram geradas pela criação de estruturas e funções que não existiam antes. Essas foram exigências [que vieram a reboque] das mudanças tecnológicas e comportamentais do mundo. Passamos de uma empresa tipicamente de hardware para uma de desenvolvedores de soluções para a mobilidade do futuro"*.

Esse relato nos intriga à medida que descreve quase como "natural e pacífica" aquela que costuma ser, *de fato*, uma das maiores dificuldades das organizações de hoje, especialmente aquelas de clara matriz industrial, quando descobrem que seu futuro está na capacidade de transformar-se literalmente em outra entidade ou mais de uma. Essa espécie de *'hydra model'* pode chegar a exigir uma migração das atividades-chave da organização para um modelo mais alinhado com as novas tendências e demandas do mercado que sempre exigem mais produtos que façam parte de soluções mais amplas.

Contudo, a transformação está acontecendo com o *caveat,* que podemos esperar considerando a complexidade de toda mudança em uma organização de grande porte. De fato, Davide nos lembra que, como não podia deixar de ser, "*o principal problema foi a integração com o 'castelo' das **estruturas preexistentes** que apresentaram, desde o começo, uma forte **resistência à mudança**. Os resultados, ainda em fase de desenvolvimento, têm sido positivos, porque tem ocorrido um **forte engajamento por parte do board**, que tem sido o sponsor da mudança, apoiando-a e, às vezes, **impondo-a**".* Essa observação é de extrema relevância, porque chama a atenção sobre três pontos cruciais, a seguir:

1. O "castelo" das estruturas preexistentes, como Davide o define, nos deixa imaginar a facilidade de se criar **silos** dentro da organização, e as subsequentes falhas de comunicação e transparência, além da perda de eficiência. Uma mudança de rumo e atitudes (que **imploda** tais silos) costuma ser benéfica para dirimir ou, ao menos, amenizar os problemas gerados por esses gargalos organizacionais;

2. A **resistência** à mudança é uma **reação típica** do ser humano, em qualquer contexto pessoal e social. As estruturas organizacionais nada mais são do que um espelho da sociedade, com suas relações e seus conflitos. Em época de mudança, a primeira reação natural é rechaçar ou, ao menos, retardar o processo de transformação. Esse ponto nos leva ao sucessivo;

3. Como corolário da observação anterior, está claro que em qualquer processo de mudança, a transformação tende a não acontecer **espontaneamente**, por livre vontade das pessoas e das equipes envolvidas que decidem autonomamente engajar-se, abraçando-a. Por essa razão, é imprescindível uma **comunicação clara e articulada** por parte da liderança sênior, sobre: a) a **importância da mudança** para o crescimento e a perenidade da organização, visando à manutenção e à implementação de seu propósito e, consequentemente, b) o fato de a transformação estar sendo patrocinada pelo C-level e como tal ser um movimento *top down* de **estratégia organizacional** cuja implementação não pode ser discricionária.

Finalmente, corroborando a relevância da **comunicação** na transformação cultural das organizações, Davide afirma que as funções que ele exerce no Piaggio Group (Marketing e Comunicação) *"têm sido um dos motores da transformação, trazendo para dentro da empresa a **cultura** do **cliente como centro indiscutível da estratégia organizacional**. Isso aconteceu pela criação de novos papéis, novas funções, novas compe-*

tências. Para superar a desconfiança e as resistências internas, adotamos a tática de 'baby steps', uma função nova de cada vez, comprovando seu valor agregado e sua contribuição para só depois criar outra. Esse fato tem dado credibilidade ao projeto, entusiasmo e desejo de participação".

Essa última observação retoma a importância do **modelo human centric** para o mundo corporativo contemporâneo, sendo adotado pelas organizações tanto para gerir as relações internas com seus colaboradores como para interagir som seus *stakeholders* externos. Mas, especificamente, a abordagem ***customer centric*** à qual Davide alude, ou seja, a que privilegia a voz dos clientes e visa pô-los no centro de suas estratégias[34], talvez seja a principal transformação organizacional do novo século, cujo impacto está criando inúmeras formas de colaboração entre os *players*. Tais ações colaborativas são voltadas para criar condições *win-win* para todos em cenários de negócios em que não existe um único protagonista. Ao contrário, são ecossistemas onde proliferam atividades de cocriação mais flexíveis e ágeis, que imprimem uma dinâmica nova, mais saudável e duradoura às relações de negócio. Nesses ambientes, a inovação opera efetivamente e eficazmente como o *leit motif* que une as partes interessadas, ajudando a desenvolver ações, serviços e produtos que atendem às demandas do mercado, d*e fato*. A mobilidade na cidade inteligente é um *core business* contemporâneo do qual o Piaggio Group pretende continuar sendo um dos líderes.

---

[34] Cf. Gulati, Ranjay. **(Re)Organize for Resilience**. Boston: Harvard Business Press, 2009.

Roche

Uma questão importante que deve ser explorada é **o que acontece** em um ambiente organizacional quando a cultura está em **fase de transformação**, deixando espaço para mudanças tanto comportamentais como operacionais, cujos reflexos impactam o dia a dia da companhia.

É justamente esse ponto sobre o qual conversamos com Bruno Souza[35], da Roche. Como membro do C-level da filial brasileira de uma multinacional suíça líder no setor farmacêutico, Bruno reconhece que a longa presença da companhia no mercado nacional ajudou a criar uma cultura *"cujo cuidado com as pessoas não é de agora, mas está no DNA da companhia"*.

A Roche entende sua cultura como uma **arquitetura** orgânica baseada em valores que se integram à própria **cultura local** onde o Grupo está presente.

Esse aspecto totalmente *human centric* da cultura da Roche contribuiu com a criação de um modelo organizacional mais **horizontal**, com um progressivo enfraquecimento de **fatores hierárquicos** em favor da adoção de atitudes mais diretas e dinâmicas que prezam o **compartilhamento** de ideias e a troca constante sem atribuir pesos ou importância distintos em razão da posição ocupada pelas pessoas no organograma. *"Se você olhar para minha assinatura de posição, meu cargo é 'Commercial Enabler Catalyst'"*, diz Bruno, apontando a dimensão quase 'filosófica' de seu cargo e lembrando da importância

---

[35] Bruno Souza é Director of Commercial Operations/Commercial Enabler Catalyst da Roche, no Brasil. Ele participou da entrevista semiestruturada para nossa pesquisa de campo, em 13/08/2021.

tática, no dia a dia, do líder de se preocupar em **catalisar as ideias** do time em prol de um melhor entendimento de seu ecossistema e de uma atuação mais aderente às necessidades e às demandas reais dos clientes.

Esse movimento vai na direção da ressignificação da **estratégia**, que rege a relação da Roche com seus mercados. Nesse sentido, a companhia passou de fornecedor dos melhores produtos farmacêuticos nas suas linhas de atuação para provedor de **soluções médicas**, das quais o produto farmacêutico é somente um dos elementos. De fato, Bruno lembra que *"o Grupo está no meio de uma **profunda mudança organizacional,** em nível global. Ainda existe um descompasso esperado, uma vez que parte dos colaboradores não têm todas as capabilities necessárias. De fato, geramos um 'desconforto programado' nesse movimento todo"*.

Amenizar e reverter tal desconforto, na verdade, está na pauta prioritária da organização, preocupada em adquirir e desenvolver os talentos e melhorar as competências necessárias para garantir a continuidade da atual estratégia de **customer engagement**, *"criando uma experiência única, confiável e duradoura para o cliente, entendendo seu ecossistema para gerar real valor. 'Entender para Atender' é necessário para trazer resultados sustentáveis"*, recorda Bruno.

Como é de se imaginar, a implementação desse modelo disruptivo que está no centro da transformação da Roche mundo afora gerou uma onda de insegurança nos colaboradores, muitos dos quais deixaram a companhia, em razão da impossibilidade de alcançar a curva de maturidade necessária para abraçar o modelo e se adaptar ao seu aspecto visionário. *"É como trocar o motor enquanto o avião está voando"*, lembra Bruno. De fato, *"muitos colaboradores com vários anos de casa foram criados em um sistema 'comando e controle'"*. Esse fator, naturalmente, impediu sua transição para o novo modelo menos hierárquico, que lhes garantiria um maior protagonismo, uma vez empoderados com funções e responsabilidades mais abrangentes. Essa, como toda transição é um constante *work in progress*, uma vez que, como lembra Bruno, *"ainda estamos avaliando o que deu certo, aprendendo com os erros e escalando esse aprendizado. (...) Nosso maior desafio continua sendo nossa gente!"*. De fato, apesar de as formas de apoio e investimentos na constante capacitação e atualização dos colaboradores, a estratégia de transformação vai exigir que a organização esteja pronta, *"pois o novo modelo vai propor mudanças nas pessoas, tanto para quem continuar a jornada como para os novos colaboradores que entrarem [na companhia, sendo que esses] terão que ter um propósito claro para que sejamos sustentáveis"*.

Um olhar diferente e extremamente revelador sobre as dinâmicas da cultura organizacional e sua transformação nos foi oferecido por líderes de **ONGs** globais e brasileiras durante as entrevistas para nossa pesquisa de campo. Para nossa surpresa, descobrimos que algumas das anomalias, que devem ser endereçadas nas organizações "tradicionais", fazem parte também do núcleo duro das ONGs.

Kumi Naidoo[36] é uma daquelas figuras fascinantes, *larger than life*, cuja combinação de vigor intelectual, objetividade de visão e delicadeza no trato comprova que o espírito de liderança pode ser muito efetivo sem ser bruto!

Nascido em Durban, de uma família de origem indiana, Kumi (que se identifica como um negro sul-africano) é um famoso ativista internacional pelo meio ambiente, pela luta antiapartheid e pelos direitos humanos.

Nossas interações com ele aconteceram em razão de sua vasta experiência como líder de ONGs globais, tendo sido *International Executive Director* do **Greenpeace International** de 2009 até 2016 e *Secretary General* de **Amnesty International**, de 2018 até 2020.

No começo da conversa, retomando a análise da estrutura do modelo das NOA, Kumi quis resgatar logo no início um traço da cultura das ONGs internacionais que parece ser do tipo "você vem aqui para servir e não para ter uma vida fácil!". Entretanto, o fato surpreendente é que existe efetivamente um enorme gap em termos de remunerações e de benefícios, entre as ONGs globais e as locais.

De fato, esse é o reflexo de uma transformação cultural que, ao longo dos anos gerou uma progressiva "corporatização" das grandes ONGs, que não refletem mais a centralidade do ser humano. Elas criam, ao contrário, uma ampla desconexão confor-

---

[36] Kumi Naidoo foi *International Executive Director* do Greenpeace International, de 2009 até 2016; e *Secretary General* de Amnesty International, de 2018 até 2020. Ele respondeu à entrevista semiestruturada para nossa pesquisa de campo, em 05/08/2021

me observa Kumi. Efetivamente, esse modelo cultural, por chocante que nos possa parecer, é retroalimentado pelos modelos estruturais e pela cultura de matriz corporativa reproduzidos por aqueles mesmos executivos que foram atraídos pelos sistemas de remuneração em que nasceu, em um contexto similar àquele de grandes corporações.

Esse sistema paradoxal acaba distorcendo mais ainda a transformação cultural das grandes ONGs globais, que costuma arvorar preconceitos atávicos e que não esperaríamos de nenhuma organização e muito menos de ONGs!

Um exemplo clássico é a dificuldade que as ONGs globais têm em assimilar e gerir sua visão Norte-Sul, particularmente no que diz respeito à escolha das lideranças seniores da organização.

Para nossa surpresa, descobrimos que as NGOs são estruturalmente racistas, conforme afirmou o próprio Kumi, com conhecimento de causa, durante nossa entrevista. De fato, ele foi o primeiro africano a liderar o Greenpeace e certamente o primeiro black south african a ocupar aquela posição.

Nesse contexto de preconceito Norte-Sul, um de nós, autores (Leda), quando era presidente do Conselho do Greenpeace Brasil, teve uma troca de opiniões interessante com um expoente da alta liderança global daquela ONG. Esse embate demostra como ainda existia um a priori equivocado no que diz respeito à abordagem Norte-Sul que remete à Diversidade.

A conversa aconteceu durante a viagem para a aldeia dos indígenas da etnia Mundurukus[37]. O Greenpeace Brasil havia

---

[37] Um dos autores, Leda Machado, na ocasião, presidente do Conselho do Greenpeace Brasil. Ela participou da expedição em apoio aos Mundurukus.

Além da Segurança Psicológica

construído um acampamento próximo da aldeia para apoiar os Mundurukus na luta para barrar a construção da usina hidrelétrica nas águas do rio Tapajós[38]. O acampamento recebia tanto jornalistas que cobriam a luta como apoiadores da preservação do meio ambiente e do Greenpeace de vários países.

A conversa, conforme comentado anteriormente, aconteceu logo após um evento no qual **uma** cacique explicou para todos o que aconteceria com as terras e a vida dos Mundurukus caso a usina hidrelétrica fosse construída. A cacique falou todo o tempo em Munduruku [39]. Entretanto, apesar de nenhum ouvinte falar Munduruku, todos entenderam perfeitamente o que ela falou. A cena foi emocionante!

Como é bastante raro haver caciques mulheres e o fato de ela estar acompanhada de seu marido, que a apoiava, isso provocou comentários. Um deles, da liderança internacional do Greenpeace, foi: *"No Greenpeace não temos problema de Gênero ou Diversidade"*. A essa altura, Leda comentou: *"Como não?"* A resposta foi a que o Conselho Internacional do Greenpeace era presidido por uma mulher e brasileira. Leda pontuou que talvez existisse, sim, equilíbrio de gêneros.

A questão é que há outros indicadores de diversidade, sendo Gênero somente um deles. Assim, Leda continuou comentando que a maioria dos cargos da liderança internacional era ocupa-

---

[38] A construção da barragem inundaria parte das terras dos Mundurukus (cujas terras não haviam tido a demarcação finalizada); destruiria 14 lagoas sazonais e perenes, cerca de 7 mil hectares de pedrais (áreas existentes nos rios e importantes por abrigar peixes, morcegos e aves) 320 ilhas e 17 corredeiras.

[39] A família linguística mundurucu ou munduruku pertence ao tronco linguístico tupi, e engloba os idiomas mundurucu e curuaia, que são falados nos cursos médio e baixo dos rios Tapajós e Madeira, nos estados do Pará e Amazonas.

do por pessoas do hemisfério Norte. Ou seja, a qual modelo de DEI estavam se referindo?"

A falta de DEI quanto ao equilíbrio entre os hemisférios Norte e Sul traz à tona a questão do poder e da dificuldade de ver e entender o mundo sob uma ótica mais abrangente que a nossa, a qual estamos acostumados. Dessa maneira, deixamos questões importantes de lado, sem considerá-las por continuar a ver o mundo apenas através do nosso prisma, sem olhar para os lados e sem enxergar o que acontece ao nosso redor. Contudo, enxergar através do prisma do outro é um exercício fundamental para todos, apesar de não ser fácil, principalmente para a Liderança.

Esse olhar abrangente é um dos elementos que definem a Liderança (Re)humanizada, que será discutida mais à frente, no Capítulo 7º deste livro.

Kumi enfatiza que as NGOs têm bastante trabalho a ser feito em relação à definição de quem detém o poder", complementando que, no final das contas, orçamento é poder. Um dos principais problemas das ONGs é seu excesso de burocratização. Essa condição gerou um aumento exponencial de seus custos operacionais, que deixa a ONG constantemente refém de sua capacidade de fund raising. Por essa razão, Kumi conclui que para voltar a recuperar sua essência, muitas ONGs precisam apertar o botão 'reset' urgentemente para que elas possam trilhar o caminho de volta rumo a suas culturas originais.

Além da Segurança Psicológica

O ponto da sustentabilidade financeira das ONGs e as possíveis distorções e distanciamentos de suas culturas originais é um tema candente e interessante que provoca discussões ainda pouco comuns dentro das próprias organizações. Nesse sentido, a conversa que tivemos com **Camila du Plessis**[40] foi bastante reveladora!

O Instituto Sol, que Camila lidera, é uma instituição privada sem fins lucrativos, cujo objetivo é garantir oportunidades educacionais para jovens de baixa renda, de maneira que eles possam desenvolver seu potencial pleno, tendo acesso à educação de qualidade do ensino médio ao final do ensino superior, bem como a mentores e conselheiros[41].

A missão do instituto é inquestionavelmente muito nobre e foca na solução de um dos problemas principais que ameaçam a perenidade da nossa sociedade.

Camila tem uma opinião muito lúcida sobre a necessidade de transformar aquelas ONGs, que são financiadas unicamente por filantropia, em negócios autossustentáveis que saibam, contudo, manter-se fiéis à sua cultura e missão. *"A filantropia não pode tudo sozinha"*, argumenta Camila. De fato, a tensão continua e os esforços para encontrar as quantias necessárias de *funding* por meio de ações de *fund raising* acabam desviando o foco da organização inteira.

---

[40] Camila du Plessis é Diretora Executiva do Instituto Sol. Ela respondeu à entrevista semiestruturada para nossa pesquisa de campo em 26/05/2021.

[41] Cf. https://www.linkedin.com/company/institutosol/about/; e cf. http://www.institutosol.org.br/.

Em outras palavras, e lembramos aqui um dos comentários que Kumi Naidoo tinha feito também, as ONGs tendem a transformar-se em estruturas altamente burocráticas e autorreferentes em razão de sua dependência de doações filantrópicas, dentre outras. Nesse sentido, conservadorismo, altos egos, concentração de poder e pouca curiosidade pelo *core business* tendem a tirar o foco da ONG, provocando mudanças negativas que são sempre mais difíceis de ser redirecionadas e acabam gerando uma transformação cultural que tende a desviar do propósito da própria organização.

CAPÍTULO 5

O 1º PILAR DO NOVO MODELO DAS NOA:
SEGURANÇA PSICOLÓGICA 360°

"I've learned that people will forget what you said, people will forget what you did, but people will never forget how you made them feel"[1]

– MAYA ANGELOU

A precedente análise que fizemos sobre a transformação cultural das organizações abre caminho para que comecemos a abordar os quatro pilares do modelo das NOA, que moldados pela cultura da organização, interagem constantemente e se retroalimentam.

O primeiro deles é a **Segurança Psicológica,** que, conforme trataremos ao longo deste capítulo, será estendido para um conceito **360°** de maneira a abranger todos os *stakeholders* da organização.

---

[1] Aprendi que as pessoas esquecerão o que você disse, esquecerão o que você fez, mas nunca esquecerão como você as fez sentir.

5.1 'Project Aristotle'

O conceito de *Segurança Psicológica* tem ganhado a atenção das organizações e do público em geral somente na última década, fomentado principalmente pela divulgação da pesquisa da Google conhecida como ***Project Aristotle***[2].

Os pesquisadores do projeto começaram seu trabalho revisando milhares de *papers* acadêmicos do último meio século, buscando entender como os times funcionam. Portanto, o foco objetivo da pesquisa foram os <u>times de trabalho</u>, ou seja, em uma perspectiva de *learning organizations,* "*as unidades básicas de aprendizado*"[3].

Nessa ótica, um time representa "*um grupo de pessoas, que têm funcionado juntas de forma excepcional, confiando umas nas outras, complementando suas forças e compensando suas limitações recíprocas; um grupo com objetivos comuns, maiores do que os individuais, e que puderam produzir resultados extraordinários*"[4].

Impossível não lembrar, nessa altura, da famosa máxima de Aristóteles, que em sua visão holística da harmonia clássica, "*o todo não é igual à simples soma de suas partes*"[5], pondo as bases do pensamento sistêmico.

Tamanho projeto de pesquisa começou em 2012 e durou alguns anos estudando 180 times da própria companhia, buscan-

---

[2]   https://rework.withgoogle.com/print/guides/5721312655835136/.

[3]   Senge, Peter. **The Fifth Discipline**. Nova York: Currency. E-Book Kindle, 2006, p.2.

[4]   Senge, Peter. **The Fifth Discipline**. Nova York: Currency. E-Book Kindle, 2006, p. 2.

[5]   Aristóteles, filósofo grego, 384 a.C.-322 a.C., Citação de sua obra **Metafísica**.

do entender padrões e formas bem-sucedidas de eficácia, de colaboração, bem como de possíveis fracassos. O projeto, bastante complexo e articulado, recolheu uma quantidade impressionante de dados que geraram resultados surpreendentes. Um dos resultados mais impactantes talvez tenha sido os pesquisadores terem descoberto que o que importava mais era *como* os membros do time trabalhavam juntos e não *quem* fazia parte dele.

De fato, os pesquisadores do Project Aristotle descobriram que os times mais bem-sucedidos eram aqueles embasados na **segurança psicológica**, sendo compostos por colaboradores empáticos, totalmente abertos e engajados, que não precisavam criar uma "cara de trabalho" específica para usá-la no dia a dia profissional. De fato, *"ninguém quer deixar em casa uma parte de sua personalidade ou de sua vida interior. Contudo, para sermos plenamente presentes no trabalho, para nos sentirmos psicologicamente seguros, precisamos saber que podemos ser livres o suficiente, de vez em quando, para compartilhar coisas que nos assustam, sem medo de recriminações"*[6].

Interessante notar a coincidência de visão com Kegan e Laskow, que se referem a um *"second job"*[7], um "segundo trabalho" não remunerado no qual muitos profissionais gastam enormes energias para simular uma *persona* diferente da sua verdadeira, e esconder aquilo que não sabem, já que não se sentem seguros psicologicamente para ser a *persona* verdadeira que, de fato, são.

---

[6] Duhigg, Charles. What Google Learned from Its Quest to Build the Perfect Team, The New York Times Magazine. Diponível em: https://www.nytimes.com/2016/02/28/magazine/what-google-learned-from-its-quest-to-build-the-perfect-team.html?smid=pl-share. Acesso: em 25 out. 2020.

[7] Kegan, Robert e Laskow Lisa. **An Everyone Culture**: Becoming a Deliberately Developmental Organization. Boston: Harvard Business Review Press, 2016, p. 84. Edição do Kindle.

164 Além da Segurança Psicológica

Entrando mais a fundo nos detalhes do projeto, foram cinco as razões encontradas para o sucesso dos times (lembrando, conforme vimos antes, que o que realmente importava menos era *quem* estava no time e mais *como* os membros trabalhavam juntos no próprio time):

- *Segurança Psicológica:* os profissionais têm segurança para se colocar sem medo de críticas inadequadas ou desqualificações. É considerada <u>a mais essencial das prerrogativas de um time bem-sucedido</u>;

- *Confiabilidade*: equipes de alto desempenho realizam suas tarefas no prazo e atendem a altos padrões. Existe confiança na equipe, cada um sabe que pode confiar nos outros para fazer o que eles dizem que irão fazer;

- *Estrutura e clareza*: todos os membros da equipe têm um entendimento claro de seus objetivos. Os líderes definem o que entendem por sucesso e sabem como cada participante da equipe define o sucesso. Assim, criam uma visão compartilhada na qual todos os membros sabem o que se espera destes para alcançar essa visão;

- *Significado:* o trabalho é pessoalmente importante para todos da equipe. O líder comunica à sua equipe o "porquê" do que fazem todos os dias;

- *Impacto*: os líderes têm um tremendo impacto sobre suas equipes. Os líderes maximizam verdadeiramente suas próprias forças, primeiro para que possam inspirar suas equipes com a visão compartilhada do que é sucesso, motivando-as a dar seu melhor.[8]

---

[8] https://rework.withgoogle.com/print/guides/5721312655835136/.

Figura 10: As principais razões do sucesso dos times, segundo o *Project Aristotle*.
FONTE: REWORK.WITHGOOGLE.COM/PRINT/GUIDES/5721312655835136/

É interessante notar como à luz dos resultados do *Project Aristotle* — uma vez que não existam diretrizes universais claras e definidas para estruturar um ambiente psicologicamente seguro —, o sucesso dos times e, consequentemente, da organização como um todo, deriva de um conjunto de atitudes que espelham que *"não existem respostas certas: o ponto é dialogar com as pessoas, nada é mecânico; a abordagem é sociológica e comportamental"*[9].

---

[9] Edmondson, Amy em conversa com os autores e o C-level de uma grande organização brasileira desenhando um programa customizado, 30 set. 2020.

166 Além da Segurança Psicológica

Nesse sentido, as conversas interpessoais tendem a tomar, muitas vezes, uma dimensão emocional e, até, íntima. Dessa forma, entendemos que *"as atitudes que criam [um ambiente de] segurança psicológica, tais como mudar o tom da conversa e ser empático, fazem parte das mesmas regras não escritas que nós adotamos como indivíduos quando precisamos criar vínculos pessoais. E esses vínculos são importantes tanto no trabalho como em qualquer lugar. De fato, às vezes eles são os mais importantes"*[10].

Essa análise dos constructos da segurança psicológica nos leva à abordagem de Amy Edmondson, cujo trabalho será estudado pelos autores neste livro. A autora (2019) é enfática sobre a necessidades de as pessoas estarem dispostas a tomar riscos interpessoais, para se conseguir um ambiente psicologicamente seguro na organização[11].

Finalmente, é importante lembrar que a Segurança Psicológica tem impacto positivo nos **resultados do negócio**[12]. A pesquisa que o Project Aristotle desenvolveu mostrou que equipes de vendas com alta Segurança Psicológica superam as metas em 17%, enquanto as equipes com baixa segurança psicológica tinham um resultado 19% inferior no atingimento das metas[13].

---

[10] Duhigg, Charles. What Google Learned from Its Quest to Build the Perfect Team, The New York Times Magazine. Disponível em: https://www.nytimes.com/2016/02/28/magazine/what-google-learned-from-its-quest-to-build-the-perfect-team.html?smid=pl-share. Acesso em: 25 out. 2020.

[11] Edmondson, Amy. **The Fearless Organization**. Hoboken: Wiley. Kindle, 2019.

[12] Cf: Capítulo. 5.3.1, *infra*.

[13] Franchon, Isabel. A Segurança Psicológica no Trabalho. Disponível em: https://jornal140.com/2020/10/28/seguranca-psicologica-no-trabalho/. Acesso em: 05 mar. 2021

5.2 Os trabalhos seminais

Apesar de o interesse do grande público na segurança psicológica ser relativamente recente, existem trabalhos importantes desde os anos '90 que abordam diretamente ou tangencialmente esse tema.

5.2.1 William A. Kahn

Nesse contexto, o trabalho seminal de **William A. Kahn**[14], que conduziu para a pesquisa sobre o tema primordial do *Engajamento dos Colaboradores*, cruza constantemente caminhos com o conceito de *Segurança Psicológica,* mesmo que a chamando de outras formas.

Em uma entrevista publicada pelo *Workforce Magazine,* em 2015, o próprio Kahn recomenda que os líderes *"se aproximem dos colaboradores como verdadeiros parceiros, os envolvam continuamente em conversas e processos sobre como definir e alterar seus papéis, funções e relações de trabalho. Isso significa dizer que os líderes devem deixar os colaboradores seguros a ponto de eles falarem abertamente de sua experiência no trabalho*[15]*."* Na entrevista, Kahn efetivamente entrou no âmago da segurança psicológica nas organizações, como vinha fazendo desde o final do século XX.

---

[14] Kahn, William. *Psychological Conditions of Personal Engagement and Disengagement at Work.* Disponível em: https://doi.org/10.5465/256287. Acesso em: 30 out. 2020.

[15] https://www.workforce.com/news/re-engaging-with-william-kahn-25-years-after-he-coined-term-employee-engagement.

168 | Além da Segurança Psicológica

De fato, em seu trabalho seminal de 1990, Kahn afirma que para estar engajado cada colaborador deve *"ter condições de expor-se e agir sem ter medo de consequências negativas à sua imagem, status ou carreira"*. Essa afirmação é, de fato, uma perfeita definição de segurança psicológica, que é ausente quando existe o medo. Retomaremos esse ponto.

No mesmo trabalho, Kahn constrói sua teoria definindo o engajamento de um colaborador como a habilidade de expressar *seu verdadeiro ser* no trabalho, que é alcançado somente quando são satisfeitas três condições psicológicas que ele testa na pesquisa de campo:

1. Significância;

2. Segurança;

3. Disposição.

Sem entrar no detalhe de cada um, é interessante notar a definição, em forma de pergunta de questionário, que Kahn dá para o segundo ponto, *Segurança*: *"o colaborador sente-se seguro em trazer seu verdadeiro ser para o trabalho, sem correr o risco de ter consequências negativas?"*[16]

Podemos ver que o autor está, de fato, definindo o conceito de segurança psicológica *ante litteram* em um ambiente organizacional sem riscos nem *medo*.

Naturalmente, para que os colaboradores não tenham medo de agir como eles mesmos no trabalho, é preciso criar uma cultura organizacional que permita que as pessoas se sintam con-

---

[16] https://www.workforce.com/news/re-engaging-with-william-kahn-25-years-after-he-coined-term-employee-engagement.

O 1º Pilar Do Novo Modelo Das NOA... **169**

fortáveis em se mostrar como são, de fato, sem se sentir alvo de críticas ou restrições indesejadas.

Entretanto, na época da pesquisa, a sutileza psicológica dos líderes das organizações ainda não era tão apurada e prosperava a crença bastante superficial segundo a qual o engajamento dos indivíduos e das equipes era somente questão de oferecer os incentivos certos, uma vez contratadas as pessoas certas sem nem cogitar na existência dos aspectos psicológicos envolvidos no trabalho. Inútil dizer que conceitos modernos de *empoderamento* e de *motivação,* e menos ainda de *diversidade* e *inclusão*, ainda não faziam parte da bagagem mental diária dos gestores de times.

Nesse contexto, os problemas relativos ao engajamento dos colaboradores são, de fato, atualmente muito parecidos com os dos anos '90. Dessa forma, a questão da segurança psicológica tornou-se crucial, uma vez que *"os problemas de dar voz às pessoas em relação àquilo que elas fazem e como fazem, de garantir que elas percebam seu trabalho como intrinsecamente significativo, e de lhes permitir definir seus papéis (na organização) ainda existe. Isso ocorre porque os gestores querem exercer seu controle sobre os outros, quando eles mesmos se tornam ansiosos por causa da cobrança de produzir e performar"*[17].

Essa afirmação nos induz a refletir sobre o fato de que ainda existe um descompasso entre as ações praticadas por modelos organizacionais (ainda em uma abordagem de tipo "comando e controle") que planejam e anunciam amplas mudanças de *mindset,* e as expectativas geradas nos colaboradores nos vários níveis da empresa (cf. Capítulo 5.3, *infra*).

---

[17]   *Ibidem.*

5.2.2 Amy C. Edmondson

Nesse contexto, a contribuição de **Amy C. Edmondson** ao debate acadêmico é seminal. Sua pesquisa e trabalhos dos últimos vinte anos deram comprovação científica a ideias que, às vezes, nos parecem de sentido comum, como de fato são, mas que demoraram séculos, desde a revolução industrial, para serem colocadas na prática organizacional. Para decodificar o conceito fundamental, vale citar a definição da própria autora para a qual "*a segurança psicológica [é] a crença que o ambiente de trabalho é seguro para tomar riscos interpessoais*[18],[19];*(...) [e] de sentir-se livre de se manifestar com ideias relevantes, perguntas ou preocupações.*"[20]

Para esclarecer melhor, Edmondson explica em seu trabalho recente que "*esse conceito diz respeito à experiência de sentir-se livre para expressar ideias relevantes, dúvidas ou preocupações. A segurança psicológica existe quando os colegas se respeitam uns aos outros e sentem-se livres de e até obrigados a ter candura.*"[21]

De fato, quanto a organização tem segurança psicológica, ela elimina o medo do contexto organizacional, aumenta o engajamento dos funcionários, estimula a interação entre níveis organizacionais implodindo, na prática, seus silos, engaja os líderes no papel de "educadores"[22] na organização, aumenta a quantidade de colaboradores que aprendem com os erros sem

---

[18] Edmondson, Amy. Psychological Safety and Learning Behavior in Work Teams. *Administrative Science Quarterly.* v. 44, n. 2, 1999, p. 350–83.

[19] Edmondson, Amy. **The Fearless Organization**. Hoboken: Wiley. Kindle, 2019, p.587.

[20] Edmondson, Amy. *Ibidem*, p.589.

[21] Edmondson, Amy. *Ibidem*, p.590.

[22] Cf., também, nosso 2º Pilar, *infra*.

O 1º Pilar Do Novo Modelo Das NOA... **171**

medo de fracassar, aumenta a probabilidade de uma tentativa de inovação de processo ser bem-sucedida e, consequentemente, estimula o espírito inovador na equipe.

Esse conceito da necessidade (quase) moral de ser cândido e de não ter medo de se posicionar é uma abordagem interessante e contemporânea, que espelha atitudes comuns a companhias que estruturaram seu modelo organizacional de forma a fazer da segurança psicológica um dos pilares do próprio modelo, exatamente como sugerimos no desenho das *Novel Learning Organizations*.

Nesse sentido, Edmondson cita[23] o caso da *Bridgewater Associates,* fundada em 1975 por Ray Dalio, que atualmente é um dos melhores *hedge funds* do mundo. Em seu livro *Principles*, Dalio constrói seu modelo organizacional ancorado nos princípios de *verdade radical* e *transparência radical*[24]*,* que embasam a construção de times de alta performance e as tomadas de decisão da companhia. O princípio de Dalio de que os líderes devem criar um ambiente no qual ninguém tem o direito de guardar para si uma opinião crítica sem se manifestar, assume um caráter claramente moral em que o simples fato de não falar sobre o tema em questão toma uma conotação antiética, inadmissível no contexto organizacional da Bridgewater.

Ainda sobre o tema de se ter candura, franqueza e honestidade como base estruturante da segurança psicológica, Edmondson afirma que quando estas são *"parte de uma cultura de trabalho, as pessoas não se sentem silenciadas. Não guardam seus pensamentos para si. Dizem aquilo que passa por suas cabeças.*

---

[23] Edmondson, Amy. *Ibidem,* p.2709.
[24] Dalio, Ray. **Principles**: Life and Work. Nova York: Simon & Schuster, 2017.

Trocam ideias, opiniões e críticas".[25] O exemplo disso é a Pixar Studios em que ser franco e dizer a verdade para garantir a segurança psicológica é um dos lemas da organização. Seu cofundador Ed Catmull é o principal *sponsor* do *Braintrust*[26], um processo de feedback assimilável ao trabalho de um *peer review team*, que fornece inputs para melhorias contínuas sobre ideias e projetos com uma abordagem empática e amigável.

Dessa forma, é evidente que a Pixar é uma organização, por definição, ambidestra, que criou um ambiente de total criatividade e liberdade de pensamento, pensando na perenidade da companhia. Talvez por essa razão tenha sido possível implementar um modelo de revisão como o *Braintrust,* em que os avaliadores se sentissem completamente confortáveis em criticar, bem como os avaliados em ser criticados. E a segurança psicológica que alicerça esse processo é tamanha a ponto de o próprio Catmull garantir que *"o Braintrust* é benevolente. É feito para ajudar. E não tem uma agenda egoísta"[27].

Apesar da descrição algo idealística desse processo de *peer review*, podemos imaginar que sua gestão requeira uma boa dose de atenção e *coaching* por parte dos líderes, para garantir que um grupo de pessoas com uma agenda comum, porém com perfis, competências e personalidades distintas, harmonize seu trabalho de *feedback* com o respeito, a honestidade e a confiança esperadas por todos os envolvidos. Mais uma vez as expectativas de resultados positivos "fora da caixa" e que solucionam possíveis inconsistências nos projetos são garantidas pelo am-

---

[25] Edmondson, Amy. **The Fearless Organization**. Wiley. E-Book Kindle, 2019, p.2630.

[26] Cf. Catmull, Ed. e Wallace, Amy. **Creativity, Inc.**: Overcoming the Unseen Forces That Stand in the Way of True Inspiration. Nova York: Random House, 2013.

[27] Catmull, Ed e Wallace, Amy. op. cit. p.95.

biente de segurança psicológica, que somente pode existir se todo mundo, de fato, diz o que pensa.

Entretanto, para assegurar que o processo seja bem-sucedido, é lógico imaginar que o Braintrust, apesar de 'benevolente" tenha regras claras para não gerar mais dúvidas do que oferecer ajuda e criar soluções:

a. O feedback deve ser construtivo, focando no projeto sem nenhuma conotação pessoal;

b. Os comentários são entendidos como sugestões e não ordens, uma vez que o espírito é de uma *peer review* e não de ume revisão *top-down*;

c. O feedback deve ser empático, uma vez que os revisores já estiveram na outra ponta como objetos de revisão e algo motivacional também, ou seja, sem que a equipe de avaliadores tenha receio de celebrar os lados positivos do trabalho que está sendo avaliado.

Em outras palavras, a franqueza e a candura foram institucionalizadas empaticamente pelo *Braintrust* na organização!

Sem querer diminuir a complexidade e as dificuldades implícitas nesse processo de feedback informal, porém estruturado para o modelo da Pixar Studios, é impossível não refletir sobre a concentração de profissionais brilhantes da indústria, que estão reunidos para opinar, trocar experiências e criticar construtivamente um determinado projeto.

Edmondson observa que *"quando as pessoas se sentem psicologicamente seguras, a ponto de contribuir com ideias, opiniões ou sugestões, o nível de conhecimento na sala aumenta exponen-*

cialmente"[28]. Em outras palavras, mentes brilhantes pensam juntas mais facilmente e com maior entusiasmo quando sabem que a organização na qual atuam facilita e propicia a criação de um modelo onde reina a segurança psicológica.

Estendendo esse raciocínio, é fácil entender que livres do medo e das angústias normalmente implícitas no lugar de trabalho, os profissionais poderão dedicar-se com maior afinco e energia àquilo que realmente importa, ou seja, à performance e ao crescimento da organização sem precisar ter um *"second job"*[29], gastando tempo e estamina tentando aparentar aquilo que não são.

A essa altura é importante frisar que esse tipo de processo de *peer review à la Braintrust* pressupõe um ambiente de média a alta senioridade profissional e pessoal por parte de todos os envolvidos. De fato, somente pessoas maduras e autoconfiantes poderão entender adequadamente a natureza *sem agenda* do processo da forma como ele foi desenhado, sentindo-se, por consequência, seguras psicologicamente para engajar-se com sucesso nesse tipo de experiência.

Em outras palavras, apesar de ser extremamente desejável implantar uma cultura de *feedback cândido* nas organizações, isso não é algo automático e imediato, mas requer tempo para que os colaboradores desenvolvam sua *persona* profissional madura de forma mais acelerada, sendo estimulados pelo ambiente percebido como psicologicamente seguro.

---

[28] Edmondson, Amy. **The Fearless Organization**. Hoboken: Wiley. E-Book Kindle, 2019, 2651.

[29] Kegan, Robert *et al.* **An Everyone Culture**: Becoming a Deliberately Developmental Organization. Boston: Harvard Business Press Review, 2016, p. 84.

Finalmente, criando um paralelo com uma visão *à la* Schumpeter[30], *"lidar com pessoas que nos fazem 'pensar melhor' nos leva à razão central do porquê a segurança psicológica é* <u>*crucial para a inovação e o progresso*</u>*. Nós podemos pensar melhor unicamente se os outros, que nos cercam, expressam suas ideias"*[31]. Essa abordagem é particularmente relevante quando pensamos naquela que desde sempre foi e é um dos principais motores do desenvolvimento econômico — a inovação tecnológica —, que atualmente está no centro do debate tanto acadêmico como organizacional. De fato, a segurança psicológica nos permite pensar de forma plena e até mais ousada, encorajando-nos a correr riscos, experimentar, inovar e mudar. Enfim, impulsionando-nos a crescer.

Em relação ao crescimento que remete a uma cultura organizacional de alta performance, um desses autores afirma em um trabalho recente, que *"é genial a ideia de Schumpeter, segundo a qual a inovação tecnológica impulsiona a atividade do empreendedor na direção de obter não somente o merecido lucro, mas também lucros extraordinários, ou seja, lucros acima da média do mercado. É o caráter extraordinário desses lucros que estimula novos investimentos e novos entrantes naquela indústria, fugindo de outras, que não apresentam a mesma performance e os mesmos retornos sobre capital"*[32]. Em outras palavras,

---

[30] Joseph Schumpeter (1883-1950) foi um economista e cientista político austríaco radicado nos EUA, lecionou em Harvard durante muitos anos. É considerado um dos mais importantes economistas da primeira metade do século XX. Em seu trabalho seminal, foi um dos primeiros acadêmicos a considerar as inovações tecnológicas como motor do desenvolvimento econômico.

[31] Edmondson, Amy. **The Fearless Organization**. Hoboken: Wiley. E-Book Kindle, 2019, 2658.

[32] Borroni-Biancastelli, Luca. As botas de Schumpeter, o Empreendedor e a "sina do Inovador". Disponível em: https://pme.estadao.com.br/blogs/blog-do-empreendedor/as-botas-de-schumpeter-o-empreendedor-e-a-sina-do-inovador/. Acesso em: 30 out. 2020.

Schumpeter estabelece um *link* real entre inovação tecnológica e alta performance para o crescimento, que, por sua vez e conforme discutimos anteriormente, encontra terreno fértil no modelo de segurança psicológica quando adotados pelas organizações, (cf. Figura 11, a seguir).

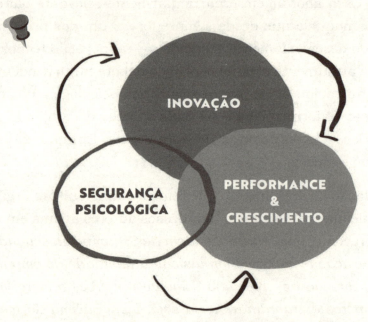

Figura 11: Schumpeter: Conectando Inovação, Segurança Psicológica e Crescimento
FONTE: AUTORES, 2021

É interessante notar como a segurança psicológica estabelece um *ciclo virtuoso* dentro das organizações, uma espécie de caminho duplo que tende a eliminar os vícios engendrados pelo medo que existe em muitos ambientes de trabalho. De fato, a importância de ter colaboradores que se posicionam e alertam sobre possíveis desvios na gestão ou que se sentem seguros para impulsionar mudanças e inovações deve ser reconhecida pela liderança não somente por trilhar o caminho rumo a uma performance superior, mas por antecipar possíveis problemas que poderiam ser de extrema gravidade.

De fato, a história corporativa recente nos ensina que quando os *whistle blowers* se calam por medo e pela ausência de segurança psicológica, muitas organizações acabam arcando com prejuízos incalculáveis devidos a decisões erradas que poderiam e deveriam ter sido evitadas.

Casos[33] como o desastre do *Challenger* da NASA (1986), a crise da ignição da General Motors (2014), o *dieselgate* da Volkswagen (2015) e o *ecossistema tóxico* do Wirecard (2020) são exemplos sintomáticos da ausência de segurança psicológica e da proliferação de uma cultura do medo e da intimidação, que são mais dignas das atitudes de gangues mafiosas do que de um sofisticado universo corporativo.

5.3 A importância da comunicação do novo modelo

É importante refletirmos sobre um problema crucial e comum à maioria das organizações que estão buscando implementar um novo modelo de segurança psicológica sem, contudo, preparar a **comunicação da mudança** de forma clara, explicando com atenção as razões primordiais que a motivaram.

Nesse contexto, os times devem ser envolvidos e engajados para que se apoderem e protagonizem a própria mudança, transformando, dessa forma, a segurança psicológica de um

---

[33] Os casos citados serão detalhados nas páginas seguintes.

assunto desejável, porém conceitual e abstrato em uma **realidade organizacional prática** cuja implementação acontece por movimentos conjuntos de **360º** incluindo todos os *stakeholders* internos e também externos da organização.

> Em nossas recentes experiências apoiando grandes corporações em sua transição para novos modelos organizacionais que são mais preocupados com a segurança psicológica, constatamos em todos os casos e em sentido geral que ainda existe certa falta de clareza e certa confusão no entendimento do *porquê* é importante estabelecer níveis ótimos de segurança psicológica no tecido organizacional, no contexto mais amplo das Novas Organizações que Aprendem.

Por certo, não existe dúvida sobre o fato de que, do ponto de vista psicológico e de respeito humano, a implementação de um modelo de organização seguro e sem medo é percebida como desejável e é bem-vinda pelos colaboradores como um todo.

Entretanto, falta ainda um entendimento claro das razões *corporativas* que levam os Conselhos a tomarem uma decisão tão radical como aquela de implantar uma nova cultura e difundir um novo *mindset* que a sustente no dia a dia.

De fato, <u>é importante que tal decisão seja bem comunicada e explicada</u>, que passe por todos os níveis da organização de maneira que todas as equipes entendam dois pontos primordiais e atuem adequadamente conforme segue:

1. A segurança psicológica diz respeito *primeiramente* ao **negócio** da organização. Muitos anos de pesquisas[34] sobre as relações entre segurança e performance comprovam que quando existe um ambiente seguro no qual os colaboradores não têm medo de se expor, a *performance* organizacional como um todo tende a ser melhor. Portanto, o esforço da implementação desse modelo não corresponde somente à gestão correta das equipes de trabalho criando um clima organizacional mais agradável (apesar de ser esse um aspecto de grande relevância). Ao contrário, ele é diretamente ligado ao **crescimento** da companhia e constitui um dos parâmetros primordiais que lastreiam o caminho da companhia rumo à sua **alta performance**. Entretanto, ainda existe, em muitas organizações, em algumas áreas ou alguns níveis organizacionais, a falsa crença de que adotar um modelo de segurança psicológica significa ser complacente com os erros e abrandar seus esforços para alcançar os resultados esperados.

2. Outro aspecto fundamental que ainda não está incorporado no novo *mindset* organizacional e que precisa, portanto, ser constantemente enfatizado, é que a implementação de um modelo de segurança psicológica será bem-sucedido no médio e longo prazo somente se ele for de amplo espectro e **projetado em 360°** (vide também *infra*). Nesse contexto não somente é fundamental que se estabeleçam relações sem medo entre líderes e liderados, bem como entre pares **dentro** da organização. Ao contrário, em um contexto moderno de gestão é

---

[34] A principal referência dessa linha de pesquisa é Amy Edmondson, da Harvard Business School, cujo trabalho seminal comentamos neste capítulo, *supra*.

fundamental projetar as atividades da companhia **além de seu espaço interno**, focando na reflexão sobre *stakeholder equity*[35], adequando suas ações às dinâmicas com os distintos **núcleos externos de interesse** com os quais a organização interage em seu dia a dia (ou seja, fornecedores, clientes, investidores, sociedade, como um todo e meio ambiente) com paixão e propósito[36] rumo à alta performance. Essa é uma contribuição original do modelo das ***Novas Organizações que Aprendem*** ao debate acadêmico e à prática organizacional, no que tange à Segurança Psicológica e à sua implementação em ambiente corporativo.

Em relação ao primeiro ponto, a confusão de entendimento deve-se normalmente a um processo falho de **comunicação** interna, que não consegue alcançar as equipes de todos os níveis com a mensagem adequada. Para reverter esse quadro e amenizar os desencontros, é aconselhável criar um movimento de conscientização que seja liderado por um *champion*, ou seja, um *sponsor* interno que normalmente é um membro da C-suite. De fato, sendo essa iniciativa inevitavelmente *top down* tendo que se espalhar por toda a organização, é fundamental que o líder escolhido saiba articular as ações necessárias para sensibilizar todos os colaboradores sobre a importância *para o negócio da organização*, de implementar um modelo de segurança psicológica. Paralelamente, além da escolha do *sponsor*

---

[35] *Stakeholders Capitalism* é um sistema econômico no qual as organizações servem aos interesses de todos seus *stakeholders*, não somente os acionistas, propriamente ditos, mas também os colaboradores, os clientes, os fornecedores, a sociedade e até o meio ambiente. Cf. Schwab, Klaus. Stakeholder Capitalism – A Global Economy that Works for Progress, People and Planet. Hoboken: Wiley, 2021.

[36] Cf. Sisodia Rajendra *et al*. **Firms of Endearment**: How World-Class Companies Profit from Passion and Purpose. Upper Saddle River: Pearson Education, 2014.

do projeto, é fundamental definir uma equipe de **curadoria** das ações e dos programas, inclusive educacionais e de desenvolvimento organizacional a ser implementados. Tal equipe de *curadores* deverá ser composta por membros tanto internos como externos (escolas de negócios, consultorias etc.) e será responsável pelo cronograma tentativo de implementação do modelo, bem como das escolhas dos conteúdos a serem ministrados e das atividades a serem realizadas.

5.4 O Dilema do Erro nas Organizações: Erros Evitáveis ou por Desconhecimento e Erros de Experimentação – Mantendo a Segurança Psicológica e a Cultura de Aprendizado

A essa altura, para que não percamos o foco da nossa abordagem, é importante lembrar que em um contexto de segurança psicológica, *"equipes de alta performance necessitam de uma **cultura de aprendizado**, na qual os membros do time **aprendam com seus erros** e com a **experimentação**, de maneira que eles possam fazer adaptações e mudanças e possam [assim] **inovar**"*[37].

Essa reflexão é importante, porque reforça o conceito de que os líderes são responsáveis por criar um ambiente organizacio-

---

[37] Cf.: Sara Singer, docente de Comportamento Organizacional na Stanford Graduate School of Business e docente na Stanford School of Medicine. Em um episódio do blog *Think Fast, Talk Smart,* de Matt Abrahams da Stanford GSB. Publicado em 15/07/2021. Disponível em: https://www.gsb.stanford.edu/insights/podcasts/think-fast-talk-smart . Acesso em: 21 jul. 2021.

nal seguro, aberto à diversidade e a novas ideias e que seja propício ao aprendizado. Da mesma forma, esse ambiente *"precisa também de práticas e processos de aprendizado que promovam o treinamento, a aquisição de conhecimento e o monitoramento da performance de maneira a facilitar o aprendizado do time"*[38].

Agora, uma vez que fazem parte de uma cultura de aprendizado as inúmeras *decisões erradas* como aquelas citadas anteriormente, que serão melhor descritas na sequência, estimulam-nos a refletir sobre a **tolerância ao erro** e como esse deve ser tratado em um contexto organizacional que adote um modelo de segurança psicológica. Nesse caso surgem espontaneamente duas perguntas:

1. É lógico pensar que todo erro é tolerável e, portanto, não questionável ou não punível? E mais;

2. Devemos crer que banir o medo das organizações significa garantir emprego vitalício a todos os colaboradores independentemente dos erros cometidos e de sua performance?

Mais uma vez: é importante lembrar que estabelecer um modelo de segurança psicológica na organização conduz intrinsecamente à melhora na performance do próprio **negócio**. Ou seja, em nenhum momento trata-se de assumir uma atitude paternalista ou condescendente. Ao contrário, é importante estabelecer a comunicação clara do *"covenant"* conforme DeLong [39] argumentaria em um contexto educacional facilmente adap-

---

[38] *Ibidem.*

[39] DeLong, Thomas. Why Your Students Need to Know You're All In: Moving Beyond Knowledge Transactions to Learning Covenants. Boston: Harvard Business Publishing. 25/09.2020. Disponível em: https://www.hbsp.harvard.edu/inspiring-minds/why-your-students- need-to-know-youre-all-in Acesso em: 15 jan. 2021.

tável ao mundo corporativo, ou seja, do *acordo ou pacto* organizacional que rege as responsabilidades de todo colaborador vis-à-vis da companhia. A segurança psicológica é uma das partes desse pacto que não inviabiliza nem desqualifica, de forma alguma, a cobrança por resultados que representam uma das outras partes.

Isso posto, vale fazer uma análise mais aprofundada do **conceito de erro**.

Pelo prisma do comportamento organizacional, o erro pode ser analisado sob duas perspectivas distintas, conforme segue: <u>**erros evitáveis**</u> e <u>**erros de experimentação**</u>.

- **Erros evitáveis**: o erro pode ser evitável quando é causado por simples fatalidade, por falta de atenção ou de interesse, por quebra de protocolos de produção, por ignorância ou incompetência etc. Nesse caso, caberá à liderança escolher o padrão do erro e o nível de tolerância que será aplicado, bem como definir se, e de qual forma, tal erro deverá ser analisado e eventualmente se o profissional será repreendido ou corrigido. De fato, sabemos que esse tipo de erro pode acontecer no dia a dia. Entretanto, caso tais erros se repitam com uma frequência maior do que a esperada, eles sinalizam algum tipo de disfunção que deverá ser corrigida. De fato, não é lógico imaginar que esses erros sejam toleráveis indefinidamente, uma vez que, cedo ou tarde, eles impactarão a performance da operação como um todo.

Finalmente, incluímos nessa classificação de erros evitáveis o caso específico daqueles erros que podem ser chamados de

Além da Segurança Psicológica

erros **por desconhecimento**, que dizem respeito à ignorância sobre processos ou práticas administrativas ou gerenciais por parte dos colaboradores. De fato, no contexto de uma *Nova Organização que Aprende,* a responsabilidade desse tipo de erro deve ser compartilhada com o líder em seu papel de *líder desenvolvedor e educador.* Retomaremos esse ponto crucial no próximo capítulo, que descreve o segundo pilar desse modelo, focando na Organização Dedicada ao Desenvolvimento como própria escolha organizacional e o papel do líder nesse contexto.

- **Erros de experimentação**: podem acontecer no contexto de organizações inovadoras e ambidestras que procuram experimentar em busca de novos caminhos. Por sua própria natureza, a experimentação remete à possibilidade de erros que devem estar contemplados no *acordo* citado anteriormente. Mais explicitamente, conforme recorda Edmondson (2019), enfrentar erros é parte do processo de inovação e se apoia na segurança psicológica[40].

Do contrário, a punição por eventuais fracassos desse tipo será entendida como uma quebra da segurança psicológica, a experimentação representando um risco que se torna profissional e que ninguém mais vai querer assumir. Dessa maneira, se interromperia o processo de criação do espírito inovador dentro da organização, gerando um prejuízo a longo prazo para todo o sistema da organização ambidestra, pondo em risco sua existência futura e, portanto, sua perenidade.

---

[40] Edmondson, Amy. **The Fearless Organization**. Wiley. E-Book Kindle, 2019.

Dessa forma, existe entre autores o consenso de que sem liberdade de errar as pessoas não sairão de sua zona de conforto e, consequentemente, não inovarão; e que o fracasso é parte natural do processo de aprendizagem e experimentação, não podendo ser desconsiderado sob pena de acontecer de novo (vide reflexão sobre AAR, a seguir).

Entretanto, é fundamental separar medo e fracasso, criando um ambiente onde a segurança psicológica funciona ao ponto que errar não gere um permanente estado de terror e inação nos colaboradores.

Retomando o conceito de **AAR**, definido anteriormente como instrumento de gestão e retenção do conhecimento, não há dúvida de que os erros devem ser entendidos como *oportunidades de aprendizado*. De fato, do ponto de vista epistemológico, eles representam uma quebra, a negação da transição empírica do conhecimento para a prática que, portanto, não resultou bem-sucedida. Nesse ponto, o time pode lançar mão do AAR como instrumento para investigar o erro e, sucessivamente, enquadrá-lo taxonomicamente e, finalmente, interpretá-lo e parametrizá-lo, para que, por fim, se torne um instrumento de aprendizado que poderá ser armazenado na *biblioteca do conhecimento organizacional* de cada companhia.

5.5. Os efeitos negativos da falta de segurança psicológica: alguns casos emblemáticos

Fizemos, até agora, nossas reflexões sobre os aspectos positivos da segurança psicológica, embasando-os tanto em estudos de psicologia e comportamento organizacional como nas práticas corporativas, que atestam as inegáveis vantagens de implementar um modelo de gestão pautado na eliminação do medo e na criação de um ambiente psicologicamente seguro.

Entretanto, a grande maioria das organizações, independentemente de seu tamanho e nível de desenvolvimento, está despertando agora em relação a esses temas cruciais.

Nesse contexto, caso o ambiente organizacional não seja de segurança psicológica, as consequências para o negócio são sempre bastante danosas, como os casos relatados a seguir demonstram. São todos casos emblemáticos pelo grande impacto negativo que trouxeram às companhias envolvidas tanto em termos de credibilidade e confiabilidade da marca como de resultados financeiros.

General Motors, 2014. É um exemplo clássico de falta de segurança psicológica. O caso ficou conhecido como a *"crise do interruptor de ignição"*, que levou ao recall de milhões de veículos. Naquele ano, a General Motors emitiu quase 50 recalls, cobrindo mais de 20 milhões de veículos. No mesmo ano a companhia admitiu ter tido conhecimento do problema de segurança do interruptor de ignição 10 anos antes de emitir o primeiro recall.

Estima-se que pelo menos 54 acidentes ocorreram e cerca de 100 pessoas morreram.

Sem sombra de dúvida, a cultura corporativa da empresa havia ajudado a *suprimir as vozes* dos funcionários alarmados com questões de segurança.

"Falar em reuniões não era seguro" chegou a comentar Mary Barra, CEO da General Motors depois do acontecido (em Minnaar, 2020).

Volkswagen, 2015. A indústria de automóveis nos forneceu outro exemplo de falta de segurança psicológica que constitui outro caso emblemático. Este exemplo veio a público em 2015 e foi batizado de "o *escândalo do Dieselgate*", envolvendo as três marcas-líderes do Grupo: Volkswagen, Audi e Porsche. Onze milhões de veículos a diesel em todo o mundo foram equipados com um software que mascarava as emissões dos escapamentos, fazendo com que os carros, nos testes de monitoramento, atendessem aos padrões de poluição, quando, na verdade, as emissões excediam os limites legais permitidos (em 40 vezes).

Como era de se esperar, o imbróglio veio à tona gerando uma comoção extraordinária, em razão, principalmente, da imagem de lisura, eficiência e rigor teutônico da qual a companhia sempre gozou.

Analisando o episódio, fica evidente que o *Dieselgate* é a consequência clara e direta de uma cultura organizacional de medo e intimidação, que se consolidou desde a criação da companhia. De fato, a própria cultura da VW que levou ao *Dieselgate* foi sendo construída por várias gerações de líderes com características dominadoras e igualmente abusivas.

188 Além da Segurança Psicológica

Concretamente, o ex-CEO da VW, Martin Winterkorn, era o protegido do todo-poderoso Ferdinand Piëch ex-presidente, CEO e principal acionista da VW.

Ferdinand Piëch era, certamente, um engenheiro automotivo visionário que acreditava que aterrorizar subordinados era a prática de gestão adequada para alcançar o design rentável. Essa crença tinha sido transmitida por seu avô e mentor, o venerado Ferdinand Porsche, que se inspirou em Henry Ford para fundar nos anos 30 a companhia, que carrega seu nome até hoje: a Porsche. Naquela época, entre as duas Guerras Mundiais, o medo e a intimidação eram entendidos como uma comprovada técnica gerencial para obter o desempenho dos trabalhadores da fábrica. O curioso é que essa crença não foi questionada até então, apesar de décadas de estudos e pesquisas publicadas totalmente contrárias.

Finalmente, o escândalo fez com que o agora ex-CEO fosse condenado, gerando, para a VW, um prejuízo bilionário e um desgaste de imagem incalculável (Minnaar, 2020).

NASA, 1986. A trágica explosão da nave espacial *Challenger*, assistida por milhões de telespectadores incrédulos, ilustra bem o efeito danoso e, potencialmente, devastador da falta de segurança psicológica. O Challenger era operado pela Administração Nacional de Aeronáutica e Espaço (NASA) dos EUA.

Engenheiros da NASA alertaram que os componentes críticos do *Space Shuttle Challenger* tinham uma falha potencialmente fatal e não funcionariam bem em temperaturas frias. O problema não recebeu a devida atenção e o lançamento do Challenger foi aprovado. Aos 73 segundos após a decolagem, o Challenger se desintegrou e explodiu, matando sete membros da tripulação (Minnaar, 2020).

Uma comissão de investigação foi nomeada para investigar o acidente e a conclusão foi a de que a cultura organizacional da NASA e os processos de tomada de decisão — lentos, hierárquicos e autoritários — contribuíram enormemente para gerar a tragédia.

Wirecard, 2020. O ecossistema tóxico de fraude, intimidação e medo, arquitetado pelo CEO da Wirecard, uma processadora de pagamentos eletrônicos alemã que tinha se tornado a "empresa-prodígio" e a queridinha da bolsa de Frankfurt. Entretanto, a empresa se tornou um superunicórnio, acelerando seu crescimento global através de fraudes contábeis.

A cumplicidade dos colaboradores era garantida por meio de manobras dignas do crime organizado. Quem ousava apontar possíveis fraudes na empresa sofria perseguição na internet e no mundo real, desde assédio até ameaças às suas famílias. Desde empresas de auditoria até o regulador financeiro da Alemanha (BaFIn) não perceberam nada durante anos. Esse caso mostra como a cultura tóxica pode contaminar até o **ecossistema** da empresa que se operava pela **intimidação e pelo medo.** Markus Braun, o CEO autoritário, contundente e fraudulento, foi preso. As ações da Wirecard despencaram de 100 para 2 euros em uma semana.

Finalmente, todos os exemplos de **falta de segurança psicológica** mostram que as organizações nas quais eles puderam acontecer tinham uma cultura organizacional hierárquica, bu-

Além da Segurança Psicológica

rocrática e opressiva que buscava "motivar" e silenciar os colaboradores pelo medo e pela intimidação.

5.6 O dilema (e o *drama*) de "pedir ajuda"

O significado implícito no verbo *ajudar* encontra suas raízes em comportamentos atávicos dos seres humanos desde os primórdios da humanidade, uma vez que, já saídos da caverna[41] de Platão os humanos começam a se associar em comunidades, com a finalidade de garantir que seus membros se protejam uns aos outros, enfrentando qualquer tipo de ameaças tanto internas como externas. Nesse momento se estabelece o conceito de *ajuda recíproca*, o de pedir e oferecer ajuda. Esse se torna, ao longo da história da humanidade e com diferentes nuances e interpretações tanto de cunho social como religioso e político, um dos esteios da sociedade e das políticas públicas, particularmente em época moderna e contemporânea.

Mas, então, por que é **tão difícil pedir ajuda,** particularmente em um contexto profissional? As razões são múltiplas e têm suas raízes em aspectos psicológicos e de comportamento organizacional, que foram amplamente analisados por estudiosos de várias escolas e tendências.

Nessa ótica, Francis Flynn, professor de *Organizational Behavior* em Stanford, pesquisa como os colaboradores de uma empresa podem desenvolver padrões saudáveis de colaboração.

---

[41] O famoso mito da caverna de Platão (séc.IV a.C.) que se encontra no livro VII do diálogo socrático **A República**; cit., infra.

Em um de seus artigos[42], ele analisa a origem dos **vieses inconscientes** que dizem respeito a **pedir e oferecer ajuda**. Ele constata que as pessoas que <u>pedem ajuda</u> são menos dispostas a tolerar o custo social de receber um "não" a um pedido de ajuda do que as pessoas que <u>oferecem ajuda</u> são receptivas ao custo instrumental de responder "sim" ao pedido de ajuda. Em outras palavras, Flynn constata que as pessoas têm medo de pedir ajuda por causa do *custo social* que isso poderia comportar, mesmo quando existem outros que estariam dispostos a ajudar. Mas então qual é o significado de tal **custo social** e quais são suas consequências?

Na **esfera pessoal**, existe um **traço cultural transgeracional** bastante difuso, quase um legado de pai para filho que ensina e induz as pessoas a "se virar" e resolver suas dificuldades sozinhas, afastando a possibilidade de pedir ajuda a terceiros. Esse traço assume uma **conotação de gênero,** uma vez que espelha uma atitude comumente associada à figura masculina — na acepção do "macho alfa" —, que quer sempre estar no controle e mostrar aos outros seu poder e sua atuação destemida para dominar qualquer situação, não importa quão complexa ou adversa ela seja. Dessa forma, a recusa contínua de pedir ajuda pode acarretar atrasos, erros, repetições e esforços desnecessários que originam os custos que mencionamos anteriormente. Apesar de a percepção subjacente ser folclórica e antiquada, tal atitude abre espaço para explicar por que as pessoas de gênero feminino estão, normalmente, mais abertas e disponíveis para pedir ajuda, uma vez que não precisam se sentir líderes de nenhuma matilha nem mostrar controle ou poder

---

[42] Flynn, F. e Lake V. "If you need help, just ask": Underestimating compliance with direct requests for help, in *Journal of Personality and Social Psychology*, 2008, Vol. 95 Issue 1 Pages 128-143.

sobre essa. Dessa forma, elas agem de maneira mais racional e não se sentem diminuídas ou fragilizadas pelo simples fato de pedirem ajuda.

O traço cultural de não pedir ajuda se transfere para a **esfera profissional** tanto em se tratando de **times** como da **organização** em sua totalidade. Nesse contexto, podemos argumentar que a **falta de segurança psicológica** mais uma vez é o fator-chave, que origina o custo social citado e, portanto, a **dificuldade em pedir ajuda**. De fato, o medo de **demonstrar fragilidade** e, por isso, de ser julgado e rejeitado constitui uma barreira poderosa que desestimula os profissionais que, de fato, precisam de ajuda, retardando, assim, o processo e gerando **custos** desnecessários. Nesse sentido, saber pedir ajuda é sinal de **maturidade** pessoal e profissional; sinaliza a **presença de segurança psicológica** na organização e é **"economicamente inteligente"**, uma vez que encurta caminhos já trilhados antes, evitando duplicações e custos correlatos, bem como ajuda a construir e aproveitar a **"biblioteca do saber organizacional"** que toda *Nova Organização que Aprende* cria ao longo de sua história.

Outro traço comportamental interessante que inibe as pessoas do fato de pedir ajuda é o **"medo de incomodar"** os outros (vide o **traço cultural** citado anteriormente). Por um lado, esse sentimento está seguramente ancorado em convenções sociais atávicas, que sugerem não ser socialmente adequado transferir para outros a responsabilidade de solucionar seus próprios problemas ou parte deles. Por outro lado, pode existir uma preocupação inconsciente em relação a não gerar **reciprocidade** para não dever, assim, devolver a ajuda obtida.

> Tal comportamento recorda o conceito chinês do **guanxi**.[43] Esse modelo sociocultural rege as relações entre pessoas e negócios, contabilizando ajudas e favores que um dia poderão ser cobrados e deverão ser devolvidos quando o credor pedir, para que o devedor não perca a moral e o respeito social. Nesse contexto o *guanxi* tem um papel fundamental na doutrina e na moral social de Confúcio, que é construída em volta do conceito do indivíduo como parte de uma comunidade e de um conjunto de famílias que mantêm relações tanto de hierarquia como de amizade. Esse modelo de construção do capital social define uma verdadeira rede de obrigações tácitas de reciprocidade e confiança, que constitui a *raison d'être* e a perfeita definição de *guanxi*. Entretanto, nos dias de hoje é fácil imaginar que esse modelo tradicional de relações pessoais, sociais e de negócios gere distorções que produzem sistemas paralelos de troca de favores e de "proteção", desvirtue o sistema legal oficial criando outro corrupto e de matriz mafiosa[44].

Finalmente, nem todo mundo tem ojeriza à reciprocidade. O medo de incomodar os outros, além de um possível traço cultural, pode ser uma forma inconsciente de não querer demonstrar **fragilidade** e se abrir para o outro. Nesse caso, trata-se de mais uma demonstração de insegurança psicológica, que poderá e deverá ser amenizada para economizar tempo e recursos, melhorando, dessa maneira, a performance de cada colaborador da organização.

---

[43] Luo, Yadong, Ying Huang, and Stephanie Lu Wang. "Guanxi and Organisational Performance: A Meta-Analysis." *Management and Organization Review* 8.1 (2011): 139–72.

[44] Wang, P. Extra-legal protection in China: How guanxi distorts China's legal system and facilitates the rise of unlawful protectors. British Journal of Criminology, vol 54 ed. 5 pp.809-30, publicado em 01'09'2014. Disponível em: https://academic.oup.com/bjc/article/54/5/809/359521 Acesso em: 13 jul. 2021.

194 Além da Segurança Psicológica

⌈EM FOCO⌉

HELP!!!
Como devemos pedir ajuda?[45]

Como constatamos ao longo desse capítulo, pedir ajuda não é uma ação nem óbvia nem automática de ambas as partes envolvidas. Muitas pessoas têm enorme dificuldade em pedir ajuda no ambiente profissional, chegando a prejudicar as atividades da organização. Portanto, é fundamental pedir ajuda da maneira correta e de forma explícita e clara. Para isso:

1. Evite os vieses inconscientes que dizem respeito a pedir e oferecer ajuda, uma vez que eles nos inibem e atrasam nosso pedido de ajuda, gerando custos e esforços desnecessários.

2. Nosso pensamento não é transparente! Portanto, não podemos esperar que outras pessoas imaginem espontaneamente que nós estamos precisando de ajuda! Se queremos ajuda, precisamos pedi-la de forma direta e sem hesitações!

3. Peça ajuda pessoalmente ou por telefone, evite fazê-lo por e-mail ou textos. Além de respeitar regras básicas de etiqueta, isso evitará que as pessoas se escondam atrás da tela do computador ou do *WhatsApp* para escrever "NÃO" e *declinar* a ajuda!

4. Evite pedir desculpas exageradas pelo fato de estar pedindo ajuda. De fato, não pode parecer que a ajuda que estamos pedindo seja um fardo terrível e uma vergonha para nós, a ponto de evitarmos pedi-la. Isso frustraria e afugentaria o mais bem-intencionado dos bons samaritanos!

5. Avalie o teor da ajuda e meça se ela pode ser oferecida sem gerar disrupção nas atividades da outra pessoa. Pedir orientação sobre qual é o melhor caminho para executar uma tarefa ou estruturar um projeto é legítimo e adequado. Pedir que o outro execute a tarefa ou o projeto não é, nem de longe, imaginável!

6. Faça o *follow up* depois da ajuda. É importante, além de civilizado! Tanto do ponto de vista pessoal como do profissional, dar satisfação sobre o resultado da ajuda consolida os vínculos, gera uma sensação de plenitude e satisfação em quem ofereceu ajuda e cria um ecossistema *win-win*, que perpetua a relação e pode ter desdobramentos futuros positivos além de outras ajudas!

---

[45] Cf: Grant, Heidi. How to ask people for help and get a yes. Vídeo TED. 2019.

5.7 Segurança Psicológica: peculiaridades da implementação nas organizações

Conforme lembramos anteriormente, o conceito de segurança psicológica conquistou importância no desenvolvimento e no organizacional há relativamente pouco tempo. De fato, ainda são poucas as companhias — pouquíssimas no Brasil — que estão familiarizadas com o tema e estão comprometidas com a implementação de um novo modelo seguro psicologicamente.

Dada a escassez de players que lidam com essa transformação, é interessante investigar como funciona a implementação do modelo em algumas organizações que estão se esforçando nessa direção.

O que ficou claro é que cada organização pesquisada se encontra em um momento distinto da implementação do modelo. Em muitos casos, trata-se, ainda, de percepções e ações difusas, que não são monitoradas consistentemente e que não se refletem em KPIs específicos.

Ambev

"Começamos nossa jornada [para implementar o modelo de Segurança Psicológica] em 2019. Vocês da Brain também participaram conosco, desde então[46]*"*, recorda Camilla Tabet, da Ambev, que continua afirmando que *"existe na companhia a am-*

---

[46] A Brain Business School é a Escola de Negócios de São Paulo que desde 2019 está acompanhando a Ambev em sua jornada de desenvolvimento organizacional. A Brain desenhou o programa sobre NLO, com ênfase na Segurança Psicológica, que foi ministrado para vários times da Ambev, em distintos países da América do Sul.

*bição de criar esse modelo, mas a prática ainda é desafiadora. Sim, temos a sensação de que os colaboradores entendem que a Ambev está **engajada** nessa mudança".*

Essa percepção é de extrema importância, à medida que é essencial que os líderes e os colaboradores de todos os níveis percebam que a organização como um todo está trilhando um novo caminho. Do contrário, a implementação do modelo não poderia nem sequer ser cogitada.

Para alcançar esse entendimento, é fundamental estruturar uma **comunicação** ativa e eficiente, além de definir quem será o *sponsor* interno do projeto, conforme descrevemos no item 5.3.

Mesmo assim, apesar dos esforços de comunicação, Camilla relata que ainda *"existe certa **confusão** entre segurança psicológica e saúde mental"*. De fato, esse ponto é bastante comum em nossa pesquisa e revela um desconhecimento geral sobre o real significado do primeiro conceito, que apesar de estar tangencialmente ligado à psicologia, remete ao **negócio** da organização e não ao bem-estar psicológico dos colaboradores. Para maior clareza, entendemos que os dois conceitos não são mutualmente excludentes, já que eu posso me sentir psicologicamente seguro no contexto organizacional e estar, contemporaneamente, em um marasmo mental ou vice-versa.

Retomaremos essas abordagens distintas posteriormente.

Outro ponto bastante comum em nossa pesquisa é a **desconfiança** compreensível por parte dos colaboradores no início da implementação do modelo de segurança psicológica. *"No começo, todo mundo acha 'fluffy', depois as pessoas passam a entender melhor e a participar"* conclui Camilla.

De fato, tal confusão pode acontecer com maior frequência nas organizações de alto desempenho em que o *mindset* de segurança psicológica pode ser, erroneamente, confundido com atitudes paternalistas ou condescendentes. Muito pelo contrário, mais uma vez, segurança psicológica e performance organizacional falam a mesma linguagem. A primeira sendo imprescindível para que a outra seja alcançada com sucesso!

Retomaremos a análise desse ponto mais adiante no livro.

Roche

É interessante notar como a segurança psicológica é potencializada pelo **modelo cultural** de uma dada organização. *"Nossa empresa sempre foi muito aberta em razão de sua origem e de sua matriz cultural"*, afirma Bruno Souza[47], da Roche. *"Sempre existiu um cuidado extremo com as pessoas e com suas opiniões. Isso permitiu, desde sempre, que os colaboradores se colocassem diariamente, com total liberdade"*. Essa franqueza e, de certa forma, candura com as quais as pessoas interagem sem medo de represálias ou de serem punidas está na base da conscientização do profissional, ser elemento indispensável do tabuleiro organizacional.

"Empoderamento, empatia, senso de propósito e colaboração vão lado a lado", comenta Bruno. Ele lembra também que outro aspecto cultural importante da Roche é o fato de a **tolerância ao erro** ser tanta, a ponto de *"às vezes as pessoas confundirem*

---

[47] Bruno Souza é Director of Commercial Operations/Commercial Enabler Catalyst da Roche no Brasil. Ele participou da entrevista semiestruturada para nossa pesquisa de campo, em 13/08/2021.

e exagerarem. Entretanto, como organização, aprendemos muito com os erros, chegando à conclusão de que quem mais tenta mais erra e mais entrega resultado. Aprendemos com os erros, e a tolerância ao erro e seu entendimento vêm junto com o empoderamento das pessoas".

De fato, essa abordagem nos parece bastante consistente, uma vez que liga o entendimento do erro ao desenvolvimento dos colaboradores, que passarão a tratá-lo como um verdadeiro instrumento de aprendizado, ampliando sua própria bagagem de conhecimento e aumentando a biblioteca do saber organizacional como um todo.

Grupo Gerdau

No item 5.4, vimos quão interligados são os conceitos de **erro** e de **segurança psicológica**. De fato, lembramos que sem uma **tolerância ao erro** institucionalizada, não poderá existir a segurança necessária para que se ouse trilhar novos caminhos e, portanto, não existirá inovação, justamente por causa do medo de errar e falhar.

Nesse contexto, é interessante a percepção de Caroline Carpenedo, da Gerdau[48]. Carol reconhece que o momento é, hoje, bem diferente daquilo que já foi no passado. Os times sabem que o Grupo tem cuidado com as pessoas que são centrais no discurso da companhia, que busca constantemente desenvolvê-las e empoderá-las.

---

[48] Caroline Carpenedo é *Diretora Global de Pessoas e Responsabilidade Social* da Gerdau. Ela participou da entrevista semiestruturada para nossa pesquisa de campo, representando a companhia, em 06/08/2021.

Tudo isso está alinhado com um esforço progressivo para tornar o ambiente psicologicamente seguro, e já gerou e está contribuindo com um clima positivo que é real e está sendo percebido pelos times.

Contudo, conforme voltaremos a discutir posteriormente, não podemos nos esquecer de que em **ambientes culturais** *high context*[49] e mais sensíveis, que têm dificuldade em separar o momento profissional do pessoal, como os latinos em geral, existe uma preocupação, às vezes excessiva, para com a confiança interpessoal. Tal sentimento procura não gerar atritos nas relações entre colegas, particularmente entre níveis organizacionais distintos.

É nesse contexto que *"o ponto principal é o medo de errar"*, lembra Caroline. É importante notar que, nesse caso, o problema não está ligado à ausência de segurança psicológica como poderia parecer. De fato, o ponto é que a segurança, apesar de existir, não consegue evitar que alguns tenham medo de *"dizer o que pensam para não estragar as relações interpessoais"*.

Esse tema é bastante complexo e diz respeito aos **impactos da cultura externa** e dos **vieses inconscientes** dos indivíduos, que preexistem à formação da própria cultura organizacional. Tais impactos e vieses, portanto, não devem ser confundidos com uma falha da implementação do modelo de segurança psicológica.

Conforme já adiantamos, essa abordagem será objeto de uma análise mais apurada em um próximo trabalho que terá

---

[49] Cf. *Hall, Edward T.* **Beyond Culture**. *Nova York: Anchor Books. 1976; e* Hampden-Turner, Charles; Trompenaars, Fons. **Riding the Waves of Culture**: Understanding Diversity in Global Business. London & Boston: John Murray Press. 3a ed. 2012. Edição do Kindle.

como foco principal a Cultura das Organizações como Agentes e Espelho da sociedade.

Piaggio Group

Para finalizar este bloco, vale a pena comentar as observações de Davide Zanolini[50], do Piaggio Group, sobre o tema de criar uma organização psicologicamente segura. *"Sim, nosso CEO e nosso C-level têm consciência da importância da segurança psicológica e estão sensibilizados em relação a esse tema. Trata-se, na verdade, de um dos pontos cardeais da nossa missão organizacional"*, explica Davide.

Mas o ponto mais interessante é o paralelo que Davide traça entre a **segurança física** e a **psicológica** dos colaboradores. De fato, o Piaggio fazendo parte da grande tradição industrial e metalmecânica italiana, *"o que nos ajuda é o fato de que os próprios produtos que fabricamos fazem da segurança [física] seu aspecto principal. Dessa forma, o conceito de segurança pervade todos os aspectos da organização. Não poderíamos <u>nunca</u> produzir produtos seguros, se quem os fabrica não estivesse seguro, **fisicamente e psicologicamente"**, enfatiza Davide.

Definitivamente, essa afirmação é uma visão filosófica e soa como uma verdadeira missão! Ela certamente é compartilhada por todas as empresas que participaram da nossa

---

[50] Davide Zanolini é *Executive Vice-President Global Marketing & Communication* do Piaggio Group, e *Board Member* da Piaggio Fast Forward. Ele respondeu à entrevista semiestruturada para nossa pesquisa de campo, representando a companhia, em 19/08/2021.

pesquisa e que prezam pela segurança de seus colaboradores em primeiro lugar.

Essa abordagem nos leva a refletir sobre o fato de a *segurança* ser, no contexto organizacional, um conceito **soberano** e **holístico**, cujas várias expressões, tanto **físicas** como **psicológicas,** sejam interligadas e ajam em conjunto no esforço de definir <u>uma organização mais humana, melhor gerenciada e de melhor desempenho</u>.

A contribuição da segurança psicológica nesse contexto se faz sempre mais clara na construção de um **modelo seguro em 360 graus** em todas as suas frentes.

5.8 Da Segurança Psicológica à *Segurança Psicológica 360°*: uma contribuição original do modelo[51]

Durante nossos trabalhos junto a organizações parceiras para implementar um modelo de segurança psicológica, deparamo-nos constantemente com uma necessidade maior do que aquela que o modelo original de segurança psicológica implica. De fato, está mais do que claro que <u>nenhuma organização é uma ilha independente e autônoma,</u> especialmente no mundo contemporâneo. Ao contrário, todas as empresas estão inseridas em um **ecossistema**, do qual fazem parte, e do qual são somente um dos atores por relevante que esse seja. Nesse contexto, para incorporar de forma adequada um modelo de segurança psicológi-

---

[51] **"Segurança Psicológica 360°"** é um conceito original cunhado pelos autores.

ca e implementá-lo de maneira condizente com as expectativas de seu próprio ecossistema, buscamos identificar qual contexto maior seria importante endereçar para obter os melhores retornos do esforço de implementação.

Em nossa análise, ficou claro que <u>o modelo de Segurança Psicológica deve ser ampliado e estendido a todos os atores ou stakeholders</u> que participam do ecossistema e que, portanto, interagem de alguma forma com a organização, sendo corresponsáveis, direta ou indiretamente, por sua performance. Chamamos esse modelo ampliado de **Segurança Psicológica 360°**. Nessa ótica, acreditamos que a principal contribuição do modelo ao debate é o fato de esse estar alinhado com um sistema de ***Stakeholders Capitalism***.

> De fato, as organizações contemporâneas estão, progressivamente, incorporando a orientação de servirem os <u>interesses de todos os seus *stakeholders*</u>, ou seja, é prioritário que, além de atender a seus **colaboradores,** elas atendam a seus **clientes, fornecedores, investidores,** suas **comunidades locais** e a **sociedade** como um todo, bem como e com maior intensidade, ao **meio ambiente**.

À luz desse entendimento, a construção da segurança psicológica se aplica a um ecossistema inteiro de *players,* que tem um "interesse" ou "*stake*", na organização e não somente à organização *per se*. Nesse espírito e à luz dessa filosofia de comportamento, as organizações não deverão cuidar, somente, de relações biunívocas psicologicamente seguras tanto entre líderes e liderados bem como entre pares. De fato, essa é uma *conditio sine qua non* para começar a estruturação de um modelo 360°. Pelo contrário, espera-se que a mesma condição de segurança psicológica implementada dentro da organização seja estendida a todos os seus outros *stakeholders* externos, respeitando, dessa forma, políticas *ESG* e de *stakeholders capitalism*, conforme citamos *supra*.

De fato, os colaboradores da organização são somente uma das partes do ecossistema psicologicamente seguro que deve abrigar todas suas outras partes ou *stakeholders* também. Como exemplo extremo, podemos citar o caso hipotético de uma organização que já está em processo avançado de implementação de um modelo seguro internamente, mas que mantém relações externas agressivas, abusando de seus fornecedores e que não procura se relacionar, de qualquer forma construtiva, com a comunidade na qual está inserida. Entendemos, portanto, que essa organização não está implementando um modelo de Segurança Psicológica 360°.

Complementando, expandimos o modelo para o de SP 360°, entendendo que o simples fato de não garantir segurança psicológica para os outros *stakeholders* externos seria corrosivo e prejudicial para o próprio modelo interno de SP. De fato, em pouco tempo, os próprios colaboradores começariam a enxergar inconsistências sérias entre a mensagem pregada pela organização e suas reais atitudes, criando um impasse, que:

1. Promoveria uma mudança de atitude, (talvez, forçada) por parte da organização, estendendo a segurança psicológica para todos os *stakeholders* ou

2. Causaria um crescente desconforto interno, especialmente nas gerações mais engajadas de colaboradores, que poderia resvalar em uma fuga de talentos com as

imagináveis consequências em termos de performance e de imagem corporativa.

É importante insistir sobre o fato de que implementar um modelo de Segurança Psicológica 360° é uma empreitada tanto complexa como estratégica para qualquer organização. De fato, esse é um caminho longo, fruto de uma decisão da cúpula, que decidiu mudar o *mindset* da organização a ponto de a sua nova cultura incorporar o modelo e buscar implementá-lo como parte estrutural de seu *pacto* organizacional. A essa altura, estamos falando de uma transformação tão profunda, que seu impacto, tanto interno como externo, vai bem além da superfície e da vontade de simplesmente embelezar o balanço social com ações apelativas e cosméticas que não geram, de fato, uma genuína mudança no ecossistema.

Exemplos como os que lembraremos a seguir são somente alguns dentre os milhares que ilustram como a adoção de um modelo de Segurança Psicológica 360° impulsiona investimentos e ações que redundam em projetos concretos *win-win* para todos os *stakeholders* envolvidos.

Naturalmente, em muitos casos os esforços e seus resultados se confundem com as ações de responsabilidade socioambiental das companhias. De fato, existe uma interface importante entre o modelo de SP 360° e as ações de RS das organizações. Apesar de não ser o foco da nossa análise, neste momento, podemos argumentar que ambos os modelos interagem e se retroalimentam, visando beneficiar por razões conceitualmente distintas, os mesmos *stakeholders*.

Tais ações, finalmente, demonstram que implementar a segurança psicológica do ecossistema *como um todo* deve ser uma das responsabilidades-chave de cada organização que nele está inserida e atua.

5.9 Segurança Psicológica 360°: os Stakeholders

Para melhor analisar o conceito de **Segurança Psicológica 360°** e sua relação com os vários *stakeholders* das companhias, serão contemplados a seguir exemplos relativos ao Meio Ambiente, à Comunidade, aos Clientes, à Cadeia Produtiva e aos Colaboradores das organizações pesquisadas.

Stakeholder: **Meio Ambiente**

Ambev e Green Mining

Um primeiro exemplo demonstra a preocupação com um *stakeholder* muito relevante: o **meio ambiente**. Preocupada com o despejo de suas garrafas usadas no meio ambiente, a **Ambev** decidiu acelerar uma startup especializada em logística reversa, a **Green Mining**. Essa empresa participa *"do processo de economia circular, garantindo a coleta e envio para usinas de reciclagem de modo adequado"* [52]. De fato, ela coleta garrafas e outras embalagens de vidro para levá-las até a fábrica da própria Ambev, onde serão recicladas. Esse movimento preenche dois requisitos da economia circular, uma vez que as embalagens

---

[52] Cf.: https://cebds.org/green-mining-startup-acelerada-pela-ambev-coleta-6-toneladas-de-vidro/#.YO-RhC35RHQ publicado em 31/08/2020. Acesso em: 14 jul. 2021; e https://greenmining.com.br. Acesso em: 21 jul. 2021.

206 Além da Segurança Psicológica

não somente não impactarão negativamente o meio ambiente sendo coletadas, mas também serão recicladas, completando, assim, a cadeia. Esse exemplo de uma empresa produtora preocupada com o impacto ambiental por parte de seu produto cuja responsabilidade deveria ser, tecnicamente, dos consumidores e clientes, ilustra bem o conceito de Segurança Psicológica 360°, que, por um lado, beneficia um *stakeholder* de extrema importância, o meio ambiente, enquanto, por outro, consolida seu negócio dentro de um modelo *win-win* de *stakeholders capitalism*.

Essa interação positiva com seu ecossistema se enquadra no processo de evolução da cultura da Ambev, que se apoia no tripé da colaboração plena com o próprio **ecossistema** na **escuta ativa**, dentro e fora da organização, e na **visão de longo prazo**, que busca sua perpetuidade. Entretanto, não podemos evitar de perguntar se esse novo mindset que comanda todos esses esforços de interação gera, *de fato,* resultados positivos para o negócio da organização. Nossa percepção, *a priori* positiva, foi confirmada por Camilla Tabet[53], da Ambev. Ela lembra, enfaticamente, como essa nova cultura organizacional *win-win,* que aposta na constante criação de *parcerias* entre os *stakeholders* do ecossistema, gera melhoras sustentáveis no longo prazo, nos negócios da companhia, bem como de todos os envolvidos.

Contudo, a pergunta relevante pelo nosso prisma de análise é se os *stakeholders* também percebem esse modelo como eficaz e propiciador de melhoras de seus próprios negócios. Naturalmente, entendemos que os dados disponíveis são ainda pouco estruturados, porém é possível extrair a percepção do grau de satisfação geral pela última pesquisa sobre a marca

---

[53] Camilla Tabet, cit. *supra.*

conduzida pela Ambev, cujos resultados são bastante positivos, sugerindo, dessa forma, um alinhamento entre as ações da companhia e as expectativas de seus *stakeholders*.

Por sua vez, no caso específico da Green Mining, Rodrigo Oliveira[54] percebe que a interação psicologicamente segura de sua companhia com *players* do porte da Ambev e do Pão de Açúcar traz uma melhora substancial ao negócio, uma vez que permite que se estabeleça uma relação *win-win*, que embasa um trabalho onde 100% dos projetos são cocriados com os parceiros. O nível de *colaboração* e de *transparência* é tamanho, que se torna um dos principais diferenciais na proposta de valor, já que o próprio Rodrigo e sua equipe se sentem totalmente à vontade para propor as soluções mais adequadas sem medo de recusar aquelas que são, somente, as mais fáceis e convenientes. *"Não vamos falar aquilo que o parceiro quer ouvir"*, pondera Rodrigo, enfatizando que *"todo projeto deve fazer sentido e sua entrega deve ser bem-feita e reverberar positivamente para todas as partes envolvidas"*. Entendemos, claramente, que o conceito de *reverberar* diz respeito aos resultados positivos tanto para o parceiro do projeto como para a própria organização e, finalmente, para o *meio ambiente*, cuja proteção está na pauta de ambas as empresas, sendo uma de suas preocupações estratégicas prioritárias. Da mesma maneira, o sucesso na implementação dos projetos *reverbera* e *contagia* no sentido que contribui para melhorar a conscientização do mercado em relação às melhores práticas de produção ambientalmente conscientes. Dessa forma, estimula-se a transformação de toda a cadeia produtiva rumo à criação de um sistema em rede interligado, no

---

[54] Rodrigo Martins Campos de Oliveira é fundador e CEO da Green Mining. Ele participou da entrevista semiestruturada para nossa pesquisa de campo, representando a companhia, em 28/07/2021.

qual somente os *players* que compartilhem da mesma filosofia da salvaguarda do meio ambiente serão admitidos para fazer negócios. Rodrigo argumenta que esse modelo *"funciona muito bem quando todos estão engajados com o propósito [de proteger o meio ambiente], que faz parte de uma cultura que considera isso uma prioridade"*.

Da mesma forma, olhando pelo prisma oposto, o fato de a própria Green Mining adotar, ela mesma, uma postura de segurança psicológica 360° gera, com certeza, um retorno positivo para seus *stakeholders*, uma vez que a cooperação é fortalecida e que os projetos são, de fato, idealizados e executados em co-criação estreita. Dessa forma, a empresa consegue atender da forma mais customizada possível às necessidades dos parceiros, criando vínculos de cooperação de longo prazo, que aproveitam os melhores ativos das duas partes.

"Modelos bem-sucedidos de cooperação de logística reversa, como aquele com o Pão de Açúcar que o Carrefour também está querendo implementar, nos indicam que estamos no caminho certo e que os próprios parceiros consideram nossa cooperação extremamente positiva", conclui Rodrigo.

Stakeholder: **Comunidade**

Grupo Gerdau

Outro caso que espelha o engajamento da empresa com as **comunidades** onde ela é presente e atua — outro importante *stakeholder* do modelo de Segurança Psicológica 360° — é o apoio ao projeto TETO[55] por parte do **Grupo Gerdau**, contribuindo com a construção de casas emergenciais em comunidades carentes. *"Em cinco anos de parceria, a Gerdau já doou mais de 18 toneladas de pregos para a construção de duas mil casas, beneficiando famílias em 87 comunidades do país. Além da doação do material, colaboradores voluntários trabalham na construção das casas em alguns projetos"[56]*. O constante engajamento da organização com as comunidades com as quais ela tem algum tipo de interação (e.g. onde tem suas filiais ou suas fábricas; onde estão seus principais mercados e clientes; onde se concentram seus insumos e seus fornecedores etc.) cria vínculos fortes e canais de comunicação mais transparentes, pelos quais todos os envolvidos podem colocar suas demandas para a organização livremente e sem medo, criando um ambiente psicologicamente seguro. *"Transparência total é uma das bandeiras do nosso CEO[57], pela qual buscamos estabelecer relações win-win bem construídas com toda nossa cadeia. O respeito às pessoas, às comunidades e ao meio ambiente é um aspecto-chave da nossa atuação"*, afirma Carol Carpenedo.[58]

De fato, o Grupo não para de apoiar projetos de impacto social, como o recentemente inaugurado "Reforma que Transforma", que com a intervenção do Instituto Gerdau deu *"mais um passo para melhorar a moradia de muitas famílias que hoje vivem em situação de vulnerabilidade"*, afirma Carol, entusiasta de poder vivenciar *"nosso propósito de empoderar pessoas que constroem*

---

[55] Cf.: https://www.techo.org/brasil/teto/. Acesso em: 18 jul. 2021.

[56] Cf.: https://www2.gerdau.com.br/sobre-nos/responsabilidade-social. Acesso em: 14 jul. 2021.

[57] Gustavo Werneck é Presidente e CEO da Gerdau.

[58] Caroline Carpenedo é *Diretora Global de Pessoas e Responsabilidade Social* da Gerdau. Ela participou da entrevista semiestruturada para nossa pesquisa de campo, representando a companhia, em 06/08/2021.

o futuro todos os dias!" Esse projeto visa contribuir com a melhoria de treze mil habitações de famílias vulneráveis, no período de dez anos, com investimento planejado de R$ 40 milhões. Tal movimento claramente transformacional está inserido na estratégia do Grupo de priorizar ações de caráter ESG que constituem um de seus pilares de atuação.

Stakeholder: Clientes e Cadeia Produtiva

Syngenta

Outro exemplo interessante de Segurança Psicológica 360° que envolve a **maior parte das categorias de seus *stakeholders*** é o Plano de Agricultura Sustentável[59], batizado de *Good Growth Plan* e implementado globalmente pela **Syngenta**. Já em sua segunda fase, o foco desse plano é ajudar os produtores agrícolas, seus **clientes**, a enfrentar as mudanças climáticas, bem como ajudar sua **cadeia** como um todo a reduzir a pegada de carbono presente na atividade agrícola com investimento previsto de US$ 2 bilhões até 2025 e lançar duas tecnologias disruptivas a cada ano. Esse investimento e a busca de novas tecnologias visam acelerar a inovação em resposta à demanda e às necessidades dos agricultores e da natureza. Esse é mais um compromisso com os *stakeholders* que estabelece e define uma relação psicologicamente segura com eles à medida que consolida uma real parceria entre a organização e os *players* de sua cadeia, extrapolando da simples relação vendedor-cliente.

---

[59] Cf.: https://www.syngenta.com.br/plano-de-agricultura-sustentavel. Acesso em: 18 jul. 2021.

De uma forma geral, Cinthia Bossi[60] lembra como a relação com os clientes é totalmente *client centric,* a ponto de eles mesmos serem protagonistas e liderarem a tomada de decisão da companhia. Nesse sentido, a organização valoriza a cocriação e o trabalho em conjunto sem estrelismo, visando oferecer soluções de impacto inovadoras e realmente alinhadas com as necessidades dos clientes e parceiros que se sentem totalmente à vontade para interagir e cobrar ações da companhia.

É o modelo de Segurança Psicológica 360° em ação!

JTI

Outro exemplo significativo, coincidentemente, da mesma indústria é o modelo de interação da JTI com os produtores de folhas de tabaco, que a companhia comprará, safra após safra.

Já comentamos o engajamento em nível global da companhia no que diz respeito ao combate ao trabalho infantil por meio do programa ARISE. No Brasil, essa iniciativa tem o envolvimento do governo nacional, de parceiros sociais e das comunidades produtoras de tabaco. O ARISE atende a mais de 4 mil crianças que participam de atividades de contraturno escolar.

Além dessa iniciativa inegavelmente nobre e socialmente engajada, a JTI oferece um vasto leque de ações de apoio aos **produtores**[61], visando melhorar suas competências técnicas e, consequentemente, aumentar a produtividade das plantas de tabaco. Uma das ações mais importantes que merece ser citada é a

---

[60] Cinthia Bossi é Head *HR Latam & Brazil Territory* da Syngenta. Participou da entrevista semiestruturada para nossa pesquisa de campo, representando a companhia, em 12/07/2021.

[61] Fonte: JTI, Comunicação com produtores 2021.

interação entre a equipe de técnicos de agronomia patrocinados pela JTI e os produtores. Tal equipe é referência em assistência técnica no mercado, sendo que a equipe trabalha com as Boas Práticas Agronômicas (MAS) para o desenvolvimento de safras de qualidade customizadas, além de oferecer uma frequência de visitas técnicas acima da média do mercado em todas as fases de produção. Essa ação reconhece e valoriza os produtores integrados, que adotam as orientações técnicas visando obter safras de qualidade customizada.

Essa relação constante e próxima dos técnicos de agronomia com os produtores, além de garantir uma melhoria contínua, contribui para gerar um ambiente de confiança e troca de experiências que constrói um clima de segurança psicológica. Seus benefícios são facilmente imagináveis, no curto e médio prazo, definindo relações sustentáveis entre *stakeholders* rumo à perenidade dos negócios de ambos os lados.

Piaggio Group

Pela perspectiva de uma companhia produtora de motos, *scooters* e veículos leves, Davide Zanolini[62], do Piaggio Group, reconhece a importância de estabelecer um modelo de segurança psicológica 360° estendida aos **clientes**, admitindo que ela é *"fundamental! Podemos pensar, por exemplo, às campanhas de 'recall' nas quais os veículos são envolvidos muitas vezes. A razão do recall é, quase sempre, preventiva, para evitar riscos*

---

[62] Davide Zanolini é *Executive Vice-President Global Marketing & Communication* do Piaggio Group, e *Board Member* da Piaggio Fast Forward. Ele respondeu à entrevista semiestruturada para nossa pesquisa de campo, representando a companhia, em 19/08/2021.

aos clientes, não para solucionar problemas [que, eventualmente, inexistem]".

Stakeholder: **Colaboradores**

Finalmente, não podemos nos esquecer — em nossa reflexão sobre Segurança Psicológica 360° — do grupo de *stakeholders* que estão *naturalmente* mais próximos da organização, ou seja, seus próprios **colaboradores**!

Isto posto, a bem da verdade, a própria ideia de Segurança Psicológica é construída em torno do conceito de "gente na organização". Nesse sentido, portanto, entendemos que todas as dinâmicas intrínsecas à implementação de um modelo psicologicamente seguro já fazem parte do *modus operandi* da organização e de seus colaboradores, conforme já argumentamos ao longo deste capítulo: não ter medo de se posicionar e de ser punido por isso; ter segurança em assumir riscos interpessoais; ser tolerante com o erro alheio para que sejam tolerantes com o seu; não ter medo de pedir ajuda; respeitar todos os gêneros e ser respeitado, assim como promover a diversidade, a equidade e a inclusão.

Nesse contexto, além das ações citadas que definem por si só a segurança psicológica *on the job*, a organização pode pular um degrau acima e passar ao modelo de Segurança Psicológica 360°. Esse ponto será melhor explicado mais para frente neste livro quando argumentaremos que uma organização psicologicamente segura é, por definição e na prática, uma **DDO** (vide 2° pilar desse modelo, *infra*) ou seja, uma organização que foca deliberadamente no desenvolvimento pleno de seus colaboradores. Por essa lógica, entendemos o desenvolvimento pelo viés dos impactos positivos que a própria organização proporciona à sua gente, melhorando seu nível de vida e propiciando distintas formas de crescimento tanto profissional como pessoal.

Natura

Nessa ótica, é interessante citar, dentre os muitos casos, o da **Natura,** cuja preocupação com o empoderamento de suas profissionais mulheres fez a empresa apostar em alcançar em três anos um patamar de 50% de lideranças femininas que eram ainda 30% do total, em 2017. Contudo, a geração de impacto positivo que a organização pretende gerar não para aqui. Pelo contrário, faz parte dos seus objetivos de gestão melhorar a renda média e a qualidade de vida de suas consultoras de beleza que sustentam seu modelo de negócio por meio da garantia de salários dignos *(living wages)*[63] estabelecidos com parâmetros condizentes com as melhores práticas em direitos humanos com o intuito de contribuir com os Objetivos de Desenvolvimento Sustentável. No âmbito de seu *"Compromisso com a Vida"*, a Natura & Co se comprometeu a alcançar 100% de *living wage* para seus colaboradores até 2023, sendo que *"os valores-base de salário e renda foram definidos de acordo com a atividade de cada público com a Natura e ajudaram a definir [sua] contribuição para o capital social e humano"* [64]. Claramente, essas preocupações e ações contribuem para a criação de um clima positivo, além da segurança psicológica como comumente en-

---

[63] Cf.: fonte para conceito e valores de *living wage* – dados cedidos pela WageIndicator Foundation https://wageindicator.org/salary/living-wage/regional-living-wages-1.

[64] Cf.:https://static.rede.natura.net/html/sitecf/br/06_2021/relatorio_anual/Relatorio_Anual_Natura_GRI_2020_.pdf. Acesso em: 20 jul. 2021.

tendida. Dessa forma, fica evidente que a organização está buscando um paradigma mais amplo, que trata seus colaboradores como verdadeiros *stakeholders* de um modelo psicologicamente seguro em 360°.

5.10. Em síntese

Para finalizar este capítulo sobre as **principais vantagens** que são geradas para a corporação que implementa um modelo de **Segurança Psicológica 360°**, queremos lembrar, sinteticamente que:

- Os erros são vistos como oportunidade de aprendizado a partir do entendimento de eles terem acontecido;

- Os profissionais emitem opiniões abertamente sobre a rotina de trabalho;

- As opiniões divergentes são estimuladas a ser apresentadas e são respeitadas;

- Os talentos e as competências são valorizados;

- Existe tranquilidade para que decisões e riscos sejam tomados;

- Pedir ajuda é um fato natural sem dificuldades maiores (vide capítulo dedicado *supra*);

- A organização está inserida, de maneira proativa e empática, no ecossistema no qual ela opera, relacionando-se de forma mais eficiente com todos os seus *stakeholders*.

216 | Além da Segurança Psicológica

Antes de apresentarmos outro pilar das *Novas Organizações Que Aprendem*, é fundamental reforçar que a Segurança Psicológica 360° **não é um modismo de gestão**. Ao contrário, ela **é condição para obter resultados melhores do negócio**, que permitem um desenvolvimento mais rápido e consistente da organização.

Em suma, vale lembrar que quando a organização conta com ambiente de Segurança Psicológica 360°, ela:

- Elimina o medo do contexto organizacional;
- Atribui voz e coragem para que todos possam falar (e se predisponham a isso);
- Incentiva a prática de escutar os outros ativamente;
- Estimula a interação entre níveis organizacionais, implodindo os silos;
- Melhora a motivação, a comunicação e o engajamento dos times;
- Aumenta o autoaprendizado pelos próprios erros;
- Estimula o espírito inovador na equipe e na companhia como um todo incorporando a experimentação ao modelo organizacional;
- Aumenta as probabilidades de sucesso das inovações;
- Engaja os líderes no papel de educadores (vide, também, DDOs, *infra*);
- Proporciona maior tranquilidade na rotina e, por consequência, gera uma melhora da performance como um todo;

- Integra todos os *stakeholders* no seu modelo organizacional, propiciando dinâmicas *win-win* para o ecossistema que ela integra.

5.11 Segurança Psicológica 360° vs. *Seguranças Psicológicas*

Para concluir este capítulo é importante refletir sobre alguns possíveis conceitos que podem existir, de **Segurança Psicológica**, cujas interpretações ou utilizações erradas podem até gerar distorções e ter implicações indesejáveis. Nesse sentido, vale enfatizarmos mais uma vez que, em nosso modelo, entendemos que a Segurança Psicológica deve ser enxergada de forma holística **em 360°**. Conforme argumentamos anteriormente, a mudança de *mindset* organizacional que sua implementação exige não pode ser entendida de forma estanque por áreas ou até por times *separadamente*. Muito pelo contrário, a implementação de um modelo de segurança psicológica deve ser entendida como um movimento amplo, que não somente perpassa as várias áreas e os níveis da organização, mas também envolve seu ecossistema *como um todo*, incluindo os atores externos como clientes, fornecedores e até o meio ambiente, cuja integração no modelo de segurança psicológica torna-se responsabilidade da própria organização. Portanto, não há como afirmar que uma organização é segura psicologicamente na acepção mais ampla e adequada do termo, se a mesma segurança psicológica não é garantida a todos os *players* internos e externos conforme citamos.

Além da Segurança Psicológica

Isso posto, como é natural, dada a relevância do tema para um contexto organizacional, a segurança psicológica pode ser abordada através de prismas distintos que, às vezes, podem induzir a certa confusão em relação a seu sentido e a suas consequências. Por outro lado, na prática diária, interpretações erradas ou conceitos equivocados sobre esse tema estão proliferando. Dessa forma, é fundamental que exercitemos, constantemente, nossa **capacidade de análise crítica**, para evitarmos surpresas e dissabores no momento de implementar esse modelo em nossas organizações.

Segurança Psicológica 360° vs. *Performance*

Apesar de termos sido bastante explícitos sobre esse tema ao longo deste capítulo e visando dirimir quaisquer dúvidas, reforçamos que em nossa abordagem estamos alinhados com Edmondson e conforme já citado, entendemos que *"a segurança psicológica [é] a crença de que o ambiente de trabalho é seguro para tomar riscos interpessoais*[65],[66];*(...) [e para] sentir-se livre de se manifestar com ideias relevantes, perguntas ou preocupações."*[67]. E que *"a segurança psicológica existe quando os colegas se respeitam uns aos outros e sentem-se livres de — e até obrigados a — ter candura."*[68]. Essa percepção gera, assim, um contexto organizacional onde **metas de desempenho** ambiciosas são elaboradas, discutidas e negociadas **sem angústia ou medo**.

---

[65] Edmondson, Amy. Psychological Safety and Learning Behavior in Work Teams. **Administrative Science Quarterly**. v. 44, n. 2, 1999, p. 350–83.

[66] Edmondson, Amy. **The Fearless Organization**. Hoboken: Wiley. Kindle, 2019, p.587.

[67] Edmondson, Amy. *Ibidem*, p.589.

[68] Edmondson, Amy. *Ibidem,* p.590.

Da mesma forma, o **medo de errar** é eliminado desse contexto, uma vez que o erro é incorporado à "biblioteca do saber organizacional", podendo liberar, assim, o **espírito inovador** no dia a dia e pavimentar **o futuro e a perenidade** de uma organização que se tornou, por definição, **ambidestra**. Nesse sentido, a segurança psicológica estimula o **aprendizado organizacional**, uma vez que ela institucionaliza a reflexão sobre cada ação e decisão tomada, incorporando os resultados da AAR[69] à sua própria bagagem de conhecimento.

Está claro, portanto, que a segurança psicológica diz respeito, *primeiramente,* ao **negócio** da organização e ao ambiente necessário para alcançá-la. Nesse sentido, propiciando um ambiente seguro tanto interno como externo, tamanha segurança define as relações interpessoais no ambiente de trabalho e lastreia o terreno para que a **performance** organizacional tenda a ser **superior**. Dessa forma, a segurança psicológica constitui uma das condições primordiais para o **crescimento** do próprio negócio rumo à **alta performance** da companhia. Em outras palavras, organizações de alto desempenho que interagem, de maneira proativa, com seu próprio ecossistema buscando estruturar sua perenidade *precisam* criar um *mindset*, pelo qual a própria **segurança psicológica 360°** é um dos pilares de sua estrutura organizacional, tanto presente como futura.

A mesma abordagem, ou seja, entender a segurança psicológica como uma das bases estruturantes do **alto desempenho do negócio**, deixa claro, de uma vez por todas, que promover um *mindset* de Segurança Psicológica em toda a organização não quer justificar, em nenhum momento, atitudes *"fluffy"*[70], ou

---

[69] AAR – After Action Review, cit. *supra.*
[70] Cf: capítulo 5.7, *supra.*

seja, paternalistas ou condescendentes. Ao contrário, conforme argumentamos anteriormente, a segurança psicológica é uma das partes do **pacto organizacional** que rege as responsabilidades de todo colaborador *vis-à-vis* à companhia. Implementar um modelo de segurança psicológica não inviabiliza nem desqualifica de forma alguma a cobrança por resultados que representam uma das outras partes do mesmo pacto e que estejam associadas ao alto desempenho.

Finalmente, em seu recente artigo, Edmondson insiste que é preciso, *"em primeiro lugar, enfatizar o que a maioria dos executivos quer: **performance**. Construir um ambiente de trabalho psicologicamente seguro começa com redirecionar a narrativa [...] de maneira a defender a tese de que a qualidade e o candor da conversação [ou seja, o nível de segurança psicológica] são cruciais para os resultados"*[71]. Mais uma vez, segurança psicológica e performance organizacional falam a mesma linguagem, a primeira sendo imprescindível para que a segunda seja alcançada com sucesso!

Segurança Psicológica 360º vs. *Clima de Segurança Psicossocial (CSP), Saúde Mental, Estresse no Trabalho etc.*

Apesar de serem temas tangenciais e em dados momentos, interligados com nosso modelo organizacional, nossa abordagem da segurança psicológica é focada no negócio e não contempla nem aspectos clínicos e de saúde mental, nem de percepção do clima do ambiente de trabalho.

---

[71] Edmondson, Amy E. e Hugander Per. 4 Steps to Boost Psychological Safety at Your Workplace. Harvard Business Review. Publicado em 22/06/2021. Disponível em: https://hbr.org/2021/06/4-steps-to-boost-psychological-safety-at-your-workplace. Acesso em: 13 jul. 2021.

Nessa ótica, as pesquisas e os trabalhos seminais da dra. Maureen F. Dollard, diretora da *School of Psychology* da *University of South Australia* em Adelaide, endereçam, pelo prisma da Psicologia Organizacional, temas e problemas relativos ao trabalho e ao estresse, *burnout*, e outras patologias da saúde mental ligadas ao ambiente de trabalho. Em seu importante artigo, Dollard e Bakker (2010) definem uma nova Teoria do Estresse no Trabalho, cujo modelo quer estimar o Clima de Segurança Psicossocial (CSP) presente no próprio ambiente de trabalho. O CSP testa e explica, dentre outros temas, o engajamento dos colaboradores e *"aborda as políticas, as práticas e os procedimentos destinados à proteção da saúde e segurança psicológica do trabalhador"*[72]. Os dados da pesquisa foram coletados ao longo de 12 meses, visando a colaboradores de 18 escolas australianas. A análise subjacente à modelagem do CSP testou e comprovou mudanças na saúde psicológica dos profissionais relacionadas à pressão do trabalho. Além disso, foram registradas alterações tanto mais positivas no engajamento quanto mais limitada foi a imposição de um modelo de tipo "comando e controle", por parte das lideranças, e quanto mais frequentes foram as ocasiões para expressar criatividade, bem como para aproveitar as oportunidades de aprender algo novo e desenvolver novas competências e habilidades específicas. Finalmente, os resultados comprovaram que o CSP é uma das componentes-chave da teoria do estresse do trabalho e o *locus* natural para intervir no próprio estresse. A partir desse estudo, Dollard

---

[72] Dollard, Maureen F. e Bakker, Arnold B. Psychosocial safety climate as a precursor to conducive work environments, psychological health problems, and employee engagement, Journal of Occupational and Organizacional Psychology (The British Psychological Society), vol 83 issue 3, 24/12/2010. Disponível em: https://doi.org/10.1348/096317909X470690.

editou recentemente um livro que se tornou referência[73] e que faz uma revisão exaustiva da literatura sobre CSP na última década. Os artigos editados discutem as evidências empíricas em relação ao papel da liderança, à resiliência organizacional, à cultura e à instabilidade do CSP nos grupos de trabalho, dentre outros. O escopo da análise visa a temas candentes, tais como o estresse psicológico, a exaustão emocional, a depressão e a angústia ligadas ao trabalho, o declínio cognitivo, as alterações no engajamento e as subsequentes perdas de produtividade, o tédio etc. A pesquisa foi realizada em uma variedade de ambientes de trabalho em vários países, apresentando distintas modalidades profissionais, bem como culturas organizacionais e nacionais diversas.

Não existe dúvida de que o trabalho e a abordagem de Dollard são de extrema relevância no contexto dos estudos multidisciplinares da área da saúde ocupacional e da psicologia do trabalho e suas patologias. Nesse sentido, muitos dos resultados apresentados podem ser aplicados no contexto das práticas organizacionais, visando melhorar o entendimento dos aspectos psicológicos do trabalho, para prever seus impactos no desempenho. Isso posto, é nesse ponto que apesar de as duas abordagens serem distintas, tanto do ponto de vista conceitual como estrutural, existe uma interface interessante entre a pesquisa de Dollard e nosso modelo, em que a Segurança Psicológica atua, de fato, como um dos parâmetros que estabelece as bases para uma performance superior da organização, conforme explicamos anteriormente, neste mesmo capítulo.

---

[73] Dollard, Maureen F. *et al.* (Editors). **Psychosocial Safety Climate**: A New Work Stress Theory, 2019, Springer.

Finalmente, gostaríamos de enfatizar também que conceitos como **Inteligência Emocional** e **Felicidade** não devem ser confundidos com a Segurança Psicológica nas organizações, cuja abordagem é focada no negócio e em sua performance conforme salientamos em várias oportunidades neste trabalho.

Segurança Psicológica 360° vs. *Segurança Psicológica "do Time"*

Outra confusão conceitual e prática é gerada quando se pretende "fatiar" a organização em subgrupos, querendo implementar um conceito de segurança psicológica parcial e segmentada como a Segurança Psicológica "do Time". De fato, não há dúvida de que os times são os núcleos constituintes de cada organização e que, como tais, devem ser o alvo privilegiado de toda ação de transformação. Entretanto, no caso da mudança de *mindset* necessária para implementar um modelo de Segurança Psicológica 360°, a transformação deve ser pensada e acontecer em nível organizacional, perpassando todas as áreas e todas as equipes de forma sistemática e com atividades coordenadas.

Em uma pesquisa recente conduzida por McKinsey & Co, com a participação inclusive de Amy Edmondson, os resultados comprovam que *"um clima propício para a segurança psicológica começa bem no topo de uma organização"*[74]. Nesse sentido, fica claro que a implementação de um modelo de segurança psicológica é um movimento amplo e simultâneo da organização como um todo, não de seus times em separado. Assim sendo, esse movimento precisa nascer de uma sinalização **top down**

---

[74] Aaron De Smet *et al*. Psychological safety and the critical role of leadership development. Survey, McKinsey & Co. 11 de fevereiro de 2021. Disponível em: https://www.mckinsey.com/business-functions/organization/our-insights/psychological--safety-and-the-critical-role-of-leadership-development#. Acesso em: 14 jul. 2021.

por parte do Conselho e do C-Level, que uma transformação está ocorrendo, sendo patrocinada pelos líderes seniores como **sponsors** da iniciativa[75]. Estes devem promover uma cultura de inclusão tal que, por sua vez, possa gerar comportamentos positivos na liderança, fazendo dessa atitude um modelo para toda a organização. É somente a partir da institucionalização desse *role modeling* que *"os líderes de time estarão dispostos a mostrar uma liderança solidária, consultiva e desafiadora, uma vez que os líderes seniores demonstrem espírito de inclusão, por exemplo, buscando opiniões distintas das suas próprias ou tratando os outros com respeito."* [76]

Portanto, pelas razões citadas, resulta bem pouco relevante falar em Segurança Psicológica do Time por si só, uma vez que um time seguro psicologicamente em um contexto organizacional <u>não seguro</u> rapidamente perderá seus talentos, que fugirão para organizações psicologicamente seguras, ou será expurgado pelo resto da organização que não absorverá sua cultura distinta. Ou seja, times psicologicamente seguros existem *somente* quando a organização, <u>como um todo</u>, já tem um modelo de segurança psicológica implementado, nunca vice-versa.

Nessa ótica, fazer uma avaliação da segurança psicológica de um time *em si,* e até pior, certificá-la, sendo esta desvinculada do contexto maior da própria organização, seria um exercício retórico ineficiente, que teria resultados enviesados e pouco relevantes.

---

[75] Vide também nosso conceito de *"champion"*, descrito *supra*, neste capítulo.
[76] Aaron De Smet *et al. Ibidem.*

Segurança Psicológica e o trinômio Diversidade, Equidade e Inclusão — DEI

Quando a organização opta pelo caminho da construção da Segurança Psicológica, ela está apoiando o trinômio DEI. Como isso acontece?

Conforme apresentado anteriormente, a Segurança Psicológica acontece quando o profissional se sente tranquilo para colocar suas ideias e opiniões para toda a organização, e não somente para sua equipe, inclusive para parceiros e fornecedores sem correr o risco de ser ridicularizado ou menosprezado e, muito menos, punido.

Nesse contexto, o pensar diferente é valorizado e estimulado. Ao contrário, não se colocar quando se pensa de maneira diferente, quando há críticas ou não se tem claro um problema ou questão é o que não é bem visto na organização.

Pensar de maneira diferente e ter tranquilidade para se colocar demonstra que a organização nos escuta, nos aceita e reconhece nossa contribuição. Sabemos que fazemos parte de algo maior, ou seja, *pertencemos*. Dessa forma, entendemos que há Segurança Psicológica na organização.

O profissional, por seu lado, tem claro que nem toda ideia e sugestão que apresentar será aceita no sentido de ser implantada, mas sabe que será levada em consideração. Sabe que terá claro o porquê de a ideia não ter sido concretizada. Da mesma forma, sabe que o erro será entendido como parte do processo de aprendizagem.

Caso não haja Segurança Psicológica na organização, Diversidade, Equidade e Inclusão ficam comprometidas, pois não é seguro sermos diferentes, sermos nós mesmos. Podemos nos sentir incompletos, invisíveis ou isolados, mas não incluídos, como discutido no capítulo DEI, *supra*.

Quando sentimos que não há Segurança Psicológica em toda a organização — não basta tê-la apenas na nossa equipe —, estaremos mais expostos aos problemas de saúde mental, pois vivenciaremos um ambiente pouco acolhedor, por vezes tóxico e sem a possibilidade de sermos nós mesmos e sermos aceitos. Nesses ambientes não é possível haver Diversidade, Equidade e Inclusão.

⌈ EM FOCO ⌋

SEGURANÇA PSICOLÓGICA 360°

no dia a dia

Você se sente tranquilo(a) para **assumir riscos** na sua equipe? E na empresa?

Você e seus colegas costumam emitir opiniões francas sobre a rotina de trabalho, **sem medo** de punições?

Opiniões divergentes são respeitadas dentro do seu time?

Seus conhecimentos e habilidades são **valorizados**?

Se você cometer um **erro,** o que acontece?

É fácil pedir/obter **ajuda**, quando encontra dificuldades?

Sua organização respeita todos os **gêneros**; e promove a **diversidade e a inclusão**?

Sua organização incentiva o hábito do **feedback contínuo e informal** e de *peer reviews*?

A segurança psicológica 360° de **todos os stakeholders** do seu ecossistema é uma preocupação-chave da sua organização?

⌐EM FOCO⌐

SEGURANÇA PSICOLÓGICA 360º

Impactos positivos da segurança psicológica na organização

- ❏ Elimina o **medo** do contexto organizacional

- ❏ Atribui **voz** e **coragem** para que todos possam falar, (e estejam dispostos a isso)

- ❏ Engaja os **líderes** no papel de **educadores**

- ❏ Estimula a **interação** entre os níveis, ajudando a **implodir silos**

- ❏ Incentiva a prática da **escuta ativa** dos outros

- ❏ Estimula o gosto para **aprender**; e aumenta o **auto aprendizado** através dos próprios erros

- ❏ Melhora a **motivação**, a **comunicação** e o **engajamento** dos times

- ❏ Aumenta as probabilidades de **sucesso** das inovações

- ❏ Estimula o **espírito inovador** na equipe, incorporando a **experimentação** ao modelo organizacional, não estigmatizando eventuais **fracassos**

- ❏ Proporciona maior **tranquilidade** na rotina e como consequência uma **melhora da performance**

CAPÍTULO 6

O 2º PILAR DO NOVO MODELO: ORGANIZAÇÕES DEDICADAS AO DESENVOLVIMENTO – DDOS (E AO APRENDIZADO)

> *"Uma coisa é pôr ideias arranjadas, outra é lidar com país de pessoas, de carne e sangue, de mil-e-tantas misérias... Tanta... De sorte que carece de se escolher."*
>
> **– GUIMARÃES ROSA. GRANDE SERTÃO: VEREDAS.**

Conforme foi adiantado *supra*, uma cultura organizacional que promove o aprendizado contínuo como forma de alcançar o alto desempenho e a sustentabilidade da companhia visa criar um modelo que chamamos de *Novas Organizações que Aprendem*. Esse modelo se apoia em quatro pilares. O primeiro dos quais, Segurança Psicológica 360°, foi tratado no capítulo anterior.

Neste capítulo, abordaremos o segundo pilar do modelo que analisa como criar organizações que **sejam deliberadamente focadas em desenvolvimento** ou **organizações dedicadas ao desenvolvimento**, conhecidas como **DDOs**[1].

---

[1] *DDO-Deliberately Developmental Organization* livremente traduzido pelos autores como *Organização Deliberadamente Focada no, ou Dedicada ao Desenvolvimento*. O termo foi originalmente utilizado por Robert Kegan e Lisa Laskow Lahey, em seu trabalho seminal **An Everyone Culture**. Boston: Harvard Business Review Press, 2016.

Extrapolando para um contexto organizacional contemporâneo, entendemos como o aprendizado em todos os níveis hierárquicos e funcionais torna-se uma *obrigação ética das organizações* para com seus colaboradores, objetivando o desenvolvimento intelectual e profissional de todos os profissionais ligados àquela casa. De fato, transliterando esse viés ético para as melhores práticas organizacionais, Kegan e Laskow [2], enfatizam ao longo de seu trabalho a importância das organizações se dedicarem ao desenvolvimento dos colaboradores de t*odos os níveis* e não somente dos quadros superiores e do C-level.

6.1 O caminho para o Desenvolvimento

Desenvolvimento é um conceito primordial, quase um arquétipo que, antes de ser um objetivo organizacional, é um dos grandes motores da humanidade. O arquétipo do desenvolvimento está na base do **progresso** das sociedades e das nações, é a força cardinal que empurra o homem fora da *caverna*[3] e pelo equilíbrio entre aprendizado, raciocínio e conhecimento o estimula a trilhar o caminho da evolução rumo à modernidade. Naturalmente, cada indivíduo trilha esse caminho de forma distinta dos outros por razões das mais diferentes origens que podem ser estudadas de forma aprofundada através de abordagens socioeconômicas, pedagógicas, psicológicas e organizacionais.

---

[2] Kegan, Robert e Laskow-Lahey, L., em seu trabalho seminal **An Everyone Culture**. Boston: Harvard Business Review Press, 2016. Versão do Kindle.

[3] O Mito da Caverna é uma alegoria escrita por Platão (séc.IV a.C.) que se encontra no livro VII do diálogo socrático **A República**, abordando conhecimento e educação, que estão na base do conceito de desenvolvimento.

Para maior clareza e detalhamento do caminho para o Desenvolvimento, abordaremos sequencialmente as seguintes questões: **o que** desenvolver, **_quem_** desenvolver, **_quem é que_** desenvolve, e **_como_** desenvolver.

O Que desenvolver?
Desenvolver o potencial humano.

Focando o contexto organizacional, a palavra **_desenvolvimento_** torna-se sinônimo de **_crescimento,_** do qual representa o principal alicerce. Observaremos _infra_ quando acontece, de fato, o desenvolvimento da organização como um todo e _quem_ são os beneficiados pelo desenvolvimento.

Antes disso, é importante refletirmos sobre o fato de que quando alguém pensa no crescimento de uma companhia, logo surge a imagem do tamanho do negócio, ou seja, do crescimento de sua **receita** e/ou **_market share_**. Ao contrário, em termos de cada profissional individualmente, logo pensamos o crescimento como uma progressão na **carreira,** abraçando sempre maiores responsabilidades e, consequentemente, no tamanho da nossa nova cadeira. É verdade que mais recentemente, nas novas gerações, _"estamos assistindo à busca por novas formas de remuneração: a satisfação pessoal, o sentido do trabalho e a felicidade. (...) Salários, bônus e benefícios sempre serão importantes, obviamente, mas, de forma crescente, não são mais suficientes para muitos entre nós"_[4]. Isso posto, não existe dúvida de que essas abordagens são legítimas e reconhecidas por todos.

---

[4] Kegan, Robert _et al._, op. cit., p.8, Versão do Kindle.

Além da Segurança Psicológica

Entretanto, no contexto das DDO, quando se aborda o conceito de *desenvolvimento*, o olhar é dirigido ao **indivíduo** ou conjunto de indivíduos que protagonizam o desenvolvimento e não seus resultados práticos. Ou seja, *"não falamos que o negócio se torna maior, mas que se torna* <u>*uma versão melhorada de si*</u>*. Os negócios expandem e as carreiras florescem nas DDOs, mas essas mudanças são consequências do tipo de desenvolvimento do qual estamos falando, elas não são o desenvolvimento em si"* [5].

Enfim, como era de se esperar, as DDOs adotam uma abordagem totalmente **human centric**[6] do desenvolvimento organizacional, sugerindo que não há verdadeiro crescimento das organizações se estas não cuidam, *primeiro e prioritariamente,* do desenvolvimento de <u>todos</u> os seus colaboradores. Nessa ótica, estamos aqui falando de companhias que consideram *"o desenvolvimento dos colaboradores não como um assunto de política ou estratégia de recursos humanos, mas como algo estrutural para o* **sucesso do negócio** *como parte da sua estratégia geral.* <u>***Desenvolver o potencial humano*** *para as DDOs é um* **imperativo do negócio**</u>*,* <u>*não algo desejável de se ter ou secundário"*</u>[7]. Dessa forma, o desenvolvimento da organização é **consequência** do desenvolvimento das pessoas que a compõem, ou seja:

1. as pessoas se desenvolvem, desempenham melhor e sobem na carreira;

2. as empresas se fortalecem, mudam para melhor, crescem e aumentam seu valor.

---

[5]   Kegan, Robert *et al.*, op. cit., pp. 57-58. Versão do Kindle.
[6]   Cf. capítulo "Do modelo *Strategy-centric* ao modelo *Human-centric*" e Fig.10, *infra*.
[7]   White, David Jr. **Disrupting Corporate Culture**. Nova York: Routledge, E-Book Kindle, 2020, p.4324.

Nessa altura, para entender como desenvolver os colaboradores, é preciso entender que o **desenvolvimento mental** dos seres humanos em idade adulta acontece por platôs e não de forma contínua, alternando período de estabilidade a períodos de evolução. Mais precisamente, segundo Kegan & Lahey, existem *"três platôs na complexidade mental dos adultos: (...) a mente socializante, a mente autodeterminante e a mente autotransformadora"*[8]. Naturalmente, se é verdade que a análise de todos os platôs é relevante para que tenhamos uma visão holística da evolução da mente humana, o último platô, o da mente autotransformadora, é aquele que mais é revelador sobre como se constrói o conhecimento e como ele se transfere da esfera individual à organizacional, embasando, dessa forma, o desenvolvimento.

Para mudar o *status quo* dentro de uma organização, nada mais adequado do que tomar ciência de seus erros e focar na superação de suas lacunas por meio de modelos de aprendizado customizado para as necessidades das equipes, fornecendo-lhes o conhecimento necessário a seu desenvolvimento. Essa ação permite que processos disruptivos sejam incorporados no *mindset* da organização para implementar mudanças necessárias para lidar com um ambiente VUCA, protagonizando uma transformação que provavelmente não seria possível em condições de temperatura e pressão normais e constantes.

Portanto, mais uma vez, viver na incerteza recebendo constantemente inputs contraditórios e ambíguos estimula a busca natural para novos conhecimentos que ajudem a embasar as tomadas de decisão de forma mais "científica", isenta e ponderada. Nesse aspecto, comprovamos em nossa experiência pro-

---

[8] Kegan, Robert *et al.* **An Everyone Culture**. Boston: Harvard Business Review Press, 2016, p.62. Versão do Kindle.

fissional, atuando em programas de desenvolvimento de executivos e como consultores organizacionais, que ainda existe a tendência clara de os "experts" corporativos embasarem sua tomada de decisão no conhecimento *ex ante*, ou seja, no "faro" que eles detêm, oriundo de sua experiência pregressa, em detrimento de uma *análise crítica* e *data-driven*[9] mais apurada.

Se de um lado a experiência que foi adquirida durante anos de profissão é algo que deve ser valorizado e tesaurizado, por outro é importante notar que em *"ambientes onde o aprendizado é priorizado, ser o expert de um assunto não significa ter todas as respostas. De fato, em um ambiente dinâmico e disruptivo, fontes de insight podem vir de qualquer pessoa e qualquer lugar dentro da organização"*[10] e fora dela também.

A bem da verdade, o modelo das *Novel Learning Organizations* que desenhamos e estamos descrevendo neste livro foca na interação entre os pilares do modelo que propiciam constantemente pontos de geração de conhecimento e desenvolvimento organizacional que surgem de contextos e abordagens distintas. Todos esses movimentos se inserem em uma ótica 360°, em que a geração de conhecimento e o aprendizado organizacional são incentivados e esmerados pela prática, bem como sua troca e compartilhamento estão na base da estrutura organizacional.

Nesse contexto, em artigo recente, Christensen e colaboradores argumentam que, de fato, *"o aprendizado pode ser afinado*

---

[9] Alguns profissionais não acostumados a analisar dados e informações recorrem à intuição e ao que aprenderam no passado para tomar decisões. Os autores deste livro, em sua vida profissional, enfrentaram frequentemente essa situação, tanto que elaboraram o programa "Pensamento Analítico e Crítico na Tomada de Decisões" para ajudar os executivos a desenvolverem um arcabouço analítico-crítico, para embasar suas decisões de maneira menos subjetiva e mais *data driven*.

[10] White, David Jr **Disrupting Corporate Culture**. Nova York: Routledge, E-Book Kindle, 2020, p.4351

pela prática"[11], precisando, entretanto de uma estratégia para que ele seja constante e alcance seus objetivos. De fato, o espírito inquisitivo do ser humano, bem como a curiosidade e o desejo de crescer são os *drivers* que nos fazem aprender *intencionalmente*. Contudo, esses autores, em uma pesquisa anterior[12] sobre o *aprendizado intencional*, argumentaram que transformar esse desejo em novas formas de capacitação requer um plano de ação que vise definir objetivos simples e claros de desenvolvimento, que serão uma das principais práticas do aprendizado eficaz e servirão como esteio e motor para novas oportunidades de aprendizado organizacional. Nessa ótica, uma vez definidos os objetivos de aprendizado, é importante estabelecer um prazo para alcançá-los e escolher quem apoiará e monitorará os progressos feitos, uma vez que *"é mais provável que as pessoas consigam alcançar os objetivos quando escolhem outras pessoas para ajudá-las e para cobrá-las"*[13].

Em síntese, essa é uma abordagem consistente com o argumento de que, sem sombra de dúvida, o **aprendizado** está na origem do desenvolvimento individual e constitui sua **âncora**. Nesse contexto, é interessante reparar que a pesquisa citada sugere que quem está aprendendo precisa de **monitoramento** e de **ajuda** para conseguir aprender nos prazos estabelecidos. Uma pergunta e uma reflexão se fazem oportunas em relação a essa questão: **quem poderia ajudar e de qual forma chegaria**

---

[11] Christensen L., Gittleson J., e Smith M. Intentional learning in practice: A 3x3x3 approach. *McKinsey Quarterly*, Abril 2021, McKinsey.com. Disponível em: https://www.mckinsey.com/business-functions/mckinsey-accelerate/our-insights/intentional-learning-in-practice-a-3x3x3-approach. Acesso em: 12 jul. 2021.

[12] Christensen L., Gittleson J., e Smith M. The most fundamental skill: Intentional learning and the career advantage. *McKinsey Quarterly*, August 7, 2020, McKinsey.com. Disponível em: https://www.mckinsey.com/featured-insights/future-of--work/the-most-fundamental-skill-intentional-learning-and-the-career-advantage. Acesso em: 12 jul. 2021.

[13] Christensen L., Gittleson J., e Smith M. Intentional learning in practice...Cit.

a ajuda? Esses temas serão analisados dentro de um contexto organizacional no ponto "Quem é Quem Desenvolve" deste capítulo, na sequência.

Quem Desenvolver?
Todos os colaboradores, de todos os níveis, sem exceção!

Em relação a <u>quem</u> a DDO visa desenvolver, do ponto de vista macro e holístico, o objetivo natural a ser perseguido é o desenvolvimento da própria companhia como um todo, ou seja, seu *crescimento*. Esse objetivo se desdobra prioritariamente sob uma perspectiva micro, no desenvolvimento de **cada colaborador,** tanto individualmente como dentro de sua equipe.

<u>Essa é a contribuição realmente disruptiva do modelo das DDOs para o crescimento da organização</u>: entender a importância crucial de desenvolver as competências e as atitudes de **cada colaborador**, não somente dos níveis mais seniores de liderança e os *high potentials,* que somadas aos talentos individuais de cada membro da equipe constituem suas verdadeiras fortalezas. Dessa forma, fortalecidos por seu mesmo desenvolvimento, os times tornam-se permeáveis às mudanças, no lugar de rechaçá-las, por se sentirem e estarem mais seguros e, por consequência, não precisarem mais esconder suas limitações, inseguranças e fragilidades, (vide *infra*).

De fato, estamos buscando a resposta à pergunta fatídica: *"Como o desenvolvimento individual aumenta o desempenho do time e ajuda a organização a entregar seus objetivos?"*[14]

---

[14] Kegan, Robert e Laskow, Lisa. **Immunity to Change** (Leadership for the Common Good). Boston: Harvard Business Review Press. E-Book Kindle, 2009, p.172.

Logicamente, a resposta adequada seria tão simples como sugerir a liberação do potencial de cada colaborador, utilizando os recursos disponíveis ao máximo, direcionando todas as suas energias para o crescimento da organização.

Entretanto, Kegan e Laskow perceberam, em suas pesquisas sobre organizações, que *"[...] a maioria das pessoas no trabalho, mesmo em organizações de alto desempenho, desvia uma energia considerável todos os dias para um **segundo trabalho,** que ninguém os contratou para fazer: preservar sua reputação, esforçar-se ao máximo para sempre mostrar seu melhor e esconder suas inadequações dos outros e de si mesmas. Acreditamos que essa é a maior causa de desperdício de recursos em quase todas as companhias atualmente"*[15].

Essa é, com certeza, uma revelação surpreendente que oferece uma nova perspectiva de análise do comportamento organizacional por um prisma inédito. Impossível, nesta altura, não se perguntar o porquê de tamanho gasto de energia em algo que não é o foco da atividade profissional, bem como quais características teriam as empresas nas quais as inadequações dos profissionais não precisassem ser escondidas e a energia fosse gasta em ações e tarefas produtivas.

Como todos os pilares do modelo das NLOs são interligados, tanto conceitualmente como na prática, é gratificante notar como o primeiro pilar Segurança Psicológica (precedentemente analisado) se torna fundamental para a própria construção do seguinte e uma *conditio sine qua non* para a criação das próprias DDOs, que constituem o segundo pilar do modelo.

---

[15] Kegan, Robert e Laskow, Lisa. **An Everyone Culture**. Boston: Harvard Business Review Press. E-Book Kindle, 2009, p. 72.

238 | Além da Segurança Psicológica

De fato, organizações com essa caraterística nas quais os colaboradores não precisam esconder seu verdadeiro ser e que focam no desenvolvimento amplo para alcançar o *potencial pleno* dos indivíduos e, consequentemente, uma *performance superior*, "*constituem o ambiente mais poderoso (...) para desenvolver as capacidades das pessoas exatamente porque têm criado uma cultura suficientemente segura e demandante para que todos possam parar de se esconder. Isso é o que chamamos de uma organização deliberadamente focada em desenvolvimento: a DDO*"[16].

Quem é Que Desenvolve?
O Líder Desenvolvedor, o Líder Educador e o Líder Coach

Nessa altura, a pergunta crítica é: ***quem é*** e que deve ser o responsável por apoiar e orientar o autodesenvolvimento, bem como o desenvolvimento dos indivíduos e das equipes em geral? No contexto de uma DDO, devemos associar esse processo de criação e desenvolvimento à figura e à *persona* do **líder**. De fato, entendemos que uma das principais funções dos líderes dentro da organização é conduzir os times para o aprendizado, superando as limitações implícitas em um contexto em que o fluxo de **informações** é **assimétrico** e a **capacidade cognitiva** dos membros da equipe é, muitas vezes, **díspar**.

Essa é a figura do ***meta-líder***, o **líder transformacional**, que vai além das atribuições óbvias de seu papel. É o ***líder desenvolvedor***, ou seja, o ***líder educador*** responsável pelo desenvolvimento de sua equipe, orientando o autodesenvolvimento de cada colaborador, promovendo e facilitando a transferência do

---

[16] Kegan, Robert e Laskow, Lisa. **An Everyone Culture**. Boston:Harvard Business Review Press. E-Book Kindle, 2009, p.3.

conhecimento organizacional à medida que esse se torna necessário para o crescimento e a melhora da performance da equipe como um todo. Sua postura é, portanto, a de um ***líder coach*** que **estimula e acompanha o crescimento individual de todos os seus liderados**.

Em seu recente livro que coroa a vida acadêmica de um ex-executivo de Wall Street que se transformou em um dos mais queridos e surpreendentes professores da Harvard Business School, Thomas DeLong[17] argumenta extensivamente e defende a bandeira que ele arvora desde quando participamos de suas aulas em Boston, em 2006. DeLong está convencido de que "*os melhores líderes são educadores*", exatamente como os melhores docentes são líderes. O constante paralelismo que ele identifica entre a atuação e a performance de um docente de *Business School*, pautados em suas sofisticadas metodologias de ensino quando ele interage e "lidera" uma turma de alunos, e a de um líder em uma organização que administra suas equipes, é revelador de quanto os líderes devem usar a empatia e a sensibilidade tanto quanto a cabeça para chegar a resultados consistentes e duradouros. Nesse sentido, tanto os docentes como os executivos devem focar na experiência de seus respectivos públicos para garantir que toda interação seja, de fato, inspiradora, transformacional e alinhada com o propósito de sua organização.

Esquecendo uma pequena dose de bairrismo natural, devemos confessar que essa interpretação de DeLong é bastante consistente com nossa própria experiência de docentes de exe-

---

[17] DeLong, Thomas. **Teaching by Heart**: One Professor's Journey to Inspire. Boston: Harvard Business Review Press. 2020. DeLong é o "Baker Foundation Professor of Management Practice in the Organizational Behavior unit" da Harvard Business School, em Boston.

cutivos. De fato, exercer a liderança em uma sala de aula repleta de executivos acostumados a eles mesmos liderarem suas equipes é uma tarefa desafiadora! Ela requer competências e talentos menos óbvios do que poderia parecer para que possamos entender adequadamente a audiência e para que a experiência de aprendizado seja realmente condizente com os objetivos transformacionais que os próprios alunos e suas organizações esperam alcançar.

Finalmente, o paralelo que DeLong traça está plenamente de acordo com nossa própria visão do que é um *líder educador* e *coach* com suas responsabilidades e seus desafios de formação e gestão de equipes.

> Abrindo um parêntese, nosso conceito de *líder coach*, entretanto, é eminentemente calçado em conceitos práticos e organizacionais, sendo distinto daquele de **líder servidor** ao qual às vezes está associado. De fato, a ideia de Robert K. Greenleaf[18] analisa a liderança por um prisma de natureza ética, definindo padrões de comportamento moral que devem ser exibidos pelos líderes para que possa ser alcançado algum tipo de desenvolvimento nas equipes. Entendemos, de fato, que esse modelo do tipo *"nasceu primeiro o líder ou o servidor?"*, apesar de ter uma razão histórica válida, ter charme e ser apreciado em certos ambientes organizacionais, pode ser melhor estudado em uma perspectiva filosófica do que aproveitado e aplicado em um contexto prático no dia a dia organizacional.

---

[18] Cf.: "The servant-leader is servant first... it begins with the natural feeling that one wants to serve, to serve first. Then conscious choice brings one to aspire to lead. That person is sharply different from one who is leader first, perhaps because of the need to assuage an unusual power drive or to acquire material possessions... The leader-first and the servant-first are two extreme types. Between them there are shadings and blends that are part of the infinite variety of human nature." Disponível em: www.greenleaf.org. Acesso em: 24 jul. 2021.

Mas, afinal, quais são as **principais caraterísticas** de um *líder educador* e do seu sinônimo *líder coach*? Vamos analisar as principais, a seguir.

1. O líder educador ***lidera pelo exemplo***, reconhecendo a importância de saber *"walk the talk"* para que o time não receba inputs contraditórios e entenda sem equívocos o caminho a ser trilhado. Esse ponto é de extrema importância, uma vez que a construção da *persona* de cada membro do time se faz pela emulação e incorporação de comportamentos tanto práticos como éticos, que são definidos pela própria cultura organizacional da qual os líderes são depositários, mensageiros e disseminadores;

2. O líder educador sabe **delegar**. Nesse sentido, ele não somente não precisa executar, mas tampouco precisa *mandar* executar. De fato, o *pacto* com sua equipe é claro e as ações não precisam ser ditadas. É o conceito de *empoderamento* dos membros do time posto em prática;

3. O líder *coach* sabe **motivar** os membros de sua equipe com uma **atitude consultiva** para orientá-los constantemente, visando a uma performance sempre melhor, sem medo de experimentar e eventualmente de errar, como parte do processo de inovação;

4. O líder educador sabe **se comunicar** e **escutar ativamente**, buscando entender e decodificar as ações do time no intuito de apoiar seus membros e ser mais efetivo em suas orientações, demonstrando interesse na opinião do time e evitando julgar antes de ter entendido os detalhes em profundidade;

5. O líder educador sabe **gerir os erros** do seu time, de seus membros, e **gerar aprendizado**. Em várias oportunidades argumentamos que os erros fazem parte do processo de aprendizagem e, como tais, são uma oportunidade de criar conhecimento e material para a *biblioteca do saber organizacional* (como no caso citado da AAR). Entretanto, os erros precisam ser endereçados e corrigidos para que sejam evitados futuramente. Para tanto, o líder precisa lançar mão dos instrumentos mais adequados, apoiado quando necessário pela área de Desenvolvimento Organizacional para suprir eventuais falhas de conhecimento e para criar o aprendizado necessário como entre outros:

- identificar mentores e *coaches* que possam apoiar os times em projetos específicos;

- definir programas de educação executiva e desenvolvimento organizacional que ofereçam soluções específicas e customizadas;

- aproveitar de todo o aprendizado precedentemente adquirido pela organização, em suas várias formas, que constitui a ***biblioteca do saber organizacional***.

6. O líder *coach* é dotado de uma **atitude curiosa** que o incentiva a buscar o novo, encorajando seu time a trilhar **novos caminhos** e a desenvolver e expressar sua **criatividade**;

7. O líder *coach* sabe **estimular o espírito inovador** no time, conduzindo o movimento de transformação e apoiando seus membros no caminho rumo à **experimentação**.

EM FOCO

A atitude curiosa

"The important thing is not to stop questioning. Curiosity has its own reason for existing. (...) Never lose a holy curiosity".[19] Albert Einstein

Essa célebre afirmação de Albert Einstein que escolhemos propositalmente como um dos motes deste livro, sinaliza que poucas caraterísticas definem tão bem o ser humano como sua **curiosidade**!

A curiosidade dá coragem para a humanidade enfrentar os fantasmas da ignorância e buscar a luz fora da caverna. Ela é um dos motores que estimulam a busca pelo novo e pelo **conhecimento**, que constrói a bagagem do **aprendizado** tanto individual como social e organizacional, visando à solução dos **problemas complexos** da organização.

Ambientes que incentivam a curiosidade são mais férteis, ousados e abertos a inovar. Ao contrário, sociedades fechadas e subjugadas por regras rígidas (sociais, políticas e religiosas) tendem a olhar para o passado e não desenvolvem sua ambidestria.

O **líder educador**, além de liderar pelo **exemplo** e estar constantemente engajado no **desenvolvimento** de seus times, é dono de uma **atitude curiosa** que empodera seus liderados e os estimula a ousarem, a serem visionários e a correrem riscos para inovar.

Longe de ser um defeito, a curiosidade é uma das manifestações da **inteligência** que estimula a transmissão sináptica, promove a **criatividade** e induz a **experimentar** caminhos novos. Organizações que incentivam uma atitude curiosa são mais propensas a tornarem-se **sustentáveis** e **perenes**.

Finalmente, indo de encontro ao que diz o ditado[20], a curiosidade nunca matou gato nenhum! Muito pelo contrário, ela é **indispensável** ao desenvolvimento e à sobrevivência da própria humanidade!

---

[19] O mais importante é nunca parar de questionar. A curiosidade tem sua razão de existir. (...) Nunca perca a bendita curiosidade!

[20] Cf. o ditado *"curiosity killed the cat"*, i.e. "a curiosidade matou o gato".

Em suma, a representação da *persona* que chamamos de **líder educador é uma das contribuições mais importantes e inovadoras das DDOs ao mundo organizacional**! Saber desenvolver e educar as equipes representa um ativo intangível fundamental da organização, que abre espaço para uma nova abordagem, que enxerga valor em algo além do sucesso do negócio em si e o calcula de uma forma mais arrojada e disruptiva. De fato, em um contexto organizacional em que a segurança psicológica permite tomar certos riscos e experimentar caminhos nunca trilhados até então, tanto os erros como as necessidades de desenvolvimento representam **oportunidades** para aprender, crescer e inovar.

Naturalmente, é fácil intuir que a atuação do líder desenvolvedor e educador é <u>tanto mais eficaz quanto mais **seguro psicologicamente** for o ambiente organizacional</u>, permitindo a todos os membros de uma equipe **não ter medo** de experimentar e, possivelmente, errar. Particularmente em época de pandemia, ficou mais claro como modelos tradicionais de liderança autoritária do tipo "***comando e controle***" são obsoletos e não condizem com um clima organizacional de alta performance.

Esse ponto fundamental é inclusive confirmado pela pesquisa da McKinsey recém-publicada, que aborda o tema do desenvolvimento da Liderança em ambiente em que a Segurança Psicológica prospera. A conclusão inequívoca da *survey* é que *"um clima positivo nos times é o principal direcionador da segurança psicológica. É mais provável que esse clima aconteça quando os líderes mostram ter um comportamento consultivo e de apoio com suas equipes, e somente depois começam a cobrar resultados"*[21].

Nesse contexto, estamos, mais uma vez confirmando que **todos os pilares** do modelo das NLO estão **estruturalmente interligados**. Acabamos de conectar agora o primeiro pilar Segurança Psicológica, ao segundo pilar, formação de uma DDO, aqui descrito. Contemporaneamente, estamos abrindo o caminho para o terceiro pilar, (Re)humanização da Liderança, que está interligado aos outros e que será abordado, na sequência deste.

Como Desenvolver?

Décadas de estudos de psicologia aplicada às organizações chegaram a conclusões importantes que endereçam dilemas e problemas de gestão do relacionamento entre os distintos *players* ou *stakeholders* internos das organizações. A este ambiente intensamente povoado pertencem as inúmeras teorias e modelos de Liderança, que proliferaram ao longo das décadas. Apesar de muitos terem provado serem obsoletos para os desafios e as mudanças organizacionais atuais, um bom número ainda está sendo utilizado pelas organizações ao menos para inspirar e orientar seu próprio modelo organizacional.

---

[21] Aaron De Smet *et al*. Psychological safety and the critical role of leadership development. Survey, McKinsey & Co. 11 de fevereiro de 2021. Disponível em: https://www.mckinsey.com/business-functions/organization/our-insights/psychological--safety-and-the-critical-role-of-leadership-development#. Acesso em: 11 fev. 2021.

Focando no aspecto do desenvolvimento, existe uma panóplia de possibilidades que respondem à pergunta como é possível promover as ações certas para desenvolver as equipes e, consequentemente, a organização como um todo. Nessa tarefa, a principal dificuldade é escolher as ações e os instrumentos alinhados com o modelo da organização e com seu *credo*.

Em primeiro lugar, antes mesmo de pensar em desenvolver um colaborador ou uma equipe, é importante estabelecer um nível de serenidade dentro da organização que permita que os colaboradores possam focar em seu desenvolvimento também. No desenho do presente modelo das NLOs, apostamos na importância da Segurança Psicológica conforme foi explicado *supra* e entendemos que esse é o ponto de partida para todas as ações de uma DDO.

De fato, "a *Segurança Psicológica é o começo de tudo: é o primeiro passo no caminho do verdadeiro desenvolvimento. Mas as pessoas precisam primeiro **querer fazer parte** da organização e depois **querer o desenvolvimento** e ser motivadas para tanto*"[22]. Essa é uma observação relevante de Betty Lau que poderia parecer enviesada pela origem da autora, o Extremo Oriente, cuja cultura é mais individualista e *high context,* sendo altamente simbólica, apesar de também muito prática e organizada, precisando de reconhecimentos sociais específicos para que qualquer ação seja internalizada.

---

[22] Betty Lau, em entrevista com os autores, jan 2021. Betty é uma executiva global de Desenvolvimento Organizacional atualmente baseada em Cingapura. Nascida em Hong Kong, atuou durante anos na sede da Novartis, na Basileia; depois em Shanghai, Macau e novamente em Cingapura. Reestruturou e foi *head* da Universidade Corporativa da Unilever-Ásia, em Four Acres, Cingapura. É Conselheira de B-School e de associações de People Management e OB, na Ásia.

Entretanto, muitas décadas combinadas ajudando executivos de diferentes níveis em várias organizações de diferentes origens e contextos culturais a acharem seu caminho para o <u>desenvolvimento</u> nos ensinaram algumas verdades inegáveis:

a. <u>Primeiro Passo e Equívocos</u>. Estamos cientes e concordamos com o despertar da consciência do *pertencer* e do *autodesenvolvimento,* conforme Betty Lau sugere, que é, de fato, o primeiro passo rumo à mudança de conhecimento e do saber organizacional dos membros de uma equipe.

Entretanto, se não o conceito, ao menos **a prática da implementação do autodesenvolvimento é comumente bastante equivocada** dentro das organizações. De fato, está alastrada em nossos dias a crença de que os colaboradores ***devem* cuidar de seu desenvolvimento**, sendo essa ação sintomática da maturidade e senioridade profissional de cada um. Mas conforme antecipamos no Capítulo 2°, é nessa crença que mora o engano! Contudo, ao contrário daquilo que se prega, os indivíduos ou suas equipes não necessariamente têm a capacidade — ou seja, as **competências específicas** — para definir quais são os principais caminhos e alicerces de seu desenvolvimento, nem capacidade para definir de quais modalidades e instrumentos lançar mão para conseguir o objetivo último, que é, justamente, o desenvolvimento individual. Não tem nenhum demérito nisso, uma vez que ao contrário do que possa parecer e que muitos afirmam, desenvolver competências e atitudes para crescer como profissional e performar melhor como executivo <u>é um trabalho especializado em</u>

si, que requer maturidade superior, aptidão para mentoria e possivelmente orientação profissional dedicada. Essa orientação profissional deverá dedicar-se a fazer a **curadoria** das atividades necessárias para organizar o saber organizacional que garantirá o **desenvolvimento dos talentos e das competências desejáveis** por toda a organização.

Naturalmente, como em toda distribuição normal cujas caudas longas ou extremos são desprezadas, não devemos generalizar. De fato, entendemos que existem diferentes níveis de capacidade instalados de indivíduo para indivíduo, normalmente ligados, de fato, aos distintos níveis de senioridade profissional e ao nível previamente alcançado de desenvolvimento. Finalmente, para que não se criem celeumas ou impressões equivocadas, não estamos aqui sugerindo que os profissionais sejam incapazes de definir seu próprio crescimento individual. Entretanto, no contexto das DDOs o desenvolvimento é entendido *para todos* e, como tal, faz parte das responsabilidades da organização, que age pela atuação direta específica, conforme descrito a seguir no subitem D, letra d, Práticas, deste mesmo capítulo.

b. Motivação. Conforme citado anteriormente, lembramos que para perseguir seu desenvolvimento, as pessoas precisam querer e se motivar para tal. Em termos práticos e materiais, o motivador natural é *crescer*, que no plano individual pode se traduzir em uma subida na carreira para alguns e em uma remuneração maior para outros. Contudo, para alguns, o motivador é o próprio aprendizado constante. Mais recentemente, novas exigências vêm no pacote de "benefícios" demandados pelos colaboradores das últimas gerações, e esses benefícios não são necessariamente relacionados à remuneração.

A primeira motivação é o *bem-estar mental*, entendido como o processo do crescimento individual. Esse é o conceito aristotélico de *"eudaimonia*[23], que *"inclui a experiência de fazer sentido e de engajamento, mas em relação à satisfação de experimentar seu próprio crescimento e desenvolvimento, tornando-se uma pessoa maior do que o esperado e trazendo o* melhor *de si para o mundo"*[24]. Igualmente, essa dualidade *yin* e *yang* dos conceitos morais de *maior* e *melhor*, como de *belo* e *virtuoso*, enquadra-se no modelo da filosofia moral aristotélica e platônica do *kalós kagathós*.

Enfim, atualmente os colaboradores querem estar engajados com o trabalho, sentir-se conectados e fazer parte da experiência organizacional! Querem ser ouvidos, saber que seu trabalho é valorizado, ter orgulho da missão, dos valores e propósito da organização e saber que ela contribui para a sociedade.

c. Propósito. Além do engajamento, outro motivador fundamental para o desenvolvimento é o propósito (vide 3º Pilar das NOA, *infra*) de cada um dentro da organização e da organização como um todo. Esse ponto tornou-se claríssimo nessa época de pandemia, quando equipes inteiras de importantes corporações como Ambev e Gerdau

---

[23] Do grego classico εὐδαιμονία (eudaimonia) significa literalmente "o bom espírito". É um dos temas centrais da filosofia moral e política aristotélica pela qual o bom cidadão, ou seja, o bom habitante da *pólis*, é aquele no qual mora o bom espírito, a *eudaimonía*, ou seja, o bem-estar mental. Bom cidadão é cidadão feliz! (Vide, também o conceito de *kalós kagathós*, *supra*).

[24] Kegan, Robert e Laskow, Lisa. **An Everyone Culture**. Boston:Harvard Business Review Press. E-Book Kindle, 2016, p.9.

(citando somente algumas) dedicaram dezenas de horas de seu tempo, sem remuneração, engajando-se na produção de álcool gel e oxigênio hospitalar e na construção de hospitais de campanha, dentre outras atividades de apoio à população. Todas essas são ações consistentes com um sistema de *stakeholders capitalism* e de *capitalismo consciente*, no espírito de Mackey e Sisodia e de sua *Conscious Capitalism, Inc.*[25], que favorecem o engajamento organizacional com um propósito claro que vai além da pura geração de receita e lucro. Nesse sentido, o novo propósito da Gerdau de *"empoderar pessoas que constroem o futuro"* [26], cunhado em 2018, deixa clara a visão de como a perpetuidade da companhia está ligada ao desenvolvimento de sua gente, e muito além!

De qualquer forma, existem DDOs muito bem-sucedidas, que representam a *"prova de que a busca pela excelência nos negócios e a busca pela realização pessoal não precisam ser mutuamente excludentes e podem, de fato, ser essenciais uma para a outra."*[27]

d. <u>Práticas</u>. Em relação a *como* implementar o desenvolvimento e o crescimento dos colaboradores, existe todo um arsenal de *práticas* possíveis, sendo que cada organização deve julgar quais dentre elas será possível implementar, dadas sua matriz cultural específica e as condições de "temperatura e pressão" existentes no seu interior.

---

[25] Cf.: Mackey, John e Sisodia, Rajenda. **Conscious Capitalism**: Liberating the Heroic Spirit of Business. Boston: Harvard Business Review Press, 26/11/2013 eBook Kindle. Vários acessos em 2021.

[26] Cf. Entrevista com Caroline Carpenedo, *cit*. Cf, também,: Fonte: Gerdau: https://www.youtube.com/watch?v=DSDbw_bMF78.

[27] Kegan, Robert *et al*. Making Business Personal. Harvard Business Review, 2004. Disponível em: https://hbr.org/2014/04/making-business-personal. Acesso em: 12 dez. 2020.

Em uma DDO, tais práticas se tornam um hábito diário, como <u>processos institucionalizados conduzidos por líderes</u>, cujo *job description* incorpora explicitamente a função de desenvolver suas equipes. A intensidade da frequência das práticas será estabelecida, conjuntamente, pelo líder e pelo liderado em função da profundidade dos *gaps* a serem preenchidos, tanto individualmente como em grupo. Os instrumentos são variados e construídos em volta da capacidade de comunicação mais do que de ações de formação propriamente ditas.

Nesse sentido, o trabalho se baseia no diálogo, construindo práticas de feedback formal e informal com modelos de *peer review teams* no estilo daqueles da Pixar Studios (vide 1º Pilar, *supra*). Outra forma de desenvolvimento embasado em feedbacks é aquela usada pela empresa americana de comércio eletrônico Next Jump, dona da plataforma de e-commerce PerksAtWork, que conecta 30.000 empresas vendedoras com 70 milhões de colaboradores que trabalham tanto em 4000 grandes empresas como em mais de 100 mil pequenas empresas. A Next Jump *"costuma dar desafios a seus colaboradores, colocando-os em posições para as quais ainda não estão prontos para serem bem-sucedidos"*[28].

Nesse modelo de *on the job training,* o fluxo constante de feedbacks constitui o verdadeiro esteio graças ao qual o colaborador pode se apropriar adequadamente de suas funções enquanto ainda em formação. Na verdade, essa prática de fornecer e receber feedbacks e coaching se

---

[28] Kegan, Robert e Laskow, Lisa. **An Everyone Culture**. Boston: Harvard Business Review Press. E-Book Kindle, 2016, 16.

insere na crença de que o crescimento dos profissionais é responsabilidade de todos. Esta deriva diretamente do *credo* da Next Jump, que reza: "Better Me + Better You = Better Us". Ou seja, o sucesso coletivo da organização se constrói não apenas com o crescimento individual contínuo, mas também apoiando os outros na aprendizagem pelo entendimento e pela solução de erros e falhas. Dessa forma, para ser promovido e fazer carreira na Next Jump, cada colaborador precisa <u>estar disposto a ajudar no crescimento dos outros</u>.

Sessões de mentoria e ciclos de *coaching* também fazem parte do conjunto de práticas com vistas a melhor estruturar e potencializar a performance dos *mentorees* e dos *coachees*.

Outra prática que se tornou popular (já bastante criticada, pois exige um alto amadurecimento emocional) particularmente em corporações de cultura anglo-saxônica, é o feedback 360° *face-to-face* ao vivo que representa uma evolução do feedback 360° escrito. Este pode ser ministrado até em situações pouco convencionais, como durante um jantar[29], por exemplo. Trata-se, certamente, de uma prática bastante arrojada do ponto de vista organizacional que pressupõe, justamente, um nível de maturidade profissional, pessoal e emocional que não é comum a muitas organizações.

Por certo, quando se inclui no contexto uma componente cultural mais emotiva, alertamos que, conforme testemunhamos em várias oportunidades ao longo de

---

[29] Cf. Hastings, Reed e Meyer, Erin. **No Rules Rule**: Netflix and the Culture of Reinvention. London: Penguin Press. E-Book Kindle, 2020.

nossas carreiras, a prática descrita acima pode constituir uma receita para o desastre. De fato, em ambientes culturais *high context*[30] e mais sensíveis, que têm dificuldade em separar o momento profissional do pessoal, como os latinos em geral, tal exercício pode minar a confiança interpessoal, gerando instabilidade nas relações entre colegas, particularmente entre níveis organizacionais distintos. Portanto, recomendamos extrema cautela e discernimento antes de adotar práticas parecidas em um contexto profissional, como o brasileiro. É importante lembrar que o feedback 360° por escrito ou *face-to-face*[31] não é uma unanimidade entre os estudiosos das questões organizacionais, como o artigo de Halverson[32] argumenta.

Para maior clareza, é importante notar que "*o contexto [alto ou baixo] tem a ver com quanto temos que conhecer antes que a comunicação efetiva possa acontecer, quanto saber compartilhado deve ser dado como certo em uma conversação e quantas referências existem no tácito terreno comum*"[33]. Desta forma, culturas como a americana e a holandesa são definidas como sendo *low-context* por definição. Ao contrário, as culturas latinas como a italiana, a francesa, a espanhola, a brasileira, a argentina e a mexicana, bem como as orientais como a japonesa, a chinesa e a indonésia são definidas como sendo *high-context*.

---

[30] Cf. *Hall, Edward T. Beyond Culture. New York: Anchor Books. 1976.*

[31] Buckingham, Marcus. The Fatal Flaw with 360 Surveys. Disponível em: https://hbr.org/2011/10/the-fatal-flaw-with-360-survey. Acesso em: 10 set. 2020.

[32] Halverson, Meg. 360 Reviews Often Lead to Cruel, Not Constructive, Criticism. Disponível em: https://www.nytimes.com/2016/02/28/jobs/360-reviews-often-lead-to-cruel-not-constructive-criticism.html. Acesso em: 4 jan. 2021.

[33] Hampden-Turner, Charles; Trompenaars, Fons. **Riding the Waves of Culture**: Understanding Diversity in Global Business (pp. 112-113). 2012. London & Boston: John Murray Press. 3a ed. Edição do Kindle.

Além da Segurança Psicológica

No âmbito das práticas de desenvolvimento, vale lembrar a importância de criar constantemente uma ponte entre a experiência real do fato acontecido e o aprendizado que desta deriva. O melhor exemplo disso são processos como o *AAR – After Action Review* (vide *supra*), que promovem conhecimento *on the job* e *post-mortem*, ou seja, durante e após acontecido o evento gerador[34]. Tal prática efetivamente costuma ser bastante eficaz em consolidar o conhecimento, além de encurtar substancialmente o caminho entre a experiência vivenciada e o aprendizado gerado, que passará a fazer parte da *biblioteca de conhecimento* da organização.

Outro exemplo muito interessante e bem estruturado é o *"diagnosis"*[35] da *Bridgewater Associates*, que é o processo de desenvolvimento em cinco etapas de identificação e diagnóstico dos problemas, bem como de desenho e implementação de soluções. Esse processo é entendido como o caminho para aprender sobre as origens das limitações dos profissionais. Antes mesmo de solucionar problemas, os profissionais são estimulados constantemente a buscar as causas raízes do raciocínio e da atitude responsáveis pelo problema e pelo erro. Dessa forma, o erro, uma vez diagnosticado e decodificado, transforma-se em aprendizado.

Por último, em paralelo às práticas embasadas na comunicação e na experiência pregressa conforme descrito *supra*, as organizações, buscando acelerar o desen-

---

[34] Cf. White, David Jr. **Disrupting Corporate Cultur**e. Nova York: Routledge. E-Book Kindle, 2020, 4351.

[35] Fundada por Ray Dalio, a Bridgewater Associates, já citada, é um dos *hedge funds* com melhor desempenho do mundo. Foi um dos poucos fundos que ganhou dinheiro durante a recessão.

volvimento dos indivíduos e de seus times, costumam lançar mão de outros instrumentos que visam facilitar a disseminação do conhecimento coletivo.

O conjunto de tais práticas é conhecido como **reskilling e upskilling** e reagrupa as ações de treinamento de cunho geralmente mais técnico e os **projetos de desenvolvimento** e **educação executiva**, destinados a desenvolver e melhorar competências estratégicas e de liderança, visando alimentar seu *pipeline*. Tais práticas visam suprir as lacunas de conhecimento, bem como desenvolver ou aperfeiçoar competências e atitudes que, somadas aos distintos talentos presentes nas equipes, criam suas fortalezas, tornando-as invencíveis. De fato, os autores advogam que sejam desenvolvidos modelos de **Liderança através da Gestão dos Talentos**[36], que constitui o caminho mais estruturado e eficiente para alcançar a Alta Performance organizacional.

Sintetizando em uma única frase a maneira *como* implementar o desenvolvimento e o crescimento dos colaboradores de uma DDO, pelo conjunto de práticas descritos *supra*, podemos convir em que *"é essa [mesma] saturação de práticas que produz uma cultura extraordinariamente rica para desenvolver pessoas"* [37]. Todas essas práticas remetem também ao fato de que desenvolvimento é, como tudo na vida, na arte e na profissão — **experimentação** — que transforma erros potenciais em oportunidades de adquirir conhecimento e crescimento.

---

[36] Cf. Borroni-Biancatelli, Luca e Machado, Leda Maria. **Liderança de Alta Performance através da Gestão de Talentos**, Editora Brain, São Paulo, *Working Paper* a ser publicado em breve.

[37] Kegan, Robert et Laskow, Lisa. **An Everyone Culture**. Boston: Harvard Business Review Press, 2016, p.125-126.

É desse equilíbrio dinâmico entre tentativas e acertos e entre erros e aprendizado, que são feitas as DDOs! De fato, esse processo inesgotável de construção do conhecimento dentro e fora das organizações deve impulsionar o ser humano numa busca pelo aprendizado. Essa condição se torna uma necessidade real no mundo atual, que é definido propriamente pelo conhecimento — gerado, transmitido e adquirido —, a ponto de justificar e demandar ações de *lifelong learning*. No contexto organizacional, tais ações são voltadas a estimular o desejo de aprender e de se atualizar constantemente, afastando, assim, a obsolescência do conhecimento por parte de todo os colaboradores, respeitando as necessidades e a posição de cada um dentro da empresa, [feitas nossas ressalvas].

É desse tipo de movimento também que são feitas as *Nova Organizações que Aprendem*!

6.2 DDOs na prática

Para finalizar este capítulo, vale lembrar que as organizações têm maneiras distintas de escolher os colaboradores e os times que serão desenvolvidos, bem como de liderar as ações de desenvolvimento.

Pela própria análise dessas modalidades, podemos deduzir se e quais companhias são, ou não, DDOs.

A seguir, podemos analisar a experiência concreta de algumas que participaram do nosso trabalho.

Ambev

*"O mundo está em evolução: a companhia quer evoluir **do 'saber tudo' ao 'aprender tudo'**, criando ferramentas e fomentando essa atitude na liderança! É fundamental continuarmos a investir em aprendizado e trazer sempre novos insights de fora para dentro da organização"*, reconhece Camilla Tabet, da Ambev.

O caminho para ser uma DDO não é fácil, é preciso vontade e investimento para essa transformação acontecer na organização como um todo. Alguns aspectos são mais difíceis de serem assimilados do que outros, dependendo do perfil de cada empresa. Um dos mais complexos e indigestos é o dos colaboradores reconhecerem que **"não sabem"**, de fato, tudo aquilo que suas funções demandam, motivando-se, assim, a buscar seu desenvolvimento.

Esse comportamento é comum a todos os profissionais e deve ser incentivado e endereçado pela própria organização. Camilla é consciente desse ponto e confirma que na Ambev estão *"evoluindo para a busca constante do conhecimento do '**lifelong learning**', mantendo uma responsabilidade compartilhada [entre a organização, os líderes e os times]"*.

Essa observação é duplamente relevante porque, por um lado, espelha o que já discutimos no Capítulo 2º, sobre a importância de alinharmos **lifelong learning individual** e as necessidades do próprio **saber organizacional,** que não coincidem necessariamente. Por outro lado, conforme argumentamos nesse mesmo capítulo, a responsabilidade do desenvolvimento de todos os colaboradores é, sim, uma responsabilidade da própria organização, na figura daquele que definimos como **líder educador e coach.** Este, pela sua atitude de desenvolvedor, orienta seus times rumo ao desenvolvimento do conhecimento individual e organizacional pelas ações de feedback informal, escuta ativa, participação ativa em reuniões, *coaching* etc., que promovam o desenvolvimento do saber organizacional nos colaboradores.

A essa altura, é importante lembrar quão relevante é alinhar as atividades de cada líder *coach* com a área que faz a **curadoria** das ações de desenvolvimento organizacional para não duplicar esforços e manter registro das iniciativas e de seus resultados.

Grupo Gerdau

*"Nossa preferência, historicamente, sempre foi **desenvolver talentos internos**"*, lembra Caroline Carpenedo, da Gerdau. Essa política de DO abrange *"**todos os níveis** profissionais desde o chão de fábrica até os executivos seniores. Na companhia temos um processo robusto de carreira que visa alavancar os talentos e potencializar as competências coletivas. Esse modelo demanda tempo, exige um processo bem estruturado e consome muita energia!"* conclui Caroline, sabendo que, em uma companhia de engenheiros metalúrgicos, o *processo* não costuma ser um problema...

Como consideração nossa, tendo acompanhado a evolução da Gerdau por mais de 15 anos, sabemos por experiência pessoal que o Grupo Gerdau é uma DDO em sua essência à medida que carrega em seu DNA todos os genes do desenvolvimento entendido como livre escolha organizacional, que beneficia *todos os níveis* de colaboradores.

De fato, são inúmeras as iniciativas que visam à capacitação dos profissionais da companhia, com diferentes escopos e formatos, abordando desde temas técnicos e pontuais até a cocriação de projetos mais complexos, estratégicos e holísticos, destinados aos *high flyers* que garantem o pipeline da liderança do grupo como o *Gerdau Business Program*, que descrevemos no Capítulo 4º.

Roche

A essa altura é interessante analisar **o que** é importante desenvolver e de **qual forma**.

"Buscamos ter um balanço equilibrado entre hard skills e soft skills", opina Bruno Souza, da Roche. A discussão entre *hard* e *soft skills* é, de fato, extremamente atual, abrindo uma frente para o debate sobre as fronteiras que dividem o que é *técnico* do que é *comportamental* uma vez que estas são sempre mais indefinidas e mutáveis.

Sem dúvida, já se encontra consolidada no entendimento das melhores práticas de gestão a necessidade de o profissional ter uma combinação de ***mente racional*** e de ***mente emocional,*** que são ambas indispensáveis para a formação da inteligência do indivíduo em geral e de sua inteligência emocional em especial.

Essa abordagem, desenvolvida por Daniel Goleman[38], explica como essas duas mentes direcionam nossas escolhas e de-

---

[38] Cf. Goleman, Daniel. **Focus**: The Hidden Driver of Excellence. Nova York: Harper Paperback Illustrated, 2015. Cf. Goleman, Daniel. Emotional Intelligence: Why It Can Matter More Than IQ. New York: Random House Publ. Group, 2005.

finem o que nos tornamos. Não existe inteligência verdadeira nem desenvolvimento real sem o conhecimento (e o controle) das emoções que moldam as competências comportamentais e contribuem até com o domínio e a melhor utilização das técnicas.

Nesse contexto que busca um equilíbrio entre racional e emocional, é lógico imaginar que exista uma alternância entre um *modus operandi* e outros, uma vez que modelos organizacionais rígidos e estanques não condizem com a realidade contemporânea.

Por isso *"estamos em um constante 'modo' de desaprender para reaprender"*, afirma Bruno, pensando certamente no processo de transformação pelo qual o Grupo Roche está passando em nível global.

Entretanto, essa alternância contínua entre fazer e desfazer pode criar uma certa insegurança em nível inconsciente, que gera certo medo de errar e inibe de ousar novos caminho. *"É preciso arriscar mais, inovar mais"*, confessa Bruno. Mas isso é também parte do processo de desenvolvimento!

Piaggio Group

Quando falamos da responsabilidade das organizações em desenvolver seus colaboradores, a pergunta que não pode calar é: **até que ponto** seus líderes estão engajados nessa missão?

A pergunta, de fato, não é nem retórica nem inócua, uma vez que representa a própria essência de uma DDO, bem como define o ritmo da transformação.

A responsabilidade de desenvolver seus times e a qual ritmo, *"por enquanto, é deixada à livre interpretação e iniciativa do líder. Acredito que isso deveria ser, de fato, institucionalizado"*, afirma Davide Zanolini, do Piaggio Group. Contudo, está claro que o CEO e o C-level apoiam fortemente esse movimento e estão engajados em pôr o foco no desenvolvimento de todos os colaboradores do Grupo. Talvez, a forma como trilhar esse caminho *"não esteja totalmente clara ainda, mas existe uma extraordinária predisposição de [fomentar o] desenvolvimento"*, assegura Davide.

Essa declaração é bastante confortante, uma vez que demonstra a importância do engajamento do *senior management* em liderar essa transformação rumo ao desenvolvimento de todos na organização. Dessa forma, esse movimento não será percebido como apenas uma imposição *top down*, mas, ao contrário, será entendido como parte integrante da cultura do Grupo, incentivada por um *top management* que lidera pelo exemplo e *walks the talk*!

Procuradoria Geral do Estado do Rio Grande do Sul

O foco no desenvolvimento não é exclusividade das empresas privadas. As organizações públicas também podem ser DDO's, conforme Paula Ferreira Krieger [39] comenta em relação à Procuradoria Geral do Estado do Rio Grande do Sul. Ela entende que sua organização é, de fato, focada no desenvolvimento e na capacitação profissional, não se limitando aos aspectos téc-

---

[39] **Paula Ferreira Krieger** é Procuradora-Geral Adjunta para Assuntos Administrativos da Procuradoria Geral do Estado do Rio Grande do Sul. Foi entrevistada em 06 de setembro de 2021.

Além da Segurança Psicológica

nicos da profissão. Nesse contexto, Paula cita alguns exemplos de programas importantes implementados na PGE-RS, como o de Negociação de Harvard e o de Liderança, além de exemplos de Programas Organizacionais, como a Avaliação de Clima e a Gestão por Competências, que estão sendo implantados. Como não era de se surpreender, nesse ambiente de desenvolvimento o erro também é entendido como parte do processo de aprendizado. De fato, Paula afirma que *''faz parte tolerarmos o erro eventualmente cometido por Procuradores do Estado, por servidores do nosso quadro de apoio ou também estagiários. Há níveis de tolerância quando é algo novo, alguma mudança em processos. Tentamos entender por que o erro aconteceu, o que é necessário fazer para que ele não aconteça novamente e qual o aprendizado que o erro propiciou''.*

Kienbaum

Da mesma forma, Axel Werner[40], da Kienbaum, também entende que sua organização é focada em Desenvolvimento. De fato, ele afirma que *"faz parte do nosso DNA a questão do empoderamento. Sem empoderamento não há desenvolvimento. Essa questão é levada tão a sério, que o nosso CEO é o Chief Empowerment Offcer."*

---

[40] Axel Werner é sócio da consultoria Kienbaum Brasil. Foi entrevistado em 02 de setembro de 2021.

Para concluir este capítulo, neste livro vimos até agora que as DDOs são empresas que incorporam a **segurança psicológica** em seu DNA e que, alicerçadas nesse modelo, se **dedicam ao desenvolvimento** de todos seus colaboradores.

Vimos também que o grande responsável por tal desenvolvimento é o **líder,** em seu papel de **educador** e *coach*. Um **líder desenvolvedor** que lidera pelo exemplo, que sabe escutar ativamente, que não tem medo de delegar e que sabe motivar seus times.

Estamos aqui assumindo, portanto, que sua **liderança é humanizada**, e que ele **tem um propósito,** uma vez que põe o foco no **desenvolvimento deliberado** de seus colaboradores. Dessa forma, ele é claramente um líder que coloca o **ser humano no centro de sua estratégia**.

Partindo de tais considerações, no próximo capítulo entraremos no centro da análise do **3º Pilar** do modelo das *Novel Learning Organizations*: a **(Re)humanização da Liderança e o Propósito das Organizações.**

EM FOCO

ORGANIZAÇÕES FOCADAS EM DESENVOLVIMENTO

Propósito da DDO:

> Como estabelecer uma Cultura de Desenvolvimento?

 Promover o **desenvolvimento** dos colaboradores de **todos os níveis**, e não somente dos quadros superiores e do C-level.

 Criar condições adequadas para que sejam eliminados os "*segundos empregos*"

 Utilizar as **reuniões como instrumento** de desenvolvimento

 Criar **valor** através do desenvolvimento de pessoas, da qualificação do trabalho e do crescimento do negócio.

 Incentivar o hábito do **feedback contínuo e informal**

 Trabalhar o dilema: dizer **verdades** incômodas vs. querer **agradar** o líder

 Criar a figura do **líder coach e educador** que estimule o **crescimento individual** e **organizacional**

 Estimular o **lifelong learning** e fazer a curadoria das ações de **reskilling & upskilling**

 Facilitar o **caminho para o aprendizado** visando o desenvolvimento de cada colaborador

O 2º Pilar do Novo Modelo... **265**

EM FOCO

O LÍDER EDUCADOR & O LÍDER COACH

Como atua o Líder Educador e Coach?

1
Lidera pelo exemplo, reconhecendo, também, a importância de *"walk the talk".*

2
Sabe delegar. Ele confia na capacidade de seu time, É o conceito de *empoderamento* dos membros do time posto em prática!

3
Sabe motivar os membros de sua equipe, tendo uma **atitude consultiva** para poder orientá-los constantemente.

4
Propicia uma **atitude curiosa** e **inteligente,** que fomenta, no time, a **criatividade** e o interesse para o **novo,** buscando a solução de **problemas complexos.**

5
Sabe **estimular o espírito inovador** no time, conduzindo o movimento de **transformação** e apoiando seus membros no caminho rumo à **experimentação**.

6
Sabe **gerir os erros** do seu time e seus membros e **gerar aprendizado** para **criar conhecimento** e material para a *biblioteca do saber organizacional,*. Sabe **corrigir os erros,** para que sejam evitados futuramente, lançando mão dos instrumentos mais adequados.

7
Saber **se comunicar de forma não violenta** e **escutar ativamente,** buscando entender e decodificar as ações do time.

CAPÍTULO 7

O 3º PILAR DO NOVO MODELO:
(RE)HUMANIZAÇÃO DA LIDERANÇA E O PROPÓSITO DAS ORGANIZAÇÕES

> *"One of the criticisms I've faced over the years is that I'm not aggressive enough or assertive enough or maybe somehow, because I'm empathetic, it means I'm weak. I totally rebel against that. I refuse to believe that you cannot be both compassionate and strong.*[1]*"*
>
> **–JACINDA ARDERN, PRIME MINISTER OF NEW ZEALAND**

7.1 Colocando o Ser Humano no centro da Estratégia

Parafraseando Gulati em seu livro seminal sobre Estratégia Organizacional e *Customer Centricity*[2], "*Colocar o Ser Humano no centro de sua Estratégia*" poderia ser o *motto* da organização contemporânea que foca no seu desenvolvimento integral 360º,

---

[1] Uma das críticas que enfrentei ao longo dos anos é que eu não sou suficientemente agressiva ou suficientemente assertiva e que, de alguma forma, porque sou empática, isso significa que sou fraca. Eu me rebelo totalmente contra isso. Recuso-me a acreditar que você não possa ter tanto compaixão quanto força.

[2] Gulati, Ranjay. **(Re)Organize for Resilience**: Putting Customers at the Center of your Business, Harvard Business Press, 2009.

ou seja, no desenvolvimento de todos os seus colaboradores e *stakeholders* para dentro e para fora de suas fronteiras.

Certamente esse é o lema do modelo organizacional das *Novel Learning Organizations*, que se inspira e se apoia até esse ponto nos primeiros dois pilares descritos até agora. Está claro, portanto, que o *leit motif* que define a *Nova Organização Que Aprende* e que alinhava todos seus Pilares é o **ser humano** em sua dualidade como "indivíduo" e "ser organizacional" que finalmente não precisa mais ser autoexcludente ou existir em separado.

De fato, já entendemos as conexões entre a Segurança Psicológica (SP) e a criação de uma DDO, que constituem os dois primeiros pilares do modelo. Nessa ótica, sabemos que sem um nível suficiente de segurança psicológica na organização que estimule os colaboradores a se posicionarem e a pararem de ter medo, estes não deixarão seu "segundo emprego". É a própria falta de segurança que os faz esconder suas limitações e falhas, tornando, assim, virtualmente impossível o trabalho das DDOs, cuja aspiração é desenvolver *todos os colaboradores* e não somente alguns. Portanto, a primeira (SP) é essencial para o desenvolvimento da segunda (DDO).

Podemos continuar agora com a descrição do **3° Pilar** do nosso modelo das *Novel Learning Organizations.*

O termo *(Re)humanização da Liderança* foi cunhado por Palsule e Chavez da Duke CE, em seu artigo[3] de 2016, que deu

---

[3] Palsule, Sudhanshu e Chavez, Michael. Leadership isn't just strategy – it's being human. Disponível em: https://www.dukece.com/insights/leadership-isnt-just--strategy-its-being-human. Acesso em: 12 set. 2020. Versão revisada. Disponível em: https://dialoguereview.com/re-humanizing-leadership/. Acesso em: 14 set. 2020.

origem a um livro publicado recentemente[4]. Palsule é um estudioso brilhante do comportamento organizacional e um docente de classe global que já emocionou milhares de executivos que assistiram às suas aulas nos cinco continentes (inclusive, muitos brasileiros). No ano anterior, Hugh McLeod, da University of British Columbia, publicou um trabalho sobre *Humanizar a Liderança*[5], que focaliza pontos centrais quais o autoconhecimento e a constante autorreflexão do líder, sua necessidade de ser inclusivo, bem como a importância das redes de relacionamentos que o líder deve estabelecer dentro da organização para poder implementar sua estratégia.

Independentemente dos detalhes de suas análises, entendemos que o debate em volta dos temas da **humanização da liderança** e do **propósito** é essencial para entender o desenvolvimento das organizações contemporâneas. Como elas navegam por cenários bastante diferentes daqueles do passado recente? E como elas absorvem e reverberam comportamentos menos padronizados, mais diversos e onde o saber não está mais distribuído ou retido por posições hierárquicas muitas das quais já ficaram obsoletas no momento em que estamos escrevendo este livro?

Em particular, a ideia de **(re)humanizar** o conceito de **liderança** nos agrada porque nos traz de volta ao ***Humanismo*** do Renascimento italiano, a época das *humanae litterae* greco-romanas redescobertas a cavalo entre os séculos XIV e XV. Todo verdadeiro líder tinha que assimilar a bagagem desse movimen-

---

[4] Palsule, Sudhanshu. e Chavez, Michael. **Rehumanizing Leadership**: Putting Purpose Back into Business. London: LID Publishing Ltd. E-Book Kindle, 2020.
[5] MacLeod, Hugh. **Humanizing Leadership**. Victoria BC: Friesen Press, 2019.

to intelectual para ser considerado tal, tanto humanística e socialmente como política e militarmente.

A melhor descrição desse líder estrategista e visionário está contida no extraordinário **II Príncipe**[6], obra-prima escrita em Florença por Niccolò Machiavelli. Esse celebrado autor, ele mesmo um polímata que viveu em Florença entre 1469 e 1527, encarnou a *persona* do intelectual renascentista e foi considerado um dos pais da moderna filosofia e ciência política. Seu *Príncipe* é o protótipo do líder *amoral* e *inescrupuloso,* que não deve hesitar em ser dissimulado para conseguir seus objetivos e proteger os interesses do Estado e sua manutenção[7].

Esse modelo de liderança, ora engajada e dedicada à causa de seus liderados, ora amoral e muitas vezes ao sabor das necessidades (decididamente *imoral*) deve ser interpretado como a representação simbólica das decisões que um líder deve ou não tomar, exercendo seu poder dentro de qualquer organização. Contudo, apesar das hipérboles da narrativa e de sua semiótica, ainda estamos a mil léguas de distância de um líder reumanizado cujo advento deverá esperar até nossos dias.

De fato, olhando pelo prisma organizacional antes de chegarmos à nossa época da 4ª Revolução Industrial, atravessamos momentos sombrios de desumanização total que se estendem da Primeira Revolução Industrial até boa parte da Terceira, quando os colaboradores de uma empresa eram enxergados e tratados puramente como um **_insumo de produção_**, considerados como se tivessem poucas necessidades humanas e recebendo tratamentos em nada cônsonos com essa sua condição.

---

[6]   Cf. Machiavelli, Niccolò. **II Príncipe**, Firenze, 1513.

[7]   Cf. Machiavelli, Niccolò, op.cit., cap. XVIII.

Finalmente, com o advento da psicologia organizacional e dos estudos comportamentais, assistimos no último quartel do séc. XX à volta progressiva do interesse das organizações para os **seres humanos** que nelas operam em toda sua complexidade e sua necessidade de desenvolvimento. Dessa forma, homens e mulheres, agora encarnando seu pleno papel de **colaboradores** da organização, voltam a ser centrais no debate, definindo um novo modelo menos linear e fragmentado.

Trata-se, portanto, de um verdadeiro novo Renascimento para a liderança que atua em um mundo dominado pela *Quarta Revolução Industrial*[8], ou seja, a da tecnologia, da digitalização e da internet, em seus vários aspectos.

Esse renovado modelo de liderança empática e humanizada é entendido como consequência do fato dos modelos das precedentes eras industriais não atenderem mais às expectativas e aos anseios dos *stakeholders,* tanto internos como externos, das organizações atuais.

7.2 Disrupção e Propósito

O séc. XXI é, seguramente, uma época caracterizada por um tema universal: a disrupção! O termo *"disruption"* foi cunhado por Joseph Bower e Clayton Christensen da Harvard Business School em um artigo de 1995[9], com um sentido muito mais técnico em relação àquele comumente adotado agora relativo a um

---

[8] Cf.: Schwab, Klaus. **The Fourth Industrial Revolution**. Nova York: Currency, 2017. Schwab é fundador e CEO do World Economic Forum.

[9] Bower, Joseph e Christensen Clayton. Disruptive Technologies: Catching the Wave. Disponível em: https://hbr.org/1995/01/disruptive-technologies-catching-the-wave. Acesso em: 12 dez. 2020.

caso específico de inovação. Logo esse termo encantou não somente à turma da inovação tecnológica, que aliás se apropriou dele e começou a utilizá-lo de forma distorcida do significado original, mas também todos aqueles que lidam com algum tipo de novidade significativa que logo se torna *disruptiva* independentemente do contexto no qual se insere.

Dessa forma, adotando em nossa análise esse conceito tão atual, uma abordagem disruptiva nos estudos de *management* do séc. XXI se distancia sempre mais da visão *strategy centric* das organizações do séc. XX, que viviam uma época bastante tranquila e previsível e que demandavam decisões mais lineares, amparadas por um planejamento mais seguro. Era também a época na qual Milton Friedman ganhou um prêmio Nobel por defender a tese de que a única responsabilidade das empresas é maximizar o lucro e o valor do acionista.

Entretanto, desde então os tempos mudaram, o séc. XX se tornou séc. XXI e esse modelo econômico e mental já foi chamado sem rodeios de apologia da ganância. A bem da verdade, tal modelo já tinha sido alvo de críticas e foi digno do roteiro de filmes icônicos como *Intolerance,* de D.W.Griffith (1918), e *Greed,* de Erich von Stroheim (1924), que já tinham exposto essa distorção do comportamento humano e social há décadas.

Nossa época, ao contrário, é caracterizada por um ambiente VUCA que se tornou ainda mais inseguro, complexo e ambíguo depois que a pandemia da Covid eclodiu, assolando o globo. Estamos, de fato, vivenciando uma nova e desestabilizante dimensão humana: a globalização da doença! Por essa razão, uma vez que nosso mundo é sempre mais instável e imprevisível, rodando a uma velocidade não administrável, os líderes precisam de uma **âncora** além da estratégia para poder enfrentar a ambiguidade do sistema.

Chamamos essa âncora de ***propósito***.

De fato, "o *propósito* de uma companhia tem um papel fundamental em ajudar os líderes a navegarem no meio do caos"[10]. Esse propósito representa a verdadeira razão de ser da organização, a finalidade última de sua existência. Sua principal característica ou valor é ser ***empático*** no sentido de abrir espaço e dar voz a todos os grupos de interesse ligados à organização, seus *stakeholders*, que direta ou indiretamente determinam seu sucesso e sua sustentabilidade de longo prazo no ecossistema empresarial. Retomaremos esses conceitos logo na sequência.

7.3 Do modelo *Strategy Centric* ao modelo *Human Centric*: A Nova Organização empática em um Mundo Novo

Nessa altura, correndo o risco de sermos tachados de iconoclastas, poderíamos traçar um paralelo entre o modelo organizacional **Strategy Centric** do século passado (XX) e a empresa do mundo VUCA do século atual, que entendemos como **Human Centric**, conforme definimos anteriormente. O novo modelo e a nova organização têm o seguinte aspecto e as seguintes definições:

---

[10] Palsule, Sudhanshu e Chavez, Michael. **Rehumanizing Leadership**: Putting Purpose Back into Business. London: LID Publishing Ltd. E-Book Kindle, 2020, p.693.

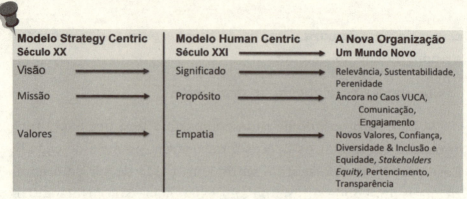

Figura 12: A Nova Organização em um Mundo Novo.
FONTE: AUTORES, 2021

Os conceitos do modelo *strategy centric* são os mesmos que se apresentam na primeira aula de um curso tradicional de Estratégia Organizacional. Como primeira etapa, a organização centrada em sua estratégia define seu lugar no mundo que ela quer conquistar, contextualizando-a no horizonte temporal do qual precisa para conquistá-lo (sua ***visão***). Depois a reflexão é sobre o porquê de ela existir nesse mundo e quais ações ela está preparada e disposta a executar (sua ***missão***). Finalmente, é lembrado o conjunto de crenças, comportamentos e atitudes, que deverão permear todos os distintos níveis organizacionais, representando a manifestação clara dos princípios norteadores da organização dentro e fora de suas portas abraçando seus stakeholders externos também (seus ***valores***).

Tais conceitos e princípios são bastante coerentes com a visão estratégica das organizações e têm a inegável importância de terem conscientizado milhares destas, no que diz respeito à necessidade de definirem sua essência e de serem transparentes quanto à sua estratégia, comunicando adequadamente seus princípios.

Entretanto, infelizmente, é comum que, uma vez aprovados pelo Conselho e C-level da organização, o conjunto de "visão + missão + valores" seja entendido ou utilizado como um mero instrumento de propaganda e marketing corporativo, em vez de ser aproveitado como verdadeiro norteador das ações e da estratégia da companhia.

De fato, nesse sentido, as impactantes frases do *credo* (que tinham sido tão profundamente elaboradas nas reuniões do Conselho) na grande maioria das vezes mostram ter enorme dificuldade em se transformar concretamente nos reais direcionadores das ações e dos negócios da organização conforme tinham sido idealizados.

Por essa razão, mais uma vez, muitas organizações perderam uma possibilidade única de se comunicarem e conectarem com todos seus *stakeholders* de uma forma estruturada, crível e sustentável.

Enfim, essas empresas acabaram não sendo responsivas às novas demandas de seus mercados, sendo que muitas perderam, rapidamente, *market share* e acionistas, que migraram seus investimentos para outras que mais condiziam com *seus propósitos*.

Bingo! Mas então, que elo importante faltou que desestruturou e readequou o tabuleiro corporativo?

São justamente o *"propósito"*, com o *"significado"* e os *"novos valores empáticos"* que definem o conjunto de direcionadores do modelo *human centric*, típico da organização do século XXI! (cf. Figura 12).

De fato, quando Gulati sugere às organizações que ponham "*seus clientes no centro de seu negócio*"[11], ele está dando uma orientação estratégica, poderosa e inequívoca, que visa alinhar as decisões e as ações das companhias com o novo *credo* da sociedade do século XXI. Ou seja, organizações e sociedade só poderão coexistir, desde que as primeiras compartilhem os mesmos valores com a segunda. Em outras palavras, isso quer dizer que as corporações *precisam* escutar a voz do mercado e da sociedade, e se adaptarem a seu novo modelo, recriando um **significado** para se perpetuar e garantir seu lugar ao sol hoje e amanhã.

Esse movimento de transformação pressupõe que as organizações entendam claramente que estamos em um novo século e que o mundo tem novos parâmetros, exigências e caraterísticas que não eram nem sequer imagináveis no século passado. Como já mencionamos, ao mundo relativamente previsível do século XX sucedeu-se um ambiente VUCA cujos imponderáveis e cujas ambiguidades requerem um ferramental bastante mais flexível, para que os líderes das organizações tomem decisões consistentes com essa nova realidade conjuntural.

E, por falar em liderança, a incerteza e a dúvida são o novo *leitmotiv* que dificulta sua tomada de decisão no dia a dia. De novo, é exatamente o que Palsule e Chavez[12] mencionam quando afirmam que "*o* **propósito** *de uma companhia tem um papel fundamental em ajudar os líderes a navegarem no meio do caos*". O propósito e não mais a estratégia se torna, portanto, a **âncora**, ou seja, o norteador-mor que direciona as decisões dos líderes. Esse propósito se transforma no *mantra* da organização e preci-

---

[11] Cf. Gulati, Ranjay. op. cit.
[12] Cf. Palsule, Sudhanshu et al. op.cit.

sa ser perfeitamente assimilado por todos os colaboradores que precisam passar a incorporar seus princípios no seu dia a dia.

De fato, Palsule sustenta que *"em um século XXI sempre mais complexo, a estratégia não pode mais oferecer todas as respostas. O propósito se torna o princípio-guia em uma época de contínua disrupção. Liderar sem um propósito é como dirigir às cegas."*[13] Paralelamente, o propósito precisa ser **comunicado** externamente para que todos os *stakeholders* percebam claramente o nível de **engajamento** da organização com a sociedade, bem como sua prontidão para satisfazer as demandas que dela emanam.

Em outras palavras, conforme já argumentamos, o novo século traz consigo uma nova maneira de entender as relações organizacionais que se expressam pelo modelo que chamamos *human centric*. Pôr o ser humano no centro da estratégia organizacional pode nos parecer óbvio, mas não o foi até há bem pouco tempo, conforme argumentamos no Capítulo 7.1 deste livro. Esse modelo mais alinhado com os anseios tanto das próprias organizações como da sociedade como um todo retrata a escolha de **novos valores** embasados em **relações mais empáticas** que promovem a *diversidade*, a *inclusão* e a *equidade* como *modus operandi* das companhias que querem espelhar, de maneira sempre mais *transparente*, a sociedade diversa da qual fazem parte. Tal movimento simbiótico maximiza o sentimento de *pertencer* em 360°, uma vez que todos os *stakeholders,* tanto os internos como os externos, são chamados para serem protagonistas do dia a dia da organização em seus distintos papéis.

---

[13] Sudhanshu Palsule, em conversa pessoal com os autores, 15 nov. 2021.

Nesse ponto vale citar, novamente, o exemplo conhecido da Gerdau, cujo propósito reescrito em 2018 é o de *"empoderar pessoas que constroem o futuro"* [14].

Sem sombra de dúvida estamos imersos no modelo *human-centric* de uma organização empática, que visa construir sua perpetuidade pelo desenvolvimento e empoderamento de sua própria gente.

Essas reflexões poderiam parecer um simples exercício semântico de mudança de linguagem, mas, ao contrário, trata-se de conceitos que espelham, de fato, uma nova realidade organizacional que condiz, de forma mais harmoniosa, porém assertiva, com as novas demandas da sociedade.

De fato, a existência de organizações cuja finalidade seja somente a de garantir lucro e valor aos acionistas, não tem mais espaço no mundo contemporâneo, uma vez que os novos desafios da humanidade são mais diretamente ligados a um senso de *perpetuidade* e também de *sobrevivência* no longo prazo, que gostamos de definir como *sustentabilidade*.

Finalmente, a constante e crescente instabilidade do mundo VUCA sinalizou à sociedade e às organizações, que se espelham nela, que modelos empresariais desenhados em volta de construtos puramente estratégicos não fazem mais sentido para nenhum de seus *stakehoders* nem externos e, tampouco, internos. De fato, na organização do século XXI a busca da relevância e da **sustentabilidade de longo prazo** definem uma nova razão de ser da companhia, ou seja, um **novo propósito** que se apoia em valores mais solidários e inclusivos. Como acabamos de ver,

---

[14] Fonte: Gerdau. Cf.: https://www.youtube.com/watch?v=DSDbw_bMF78.

tais valores são *empáticos* e satisfazem, inclusive, aos anélitos das novas gerações de profissionais, que são "E" e não mais "OU", vivendo em uma dimensão não excludente, em que, conforme adiantamos *supra*, os colaboradores são também indivíduos e vice-versa, não tendo que representar papéis dicotômicos e algo esquizofrênicos em sua jornada de trabalho[15].

Essa nova tendência, aliás, de mesclar a vida pessoal com a profissional, traz às organizações uma dimensão de realidade antes impensável, uma vez que os colaboradores vivenciam o momento profissional como uma extensão de sua vida pessoal, trazendo tanto suas necessidades e suas dúvidas pessoais como suas fortalezas para dentro da organização. Em suma, alinhar os propósitos individuais das pessoas com aqueles da organização gera um forte senso de ***pertencimento***, que cria ***significado*** para ambos, e que os líderes deverão considerar quando forem construir a relação com sua equipe. De fato, quanto mais o propósito for institucionalizado pela organização e os colaboradores se sentirem como sua parte integrante, tanto mais eles demandarão serem ouvidos e se colocarão, desde logo, fortalecidos por sua inabalável segurança psicológica.

A essa altura, é importante notar, conforme argumentado no 1º Pilar da Segurança Psicológica, que aqui também não se trata de entender a reumanização da liderança como uma maneira gentil e complacente por parte dos líderes, de tratar suas equipes e seus liderados. Essa também é uma atitude excelente para construir relações de trabalho saudáveis e parcerias dentro dos times e entre times, e deveria ser implementada sem outra razão específica, além do simples fato de que

---

[15] Cf. Kegan, Robert e Laskow, Lisa. op. cit.

todos nós deveríamos tratar os outros com respeito e amabilidade, especialmente quem estiver em posição de liderança. Entretanto, uma organização constituída por uma **liderança reumanizada** entende que:

a. ela mantém relações com grupos distintos de *stakeholders* internos e externos, cujas demandas condizem com aquelas de uma sociedade mudada, mais diversa e ***human centric***, e que tais relações são embasadas no respeito e na **confiança**. De fato, "a confiança é a moeda de troca que alimenta os negócios e os empregos (...)"[16] E parafraseando novamente Gulati "(...) as organizações precisam colocar seu **propósito** no centro de sua estratégia comercial"[17];

b. em um ambiente humanizado, os colaboradores alinham completamente seu propósito com os da empresa e não limitam seus esforços para conseguir alcançar os objetivos e entregar os resultados esperados, com afinco até maior, ao entenderem que fazem parte de algo mais importante e engajado. Nesse sentido, uma liderança reumanizada não é somente um imperativo moral para as organizações. Ao contrário, ela se torna um imperativo de desenvolvimento para **crescer seus negócios** atendendo, contudo, às expectativas de todos seus *stakeholders*.

Voltando ao mundo VUCA, a complexidade e o excesso de informações redundantes, a volatilidade e a ambiguidade do ambiente demandam uma liderança que seja, não somente huma-

---

[16] PwC. Survey: Workforce of the future: The Yellow World in 2030, 2017.
[17] Cf. Gulati, Ranjay. op. cit.

nizada, mas, também, capaz de tomar decisões de forma flexível e, sobretudo, adaptável às constantes mudanças impostas pelo próprio ecossistema. Exatamente por esta razão a **adaptabilidade** torna-se uma competência *premium,* necessária aos líderes reumanizados do mundo contemporâneo.

Calarco, do **CCL–Center for Creative Leadership** — instituição que mantém uma das maiores coleções de pesquisas e dados sobre liderança do mundo —, considera que a adaptabilidade diz respeito a ter livre acesso a uma série de comportamentos que permitem aos líderes ser flexíveis para mudar de direção e experimentar, adaptando-se às mudanças quando elas acontecerem.[18] Essa é uma definição bastante adequada que estabelece uma conexão entre **adaptabilidade** e **experimentação,** que, conforme discutimos anteriormente, remete à **inovação** e à capacidade do líder de administrar possíveis **erros** implícitos nesses modelos.

Para se adaptar a novas situações abraçando a experimentação e a inovação, os líderes precisam tanto de **flexibilidade cognitiva** que lhes permita pensar em novas estratégias e estruturar modelos mentais, enxergar e entender o novo ambiente e como adaptar-se a ele, como de **flexibilidade emocional** que os habilite a decodificar e lidar com suas próprias emoções e as dos outros, visando superar a angústia naturalmente implícita no que é novo, não assimilado e ainda ambíguo.

É interessante notar que a competência da adaptabilidade é algo novo e típico dos modelos organizacionais do século XXI.

---

[18] Cf. Calarco, Allan. Adaptable Leadership. White Paper, Center for Creative Leadership. Disponível em: https://1ujri81m7rxc49yn1w1ala0t-wpengine.netdna-ssl.com/wp-content/uploads/2021/01/adaptable-leadership-center-for-creative-leadership.pdf. Acesso em: 03 jan. 2021 e 19 abr. 2021.

Álem da Segurança Psicológica

De fato, *"as organizações do século XX não foram criadas para ser adaptáveis, longe disso! A adaptabilidade é diferente de administrar a mudança [ou seja, do **"change management**]"*[19]. Efetivamente, em épocas pré-VUCA o que se pedia aos líderes era que eles decodificassem e entendessem as mudanças que ocorrem naturalmente em cada ciclo de negócios, e que reformulassem suas estratégias em função das novas condições de estabilidade do novo ciclo. É exatamente essa a grande diferença!

No século XXI, com o advento das mudanças abruptas e contínuas que definem um ambiente VUCA, os líderes não têm mais direcionadores rígidos e estratégias monolíticas que indiquem os caminhos a serem trilhados. Fica, portanto, claro que apesar de as estratégias organizacionais terem sua importância primordial na definição do planejamento, a adaptabilidade dos líderes na tomada de decisão tem um papel-chave na organização do século XXI.

Concluindo, todo líder (re)humanizado, além de ser adaptável, precisa ser imbuído de uma **curiosidade** intrínseca que lhe permitirá adquirir novo saber, vislumbrar novos contextos e criar novos modelos que definirão paradigmas organizacionais e produtivos inéditos para atender às demandas latentes que já existiam, porém que nunca tinham sido atendidas antes.

Finalmente, citamos o sempiterno e sempre genial Albert Einstein que lembra que o ser humano *"nunca [deverá] parar de fazer perguntas, [uma vez que] a curiosidade tem sua própria razão de existir"* [20].

---

[19] Palsule, Sudhanshu. e Chavez, Michael. **(Re)humanizing Leadership**: Putting Purpose Back into Business. London: LID Publishing Ltd. E-Book Kindle, 2020, p.344.

[20] Cf. Quadro "Em Foco" no item 6.1, "A *atitude curiosa*", *supra*.

Esse é um dos pressupostos de **inovação** e **criação de valor** que definem o **4° Pilar** do modelo das **Novas Organizações Que Aprendem.** Esse pilar tratará da **Ambidestria Organizacional** que liga o presente organizacional a seu futuro. Ele será abordado no próximo capítulo.

Finalmente, e não menos importante, a Liderança (Re)humanizada tem claro o papel da Diversidade, Equidade e Inclusão. Ela não só abraça esta como a estimula, e prepara a organização para fazer da Gestão da DEI um dos fatores decisivos da estratégia organizacional.

7.4 A Liderança (Re)humanizada com Propósito nas organizações: alguns casos reais

A **Liderança Reumanizada** atua para implementar o **Propósito** da organização em um contexto *human centric* conforme definimos no item 7.3. Nessa altura é interessante olhar pelo prisma de algumas organizações importantes que compartilharam conosco seu momento atual para entendermos melhor como elas vivenciam as várias facetas de seu propósito reumanizado.

Ambev

a. Pontos de inflexão e novas gerações

A Ambev é o caso recente e icônico de uma grande organização com uma cultura forte, meritocrática e, ainda, muito *performance driven*.

O trabalho de Abdallah[21], apesar de focar na criação da maior cervejaria do mundo, mostra a mudança organizacional pela qual a Ambev passou e está passando. De fato, podemos argumentar que a Ambev está vivenciando uma importante transformação organizacional.

Focando na transformação organizacional, Rita McGrath sustenta, em seu trabalho mais recente, que as organizações precisam antever os **pontos de inflexão** antes que eles aconteçam. A autora define que *"um ponto de inflexão representa uma mudança no ambiente de negócios que desloca dramaticamente alguns elementos de suas atividades, gerando dúvida sobre determinadas suposições tomadas por certas."*[22] Em outras palavras, os pontos de inflexão ocorrem quando as empresas percebem ou deveriam perceber os problemas ou os sinais borbulhando e fervendo antes de transbordarem. Infelizmente esses eventos costumam ser irreversíveis.

Quando as empresas agem sobre os pontos de inflexão, é possível aproveitar as influências disruptivas para dar à em-

---

[21] Cf. Abdallah, Ariane. **De um Gole Só. A História da Ambev e a Criação da Maior Cervejaria do Mundo**. São Paulo: Portfolio Penguin, 2019.

[22] Cf. McGrath, Rita. **Seeing Around Corners**. Boston: Houghton Mifflin Harcourt, 2019, p. 84. Edição do Kindle.

presa uma vantagem estratégica, como aconteceu no caso da *Netflix*. Ao contrário, no caso de a organização não perceber ou não agir sobre os pontos de inflexão, ela pode deixar de existir, como aconteceu com a *Blockbuster*.

A Ambev percebeu as mudanças que as **gerações Y e Z** trouxeram para o mercado e consequentemente para as organizações. Essas gerações, principalmente a Z, querem trabalhar em empresas que tenham um **propósito**. De fato, essa mudança está atraindo jovens da geração Z que buscam uma liderança reumanizada, na qual o propósito esteja claro, que enxergue além dos produtos de qualidade, que contribua e impacte positivamente a sociedade.

Foi exatamente o que aconteceu quando a Ambev fabricou álcool gel e ajudou na construção de hospitais de campanha, ou seja, participou do enfrentamento da crise da Covid-19. Foram fabricadas e entregues a hospitais públicos 1.2 milhões de unidades de 237 ml de álcool gel com o etanol originalmente destinado à produção de cerveja. Da mesma forma, com o agravamento da crise sanitária, houve a conversão de parte de uma cervejaria para a fabricação e o envasamento de oxigênio hospitalar para doação ao Estado[23], bem como a produção de 3 milhões de máscaras tipo *face shield* para profissionais da saúde. Empresas como essas inserem-se no contexto de uma organização cuja liderança reumanizada persegue um propósito claro, que vai muito além da geração de lucro.

Tais atitudes, além de demonstrarem com ações práticas a real preocupação com a sociedade, por parte da empresa, pro-

---

[23] Essa ação foi noticiada em varias mídias entre 22 e 23 de março de 2021. Cf.:https://guiadacervejabr.com/ambev-vai-produzir-e-envasar-oxigenio-hospitalar/

movem um engajamento extraordinário das equipes que se sentem protagonistas e empoderadas para a ação. De fato, vários relatos dessas iniciativas mencionam o entusiasmo com o qual os profissionais abraçaram essas ações, inclusive ficando até tarde, sem medirem nem esforços nem horários para terminar a construção dos hospitais o mais rápido possível.

"Parece até estranho falarmos em liderança reumanizada como se fizesse algum sentido termos uma liderança 'não humanizada'", argumenta com bom humor Camilla Tabet, da Ambev. E conclui afirmando que *"a liderança reumanizada é próxima, empática, tem um interesse genuíno pela sua equipe, tem afeto pelo time. É uma liderança que sonha grande e realiza o sonho por meio das pessoas. É, enfim, uma liderança que tem um propósito e valores compartilhados com o time todo".*

Finalmente, de volta à abordagem de McGrath — o papel da liderança na questão dos pontos de inflexão é contribuir na administração das **incertezas** e das **mudanças**, compartilhando uma **visão clara** e um **propósito organizacional consistente**.

Essas são, sem sombra de dúvida, todas as características que definem a liderança (re)humanizada, cujo papel constitui uma âncora para a organização que navega em um oceano VUCA!

Grupo Piaggio

b. *Human centricity*

O fato de a liderança reumanizada ser um imperativo do nosso século é algo bastante claro que está se tornando, progressivamente, unanimidade no mundo organizacional.

Confirmando tal percepção, Davide Zanolini, do **Grupo Piaggio**, afirma que *"o líder da próxima década deverá pôr os **valores humanos no centro da sua liderança**. É o mundo que nos pede isso, não somente nossa organização!"*.

Nesse contexto, *"os colaboradores não somente estão no centro da organização, eles **são** a própria organização. Sem eles a organização não teria sentido de existir"*.

Como podemos ver, essa percepção é diametralmente oposta às dos séculos anteriores, quando os seres humanos eram considerados como insumos de produção, com exigências extraordinárias que alteravam os modelos estocásticos!

É fundamental que os valores e o propósito sejam compartilhados por todos na organização, desde o chão de fábrica até o CEO. Entretanto, conforme salientamos em vários pontos deste livro, a **comunicação** dos valores e do propósito dentro e fora da organização é um ponto-chave do processo de conscientização por parte de todos os *stakeholders* da transformação da organização.

Como tal, a comunicação deve ser enfatizada de forma que o mundo saiba que a companhia é gerida por líderes reumanizados, cujo propósito é claramente explicitado e compartilhado por todos. Para que isso se concretize, é importante que exista tanto uma liderança sênior que enfatize os valores da organização como *"uma visão única, clara e <u>comunicável</u>, de maneira que seja melhor compreendida por todos"*, recorda Davide com toda propriedade, uma vez que sua missão é, dentre outras, cuidar da comunicação do Grupo.

Grupo Gerdau

c. Propósito e Ecossistema

A percepção de Davide Zanolini em relação à centralidade dos valores humanos na atuação do líder é compartilhada por Carol Carpenedo, da **Gerdau**. Nesse sentido, ela reconhece que é fundamental que os líderes saibam **"conectar o propósito das pessoas *com o propósito da* organização"**. Isso significa dizer que o propósito da liderança e o dos colaboradores devem coincidir, e vice-versa, em um espírito de *stakeholders capitalism* em que nenhum dos *players* é excluído do **ecossistema** da organização.

A preocupação do líder reumanizado não somente com seu time, mas com **todos os *stakeholders*** da organização, ou seja, colaboradores, clientes, fornecedores, comunidade e meio ambiente, além dos acionistas, abre o caminho para um novo modelo de negócio integrado que qualifica a companhia a ser certificada como Empresa **B**[24], que é o caso da Gerdau.

Um exemplo já clássico do envolvimento da Gerdau com a comunidade e o ecossistema é a ampliação em parceria com a Prefeitura de São Paulo, a Ambev e o Hospital Albert Einstein, que aumentou em 100 leitos o Hospital do M'boi Mirim, em São Paulo. Dos 100 leitos, 40 foram entregues em 20 dias, sendo que os outros 60 em 16 dias. Foi a obra hospitalar mais rápida da história do Brasil, no momento em que a sociedade mais estava precisando! Uma vez acabada a pandemia de Covid-19, os leitos serão parte do ativo que ficará para a rede pública paulista.

Nesse contexto, companhias profundamente conectadas com sua comunidade e seu ecossistema, o próximo passo será estabelecer um ambiente de negócios conectado com seus propósitos, em que a geração de valor para as companhias poderá encontrar-se em modelos menos extremos e mais colaborativos. Nesse sentido, os conceitos de **cooperação** e **concorrência** não precisam ser nem antagônicos nem autoexcludentes, uma vez que para se obter uma rentabilidade de longo prazo e ter sucesso não é preciso que outros fracassem.

Esse é o conceito de ***co-opetition***[25] como Brandenburger e Nalebuff[26] o definem. Voltaremos a falar disso no Capítulo 8°.

---

[24] Uma Empresa B (em inglês: *B Corporation*) inclui em seu modelo de negócio a proteção e o desenvolvimento social e ambiental em um conceito de *stakeholders capitalism*. As atividades de uma Empresa B visam beneficiar todas as partes interessadas não somente os acionistas (*stakeholders* vs *shareholders*). As Empresas B certificadas na América Latina compõem o chamado Sistema B. O conceito foi criado, em 2006, pelos B-Labs, dos EUA.

[25] Co-opetition: da fusão dos termos em língua inglesa *cooperation* (cooperação) e *competition* (concorrência).

[26] Cf.: Brandeburger, Adam e Nalebuff, Barry. **Co-opetition**. Nova York: Currency, 2011.

Syngenta

d. Liderança e Propósito: uma questão de Empatia

Falar de liderança reumanizada, uma consideração relevante, que merece ser citada, traz de volta o elo indissolúvel entre **liderança** e **propósito**, que norteia o caminho das organizações contemporâneas que chamamos NOA.

Nesse contexto, Cinthia Bossi, da Syngenta, lembra quão importante é o líder sair do modelo "comando e controle" para assumir seu lado **empático**, entendendo e respeitando as **emoções** dos colaboradores.

Esse líder empático tem um propósito claro: "*trazer o potencial das plantas para a vida*", lembra Cinthia.

Além de muito evocativo e alinhado com critérios *ESG*, esse mote é bastante auspicioso, uma vez que, de maneira explícita, sugere que a perpetuação da vida humana e a solução de suas necessidades passam pelo **campo**, devolvendo à terra seu legítimo protagonismo no desenvolvimento da humanidade (apesar de hordas de humanos tentarem negar, de maneira metódica e insensata, essa evidencia!).

Roche

e. Líder Facilitador: Vulnerabilidade, Experiência e Propósito

Um aspecto muito interessante que temos a oportunidade de notar na fala dos executivos que participaram da nossa pesquisa diz respeito à inquestionável mudança de **percepção da persona do líder,** que já não quer ser mais o super-herói destemido, triturador de concorrentes e temor das equipes como existia no imaginário corporativo do século passado.

Muito pelo contrário, o líder reumanizado *"é um **líder facilitador** que é capaz de se colocar no lugar de seus colaboradores, entendendo suas dificuldades"*, afirma Bruno Souza, da Roche.

Essa imagem do líder como *facilitador* de seu time nos agrada particularmente, e está totalmente alinhada com nosso modelo do *líder educador* e *coach*, conforme descrevemos no Capítulo 6, que fala sobre a liderança nas DDOs. De fato, *facilitar* os times no sentido de educá-los e orientá-los para que trilhem seus caminhos de forma independente e segura é função estruturante do líder facilitador. Isso também se transforma na missão do **líder reumanizado**, que lidera pelo exemplo e vivencia o propósito da organização. *"Leading by Example while Walking the Talk!"*

Esse é um tipo de líder tão seguro psicologicamente, que é capaz de *"assumir sua **vulnerabilidade**. Essa sua capacidade motiva os colegas, estimula o engajamento do time, humaniza a figura do líder e o faz sair do padrão autocrático. É um líder cujos valores são a coragem, a paixão e a integridade"*, argumenta Bruno.

Além disso, sua constante atitude positiva como líder conduz, firmemente, seu time a *"gerar a melhor **experiência do cliente** à medida que tal experiência e o **propósito** da organização se fundem"*.

Greenpeace

f. Sempre mais *Green* e diverso!

O Greenpeace é uma conhecida organização global não governamental, considerada referência na questão da preservação do meio ambiente, sendo uma das maiores e mais ativas nessa área.[27]

O propósito do Greenpeace é: *"Preservar toda forma de **Vida**, garantir a capacidade da **Terra** de nutrir a Vida em toda a sua **Diversidade"**.

O Greenpeace foca suas campanhas em questões globais como mudanças climáticas, desmatamento, pesca excessiva, caça comercial de baleias, engenharia genética e questões antinucleares.

Um aspecto bastante relevante que define o Greenpeace é que ele só aceita doações de pessoas físicas. Essa diretriz foi definida para que a organização possa ter independência para tomar todas as decisões, que entende ser as melhores, de maneira totalmente independente e isenta.

---

[27] Leda Machado, coautora deste livro, foi Presidente do Conselho do Greenpeace Brasil de 2014 a 2016; Vice-presidente de 2013 a 2014 e Conselheira de 2012 a 2013.

O 3º Pilar do Novo Modelo... **293**

Outro aspecto relevante foi, em 2016, o Greenpeace International decidir ter duas diretoras executivas (*dual leadership*), Jennifer Morgan e Bunny McDiarmid, para compartilhar a Liderança da organização até 2019.

Apesar da *dual leadership* não ser algo novo (as primeiras experiências datam de 500 a.C., em Esparta), ela não é amplamente adotada. Esse modelo de liderança pede um processo de construção diferenciado, ou seja, pede que os talentos e as competências das duas pessoas somem mais do que 1+1 = 2.

Para que essa construção se realize, é preciso ter **empatia** e **tolerância**, elementos estruturantes da liderança reumanizada.

Embraer

g. Educação e Engajamento Social como Propósito

A Embraer é outro exemplo de (Re)humanização da Liderança, cujo Propósito se expressa claramente pelas ações de seu Instituto e sua Fundação, que buscam a integração social de jovens por meio do investimento em educação de qualidade, além de outras iniciativas relevantes de impacto social.

Em 2001 a Embraer fundou o Instituto Embraer de Educação e Pesquisa. O objetivo do Instituto é investir o capital social privado da Embraer em programas focados em educação. Ele atua em três frentes: educação, engajamento com a sociedade e preservação da história aeronáutica.

O instituto mantém dois colégios de qualidade amplamente reconhecida em São José dos Campos e Botucatu, no interior do estado de São Paulo. Os colégios oferecem gratuitamente as três séries do ensino médio em período integral para alunos egressos da rede pública de ensino.

São selecionados cerca de mil alunos por ano, que recebem uma bolsa integral de estudo, além de uniformes, materiais didáticos, alimentação e transporte. Todos os alunos são selecionados em processo independente, composto por prova de conhecimentos e redação, devendo cumprir o critério socioeconômico estabelecido pelo Instituto Embraer.

Fica clara, portanto, a visão de longo prazo do instituto, bem como seu propósito de contribuir com a transformação da sociedade, pela Educação, em um movimento *bottom up*, em que a grande corporação visa propiciar ensino de qualidade e, portanto, desenvolvimento intelectual e social para grupos de jovens, a grande maioria dos quais não teria condições de ter acesso a esse tipo de formação.

Paralelamente, a Embraer mantém a Fundação Embraer, que foi estabelecida em 2017, em Fort Lauderdale, Flórida, na sede da empresa nos EUA. A Fundação Embraer é uma organização irmã do Instituto Embraer. Seu propósito é consolidar os investimentos em projetos sociais e ambientais nos EUA. Acreditando ser necessário investir e colaborar com as comunidades ao seu redor, a Embraer Foundation trabalha em parceria com as comunidades locais em projetos voltados para educação, empreendedorismo e voluntariado.

Finalmente, podemos concluir este capítulo argumentando que os exemplos citados anteriormente, sobre **Liderança Reumanizada**, deixam claro que ela é **espelho**, **símbolo** e **inspiração** dos **propósitos** e dos **valores** das organizações.

Essa liderança reumanizada com propósito motiva a **sustentabilidade** da organização, que alicerça sua **perpetuidade**.

A organização está, dessa forma, tornando-se **ambidestra** conforme veremos no capítulo 8º.

EM FOCO

REUMANIZAÇÃO DA LIDERANÇA

Como atua o Líder Reumanizado?

Foca no **desenvolvimento integral** de todos os colaboradores e os *stakeholders*

Promove a **Diversidade, Equidade & Inclusão**

Entende que **Indivíduo** e **Profissional** não são papeis antagônicos e autoexcludentes, criando pertencimento e significado

Propõe uma conexão entre Negócio e Gente, pondo o **ser humano** no **centro** da estratégia da organização e de seu futuro: de *Strategy-centric* a *Human-centric*

Passa do conceito de **Visão, Missão & Valores** para o de **Significado, Propósito & Empatia**

Resgata a importância dos negócios terem um **propósito claro** como **âncora** do líder e da própria organização, para navegar no **caos** do mundo VUCA

Desenvolve a **empatia** como *valor* que melhora a performance

Define a **confiança** como a base da relação entre o **líder** e seu **time**

Gera **significado** para a organização, a sociedade e o mundo

É **adaptável** para **experimentar** e **inovar**; e é intrinsecamente **curioso**

CAPÍTULO 8

O 4º PILAR DO NOVO MODELO:
AMBIDESTRIA ORGANIZACIONAL & LIDERANÇA AMBIDESTRA

> *"The important thing is not to stop questioning. Curiosity has its own reason for existing[1]"*
>
> **– ALBERT EINSTEIN**

8.1 Organizações Ambidestras

No capítulo precedente, que trata dos pressupostos da (re)humanização da Liderança, argumentamos que a **adaptabilidade** é uma competência *premium* dos líderes reumanizados no ambiente complexo e ambíguo no qual vivemos e atuamos. Essa característica é mais do que importante e necessária para que os líderes saibam navegar no caos gerado pela incerteza do mundo VUCA.

Entretanto, em ambiente em que a **inovação** e a **disrupção** são a regra, as organizações precisam, apesar de todas as dificuldades presentes, pensar no longo prazo, ou seja, planejar

---

[1] O mais importante é nunca parar de questionar. A curiosidade tem sua razão de existir.

seu **futuro**. Nesse cenário, por mais *adaptáveis* que elas sejam, precisam de algo a mais. Elas precisam trabalhar na **adequação** e no **alinhamento** da criação de **valor** pelos modelos de negócio arrojados e inovadores que projetem sua **perpetuidade** no futuro.

Chamamos de **ambidestria**[2] o conjunto de adaptabilidade às novas tendências com o alinhamento da criação de valor (cf. Figura 13).

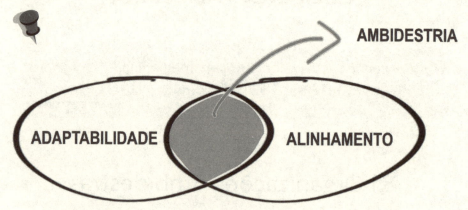

Figura 13: Adaptabilidade + Alinhamento = Ambidestria
FONTE: AUTORES, 2021

As **Organizações Ambidestras** foram definidas pela primeira vez por Duncan[3], em seu artigo de 1976. Central na definição do autor é que elas são organizações que têm a capacidade de fazer a gestão do negócio atual e, contemporaneamente, estar atentas às mudanças externas que pedem um pensar e repensar constante do próprio negócio. Ou seja, essas organizações equilibram a exploração (busca, variação, tomada de

---

[2] Cf. Birkinshaw, Julian e Gibson, Cristina. Building ambidexterity into an organization. MIT Sloan Management Review, 2004.
[3] Duncan, Robert. **The Ambidextrous Organization**: Designing Dual Structures for Innovation. The Management of Organization, n.1, p.167-188, 1976

risco, experimentação, flexibilidade, descoberta ou inovação) com a excelência operacional ou ***explotação*** (refinamento, escolha, produção, eficiência, seleção, implementação e execução). Enfim, são organizações que olham para o futuro e o presente ao mesmo tempo. Na visão original do autor, para conseguir esse olhar amplo, as organizações precisariam compor estruturas e recursos de *maneira alternada* para poder iniciar e executar o processo de inovação (ao contrário daquilo que sugerem O'Reilly e Tushman).

Nesse contexto conceitual, a **inovação** cujos resultados constituem o grande motor para todo modelo ambidestro, resulta ser uma *consequência* da própria ambidestria, sendo o fruto do equilíbrio adequado entre atividades de explotação e de exploração.

> Vale reparar que, na definição de Duncan, são usados os termos ***exploration*** (vide conceitos *supra*) e ***exploitation*** (refinamento, escolha, produção, eficiência, seleção, implementação e execução). Em português a tradução é **exploração** e **explotação**, apesar de a segunda ser um francesismo pouco usado, e de ter um significado na língua portuguesa mais ligado à exploração de recurso naturais. Dessa maneira, os tradutores brasileiros tendem a utilizar a palavra "exploração" para ambos os conceitos, engendrando possível confusão.

Finalmente, o termo **"ambidestro"** vem da capacidade de essas empresas gerirem, contemporaneamente, suas atividades no presente e outras que preparam o cenário para o futuro, garantindo a perenidade da organização.

Além da Segurança Psicológica

O'Reilly e Tushman afirmam que *"ambidestria não diz respeito somente ao fato de a empresa perseguir a eficiência e a inovação ou competir em múltiplos mercados, mas ao fato de saber desenvolver as competências necessárias para competir em novos mercados e novas tecnologias que lhes permitem **sobreviver** frente às mudadas condições de mercados"*[4].

Do ponto de vista prático, esses autores sugerem uma ***ambidestria estrutural*** que implica que cada uma das duas atividades citadas (explotação e exploração) tenha uma estrutura dedicada, para não incorrer em possíveis gargalos operacionais, durante o *shift* entre uma atividade e outra.

Oposta à ambidestria estrutural, a abordagem de ***ambidestria contextual*** sustenta que no lugar de dedicar subunidades separadas às atividades de explotação e de exploração, as organizações poderiam alcançar a ambidestria demonstrando alinhamento (explotação) e adaptabilidade (exploração) dentro da mesma unidade, pela validação de determinados fatores contextuais internos. Nesse âmbito, Birkinshaw e Gibson consideram que uma abordagem contextual é mais barata do que manter um modelo estrutural[5]

Finalmente, as organizações podem lançar mão de um ***modelo sequencial*** que permite que a explotação e a exploração aconteçam por meio de uma separação temporal. Estamos falando, aqui, de um modelo de ambidestria *por projetos*, que permite focar de forma mais mirada, para alcançar os resultados esperados de cada projeto, em um dado período de tempo.

---

[4] Cf. O'Reilly, Charles e Tushman Michael. Ambidexterity as a dynamic capability: Resolving the innovator's dilemma. **Research in Organizational Behavior**, v 28, p.185-206, 2008.

[5] Cf Birkinshaw, J. & Gibson, C. cit. 2004.

Resta entendido nessa altura, que a **escolha** de qual modelo adotar para alcançar a ambidestria depende de uma série de **fatores ambientais**, culturais, conjunturais, de práticas de gestão, de aprendizado organizacional, do modelo e estilo de liderança, do nível de segurança psicológica instalado, que definem o "ritmo" e a eficácia da implementação do modelo.

Igualmente, no que diz respeito à tomada de decisão relativa a qual modelo de ambidestria a organização deverá implementar, são bastante interessantes os novos achados das pesquisas recentes sobre o tema.

De fato, na melhor tradição do século passado, alguns autores entendem que existe a possibilidade de fazer uma escolha racional pelo C-level, que define que a ambidestria será imposta por movimento **top down** estrategicamente planejado à la Mintzberg & Waters, e Zimmerman *et al.*, 2015[6].

Entretanto, embora essa visão da ambidestria organizacional como escolha estratégica deliberada seja uma opção real e possível, parece-nos atual e intrigante o entendimento de Sinha, segundo o qual, baseado nos resultados de sua pesquisa, *"a ambidestria organizacional pode ser alcançada de* **forma acidental***, sem a intenção deliberada da direção central, graças a determinadas variáveis ligadas à liderança, bem como a um padrão de ações que focam na exploração e na explotação como e quando preciso for em múltiplos níveis da organização. (...) Descobrimos*

---

[6] Cf. Mintzberg, H.; Waters, J.A. Of strategies, deliberate and emergent. Strategic Management Journal, v. 6, n. 3, p. 257-272, 1985. Acesso em: 12 set. 2021. Cf. Zimmermann, A.; Birkinshaw, J. e Raisch S. How Is Ambidexterity Initiated? The Emergent Charter Definition Process. Organization Science Vol. 26, No. 4 Published Online: 26 Mar 2015 https://doi.org/10.1287/orsc.2015.0971. Acesso em: 12 set. 2021.

que a ambidestria não acontece por decisão planejada, mas, ao contrário, emerge de forma espontânea"[7].

De fato, a questão do **acaso** (em inglês, ***serendipity***), oposto ao modelo ***top down,*** estrategicamente concebido como um dos motores do movimento de ambidestria organizacional, comprova que, em muitos casos, a decisão da organização tornar-se ambidestra é mais do que uma *escolha racional*, um acontecimento casuístico, cujas origens encontram-se em comportamentos que respondem a variáveis distintas e pouco planejadas à luz de novas descobertas e aprendizados, que os próprios *players* da organização trocam entre si. Somente a partir desse momento a organização começará a desenhar os padrões estratégicos que mais se adaptarem a suas perspectivas e seus propósitos.

Tal abordagem condiz com a realidades das organizações mais jovens, dinâmicas e *market responsive*, as quais nascem de modelos modernos de *startups* que, agora devidamente capitalizadas, não perderam sua flexibilidade e capacidade de adaptar-se às novas demandas e oportunidades dos mercados.

Finalmente, à luz das várias definições de organizações ambidestras e considerando a dualidade natural implícita em suas operações, nossa visão é que elas são empresas *"E", e não "OU"*, uma vez que, para serem ambidestras, as organizações não precisam necessariamente viver uma dicotomia organizacional. Pelo contrário, podem escolher o melhor modelo ou composição

---

[7] Sinha, S. The emergent-strategy process of initiating organizational ambidexterity, Journal of Strategy and Management, Vol. 12 No. 3, pp. 382-396. 2019. https://doi.org/10.1108/JSMA-12-2018-0140 Acesso em: 12 set. 2021.

de modelos que melhor se adeque aos fatores que as definem naquele momento da sua história.

De fato, analisando o **trade off** entre curto e longo prazo, quando as empresas estão focadas somente no presente (excelência operacional), sua sustentabilidade de longo prazo está em sério risco, visto que as demandas do mundo VUCA pedem que se mude e se redefina constantemente o negócio, tornando-o mais adaptável e vislumbrando as mudanças futuras dos mercados. Por outro lado, quando as empresas são demasiadamente arrojadas e têm seu foco projetado somente no futuro, sua sustentabilidade também está comprometida, visto que, sem excelência operacional, elas não sobreviverão no curto e médio prazo.

É justamente esse o dilema das organizações que são ou pretendem ser ambidestras.

Apesar de não ser fácil, elas têm que manter o foco e os investimentos necessários para estarem ao mesmo tempo nos dois níveis buscando, por um lado, a excelência operacional e, por outro, a construção de modelos de inovação que garantam com maior facilidade, em princípio, a sustentabilidade da própria organização. Elas devem ser, portanto, empresas *"E"*!

Considerando a extensa literatura que nasceu em torno do conceito de *ambidestria* ou *ambidesteridade*, é interessante notar uma certa generalização do termo que foi utilizado de forma exageradamente ampla e indiscriminada. De fato, conforme sugerem O'Reilly e Tushman, o termo *"ambidestria se torna o teste Rorschach da Administração, no qual uma pessoa enxerga o que bem entender uma vez que os pesquisadores utilizam o termo para fenômenos que têm bem pouco a ver com os esforços para garantir a sobrevivência da organização".*[8]

De fato, essa análise tem sido feita e publicada na mesma revista por Birkinshaw e Gupta, que sustentam que *"o conceito de ambidestria organizacional foi utilizado para uma ampla variedade de situações em anos recentes. O crescente interesse nesse conceito é o reflexo de sua versatilidade, mas essa traz o risco de ausência de clareza no significado e nas medições".*[9] Mais uma vez, como diz o velho adágio, o engano reside nos detalhes. Nesse caso, o problema está na interpretação e nas nuances que os vários respondentes às pesquisas atribuem aos conceitos de *exploração* por um lado, e de *explotação,* por outro, durante as medições da ambidestria nos trabalhos de campo.

Como é de se imaginar, a confusão entre os dois conceitos e, mais ainda, a errada colocação de atributos entre eles, geram inferências trocadas entre quais são as atitudes e estratégias corretas para o presente, referendadas pelo conceito de *explotação,* e quais as mudanças indispensáveis para o futuro, identificadas pelos atributos de inovação e de pesquisa disruptiva, implícitos no conceito de *exploração.*

Nesse sentido, conforme O'Reilly e Tushman argumentam, *"acreditamos que se o termo 'ambidestria organizacional' continuar a ser utilizado para descrever fenômenos bastante díspa-*

---

[8] Cf. O'Reilly III, Charles H, e Tushman, Michael L. **Organizational Ambidexterity**: Past Present, and Future. The Academy of Management/Perspective, v. 27, n. 4, 2013.

[9] Cf. Birkinshaw, Julian e Gupta Kamini. Clarifying the Distinctive Contribution of Ambidexterity to the Field of Organization Studies. The Academy of Management/ Perspective, v.27, n. 4, 2013.

res, é provável que nossa visão de como as organizações, de fato, exploram e explotam, torne-se sempre menos útil"[10].

Os pesquisadores estão, de fato, enfrentando um dilema de interpretação que coincide com as dúvidas dos próprios líderes das organizações que participam das pesquisas. Para melhor contextualizar esse dilema, precisamos refletir sobre as origens do debate.

Com sua teoria da "destruição criativa"[11], Schumpeter inclui formalmente as **mudanças tecnológicas** no sistema econômico, modificando, assim, os ciclos dos negócios. Ele argumentava que a contínua inovação é uma espécie de *"sina do inovador"*[12] o qual, por essa mesma razão, deverá continuar a inovar sob pena de dividir mercado com novos entrantes, estimulados pelos *lucros extraordinários* que as indústrias mais inovadoras proporcionam[13, 14].

Nesse contexto, usando uma chave de leitura mais contemporânea e olhando pelo prisma da ambidestria, podemos argumentar, por nossa vez, que os líderes enfrentam um paradoxo na gestão que é a **dicotomia** existente entre a eficiência operacional, que premia a estrutura formal da organização, e a *explotação*, que ela realiza junto com a sua adaptabilidade às mudanças impostas pela própria inovação. A inovação reflete o

---

[10] Cf. O'Reilly III, Charles H, e Tushman, Michael. **Organizational Ambidexterity**: Past Present, and Future. The Academy of Management/Perspective, v. 27, n. 4, 2013.

[11] Cf. Schumpeter, Joseph, A. **Capitalism, Socialism and Democracy**, 1942.

[12] Cf. Borroni-Biancastelli, Luca.; op. cit.

[13] Cf. Schumpeter, Joseph A.; **Business Cycles**: A Theoretical, Historical, and Statistical Analysis of the Capitalist Process. 1939.

[14] Cf. Schumpeter, Joseph. **The Theory of Economic Development**, Harvard University, 1934.

contínuo movimento de *exploração* no qual os líderes estão envolvidos, visando garantir a sobrevivência futura.

> Colocando o ponto de outra forma, estamos identificando uma **dicotomia** entre atividade de *curto prazo* e de *longo prazo,* entre as ideias que geram lucro para a organização hoje e aquelas que garantem sua perpetuidade, amanhã e depois. O dilema está, portanto, na calibragem certa dos **recursos** e **da energia** dedicados à explotação e exploração, no eterno *trade-off* entre curto prazo e longo prazo, entre a performance presente e a sobrevivência futura.

Do ponto de vista das estruturas necessárias para garantir a ambidestria organizacional, a visão original de Duncan (1976)[15], que enxergava a necessidade de alternar de forma sequencial as atividades de explotação e de exploração ao longo do tempo, não explica nem as dificuldades nem os custos com os quais as organizações arcariam para poderem operar um *set up* periódico de toda a estrutura, visando passar de uma atividade a outra durante um determinado tempo.

A ideia nos parece, portanto, conceitualmente interessante, porém de difícil implementação e de alto custo de *set up*. O'Reilly e Tushman[16],[17] e outros sugerem a relevância de se manter diferentes unidades para a explotação e a exploração que tenham, além do mais, distintos modelos de incentivos, sistemas, cultura etc., que garantam independência de atuação e foco, mas que

---

[15] Cf. Duncan, Robert, op. cit.
[16] Cf. O'Reilly, Charles e Tushman Michael. **The ambidextrous organization**, Harvard Business Review, 74-83, 2004.
[17] Cf. O'Reilly, Charles e Tushman Michael. **Ambidexterity as a dynamic capability**: Resolving the innovator's dilemma. Research in Organizational Behavior, v.28, p.185-206, 2008.

sejam interligadas pela visão estratégica comum e do compartilhamento de ativos, quando necessário.

> De fato, entendemos *o como* operacionalizar e otimizar as atividades de explotação e exploração, na ótica de testar a ambidestria da organização, é uma decisão a ser tomada pela **liderança**, mais do que somente uma questão de estruturas existentes, conforme sugerem O'Reilly e Tushman[18].

8.2 Os desafios dos líderes ambidestros: performance, sucessos e fracassos

Como os líderes podem gerir os conflitos inevitáveis causados pelos atritos entre o velho e o novo? Qual cara o novo deverá ter? Como decidir quanto alocar de recursos entre o presente e o futuro?

Antes mesmo de estudar a questão do *sucesso vs. fracasso*, precisamos investigar se, afinal, existem evidências que indicam que as organizações ambidestras conseguem alcançar uma **performance positiva**, justificando, assim, os investimentos nelas feitos.

---

[18] Cf. O'Reilly, Charles e Tushman Michael. **Organizational ambidexterity in action**: How managers explore and exploit. California Management Review, v.53, p.1-18. 2011.

Birkinshaw e Gibson (2004)[19, 20] recordam que a ambidestria é a intersecção do *alinhamento* e da *adaptabilidade* que, em sua pesquisa, medem em uma escala de 1 (muito baixo) a 7 (muito alto). Igualmente, a performance é medida com a mesma escala de 1 a 7.

Os autores observaram e entrevistaram 2 grupos separados de executivos, médios e sêniores, em 41 unidades de negócio. Eles chegaram à conclusão de que existe uma correlação altamente significativa ($r = 0.76$ com $p < 0.01$) entre a ambidestria e a performance, em todas as unidades de negócios. Dessa forma, eles testaram e comprovaram que a ambidestria tende a impactar positivamente a *performance* organizacional.

Voltando agora ao **desafio dos líderes**, não há dúvidas de que seu comportamento e suas decisões são a chave para entender o sucesso ou o fracasso das organizações ambidestras. Apesar de essa observação ser procedente para qualquer organização em geral, estudos sobre ambidestria e lideranças ambidestras têm comprovado que tais decisões influenciam diretamente a operação e a performance da organização, que busca combinar explotação e experimentação mesmo que em estruturas distintas.

Por exemplo, em seu estudo sobre a migração dos jornais impressos para a mídia digital, Gilbert[21] repara que o fracasso da implementação de um modelo ambidestro não se devia à escassez de recursos ou à alocação dos investimentos. Ao contrário,

---

[19] Cf. Birkinshaw, Julian e Gibson, Cristina. Building ambidexterity into an organization. MIT-Sloan Management Review, jul. 2004.

[20] Cf. Gibson, Cristina e Birkinshaw, Julian. The Antecedents, Consequences, and Mediating Role of Organizational Ambidexterity. The Academy of Management Journal, v. 47, no. 2, p. 209–226, 2004.

[21] Gilbert, Clark. Unbundling the structure of inertia: Resources versus routine rigidity. Academy of Management Journal, v.48, n.5, 741-763, out. 2005.

o problema estava ligado à <u>incapacidade de mudar os processos necessários para poder usar os recursos adequadamente</u> durante a migração entre o velho e o novo modelo. É possível (e isso deverá ser parte de futuras pesquisas) que o principal desafio nesse tipo de situação seja a dificuldade de <u>integrar os times e convencê-los, com urgência, de que as mudanças de estratégia e, neste caso mais importante, de processos, são parte de um novo modelo que projeta a performance futura da organização e garante sua perpetuidade.</u>

> As possíveis fricções e descompassos que nascem entre times diferentes em situações parecidas são também diretamente ligados ao tipo de cultura sob a égide em que se movimenta a organização como um todo. Eles também são ligados a como os líderes conseguem transmitir a informação de forma clara e convincente sem, contudo, criar um ambiente inseguro em que a liderança seja percebida como ameaçadora e sem propósito definido. Enfim, o dilema aqui é como os líderes podem criar e incorporar novas culturas e identidades organizacionais que entendam a necessidade da ambivalência entre explotação e exploração, entre performance atual e sustentabilidade futura. Nesse contexto, estamos utilizando uma abordagem de **ambidestria contextual** como oposta àquela da **ambidestria estrutural**, conforme vimos em Duncan e O'Reilly & Tushman.

8.3 Ambidestria e Perpetuidade

Resumindo: qual é a finalidade última de dedicar tantos esforços, recursos, estamina e inteligência à criação de modelos organizacionais ambidestros? Conforme adiantamos *supra*, a principal preocupação da organização que se torna ambidestra é garantir sua **perpetuidade**, ou seja, sua sobrevivência pelo alinhamento e pela gestão dos *trade-offs* entre explotação e exploração. De fato, *"na nossa opinião, a ambidestria organizacional diz respeito à **sobrevivência**: como a IBM migrou de um produtor de hardware a software e serviços, como a HP passou de fabricante de instrumentos eletrônicos e minicomputadores a impressoras, e está fracassando agora em fazer a transição para serviços; (...). [A ambidestria] diz respeito a como grandes organizações como Polaroid, Kodak e Smith Corona falharam em fazer essas transições"*[22].

A grande questão é: por que falharam e o que faltou, nos casos de fracasso? Mais uma vez, estamos falando de *skills* e competências adequadas que a organização não desenvolveu. Essas competências específicas podem ser desenvolvidas internamente ou podem ser adquiridas através de **operações de M&A** em que a empresa adquirida é dona dos requisitos e de competências necessários à adquirente.

De qualquer forma, a ambidestria é um modelo complexo de ser implementado, que requer esforços e recursos dobrados, particularmente no curto prazo e nas fases iniciais da duplicação dos recursos. Por essa razão, não é evidente que todas as organizações consigam tornar-se ambidestras apesar dos

---

[22] Cf. O'Reilly III, Charles e Tushman, Michael. Organizational Ambidexterity: Past Present, and Future. The Academy of Management/Perspective, v.27. n.4, 2013.

esforços, dos investimentos e das boas intenções do *management* superior.

Entretanto, um fator que agrega valor a esse modelo é o prosperar do conceito de economia compartilhada, através do qual competências essenciais e de difícil reprodução podem ser aproveitadas entre empresas distintas. Tal movimento visa reduzir custos, notadamente aqueles ligados ao desenvolvimento tecnológico, apesar de tratar-se de modelo bastante distinto dos tradicionais, pressupondo certa ousadia e modernidade de *mindset* por parte dos líderes.

Complementando esse quadro, em épocas contemporâneas, a criação de ecossistemas empreendedores constituídos por *startups* e empresas jovens, dinâmicas mais horizontais e, de certa forma, "engajadas", favorece sistemas de economia compartilhada, de economia circular e de *stakeholders capitalism*, que podem criar oportunidades surpreendentes de integração das organizações com seu ecossistema, definindo relações *win-win* para os vários players envolvidos. Nesse contexto de *citizen organizations*[23], o lucro é somente um dos motivadores da atividade empresarial e o valor da companhia é calculado espelhando um conjunto amplo de ganhos não financeiros que nem podiam ser imaginados nas modelagens *à la* Friedman, utilizadas no século passado.

---

[23] *Citizen organization*, a *organização cidadã* é expressão original cunhada pelos autores e por Rosemary A. Mathewson, ex Ass. Dean da NYU, em conversa recente, em jan. 2021.

8.4 Ambidestria e Ambiculturalismo

Uma abordagem fascinante, que encontra suas raízes no contexto cultural, é ancorar o conceito de ambidestria organizacional àquele de "ambiculturalismo" como vislumbrado por Ming-Jer Chen (2014)[24], professor da Darden School of Business da University of Virginia. Nascido em Taiwan, Chen é um dos mais reputados acadêmicos de *management* do mundo, cujo trabalho sobre *Dinâmicas Competitivas* é seminal. Treinado em filosofia chinesa antes de emigrar para cursar seu PhD na University of Maryland, Chen sabe navegar como ninguém entre culturas, especialmente pelo viés Oriente-Ocidente. De fato, uma abordagem ambicultural permite aproveitar e integrar as melhores qualidades de mundos que, para um olhar leigo, parecem ser opostos e irreconciliáveis. A dualidade, que pervade o pensamento filosófico chinês, permite conciliar dicotomias entendidas como insanáveis aos olhos de outra cultura pela integração dos opostos, do yin e do yang, do apolíneo e do dionisíaco, das forças complementares que se afastam e se atraem continuamente, buscando o equilíbrio.

Dessa forma, olhando, agora, pelo prisma organizacional, o ambiculturalismo pode ser lido como o dualismo existente entre a cooperação e a concorrência, que não precisam ser autoexcludentes ou antagônicas. Aliás, em tempos modernos, a geração de valor para as companhias parece encontrar-se em modelos menos extremos e mais colaborativos. Por exemplo, antes que se começasse a falar em economia compartilha-

---

[24] Chen, Ming-Jer. Presidential Address: Becoming Ambicultural: A Personal Quest and Aspiration for the Organization. *The Academy of Management Review*, v. 39, no. 2, p.119 - 137, 2014.

da, Brandenburger e Nalebuff[25] definem como *"co-opetition"*[26] um novo conceito de estratégia corporativa que combina as vantagens implícitas em ambos os modelos de cooperação e de concorrência. Nesse sentido, a *co-opetition* é uma forma de atingir níveis superiores de performance e obter altos retornos, alavancando-os pelas relações de negócios que sejam *win-win*, em que nenhuma das partes envolvida precisa perder. Ao contrário, todas as partes mantêm uma relação lucrativa, uma vez que para se obter uma rentabilidade de longo prazo e ter sucesso, não é preciso que outros fracassem.

As organizações ambiculturais são, portanto, aquelas em que os extremos convivem: o velho e o novo, a tradição e a inovação, o controle e a flexibilização, o presente e o futuro. Nelas, "o ambiculturalismo é a integração que transcende as diferenças"[27]. De fato, o método socrático (que cria a base do pensamento ocidental) e o confucionismo (a doutrina filosófica "dos eruditos" que regeu o pensamento chinês nos últimos 25 séculos) têm modelos e valores surpreendentemente comuns, particularmente no que tange à moral, à política e à educação com suas aplicações práticas.

Finalmente, as organizações ambidestras encontram suas raízes no ambiculturalismo, à medida que buscam "equilibrar a concorrência e a cooperação internas"[28], dividindo seus esforços, visando, por um lado, performar e entregar as metas atuais; e, por outro, planejar a sobrevivência futura pela experimentação e inovação. O ambiculturalismo, portanto, redefine e suaviza a

---

[25] Brandenburger, Adam e Nalebuff, Barry. Co-opetition. Nova York: Currency, 2011.
[26] Co-opetition: da fusão dos termos em língua inglesa *cooperation* (cooperação) e *competition* (concorrência).
[27] Chen, Ming-Jer. op.cit.
[28] Chen, Ming-Jer. op.cit.

Além da Segurança Psicológica

dicotomia entre presente e futuro, encontrando terreno fértil no entendimento do *continuum* pelo qual o futuro representa a sobrevivência, no longo prazo, do presente que já planta o embrião daquilo que se transformará na organização do futuro.

Essa alternância entre *yin* e *yang*, entre novo e antigo e entre presente e futuro, de movimentos aparentemente contraditórios, mas finalmente contínuos e sucessivos no tempo, define uma abordagem nova das organizações ambidestras, que se apoia em construtos culturais que enxergam na integração dos opostos a continuidade da própria organização, garantindo sua **perpetuidade**.

8.5 Aprendizado organizacional na Organização Ambidestra

Agora, olhando pelo prisma do aprendizado organizacional, fica claro que modelos tradicionais do tipo *"saber tudo"*, que pressupõem as companhias já estarem equipadas de instrumentos conceituais e práticos para liderar as novas estruturas, buscando explorar novos territórios produtivos e mercadológicos, não conseguem construir um elo entre a estrutura nova e a antiga.

Tampouco não faz sentido que se dupliquem conhecimentos e competências que funcionavam na estrutura antiga, uma vez que a exploração exige um *novo mindset*, que saiba extrapolar tendências atuais para vislumbrar comportamentos futuros do mercado, alocando recursos da organização em prol da sua sustentabilidade de longo prazo.

Finalmente, podemos arguir que um modelo de aprendizado organizacional do tipo *"aprender tudo"*, sendo oposto, portanto, ao tipo "saber tudo", acima, é muito mais efetivo e condizente com estruturas organizacionais ambidestras. De fato, um modelo no qual a organização quer aprender tudo, transforma sua estrutura no *locus* em que o conhecimento não somente é assimilado, mas também é gerado e redistribuído entre os colaboradores.

Por quê? Exatamente por atuarem na intersecção entre um modelo tradicional (explotação) e um modelo voltado para garantir a sobrevivência futura da organização, explorando novos caminhos (exploração). As organizações ambidestras precisam aprender a **gerar seu próprio conhecimento** embasado em práticas e processos novos condizentes com a realidade específica da organização.

Como realizar essa empreitada? Mais uma vez, acoplando o modelo das **DDOs** (vide *supra*), a organização ambidestra consegue que o desenvolvimento foque todos os níveis de colaboradores. Nesse contexto de DDO, os líderes, em seu papel fundamental de *educadores organizacionais*, serão responsáveis pela gestão do conhecimento em suas equipes de maneira que ele flua por toda a estrutura. Assim, cria-se um movimento de *aprender tudo*, de um lado; e de *"ensinar tudo"*, do outro, que nos permite argumentar que as organizações ambidestras podem ser, por definição, verdadeiras DDOs.

Lembramos que, conforme argumentamos no Capítulo 2º, o **aprendizado** é uma *elaboração* do **conhecimento** que por meio de uma série de *ações,* tanto conscientes como inconscientes, se transforma em *saber.*

Além da Segurança Psicológica

Naturalmente, construir o saber organizacional em um contexto em que a **disrupção** e a **inovação** são a razão de ser do negócio pressupõe uma dose extra de experimentação. Essa construção demanda a capacidade de mapear o aprendizado gerado por cada etapa da *exploração*, uma vez que essa atividade é supostamente nova e está construindo sua própria trilha de aprendizado na forma do tradicional *"learning by doing"*, o *"aprender fazendo"*.

De fato, as unidades dedicadas à exploração são, por definição, desbravadoras de práticas e ambientes escassamente conhecidos, que, em muitas oportunidades, executam projetos únicos e/ou inovadores, gerindo os possíveis problemas causados pela novidade das ações a serem tomadas.

Dessa forma, podemos argumentar que essas unidades estão gerando um **aprendizado por projetos** e **baseado em problemas**, (conhecido como **PBL**[29]). É interessante notar que esse modelo é o verdadeiro *locus* ideal do aprendizado centrado em quem participa dele, modelo, que podemos definir como de *learner centricity*[30]. Tal modelo estimula a verdadeira apropriação do conhecimento organizacional, por parte de quem o está criando.

Esse é um modelo de aprendizado organizacional de cunho **socrático**, cujo arcabouço conceitual pressupõe que o protagonista do processo seja constantemente engajado na experimentação, na condução de projetos e na busca da solução de problemas, <u>exatamente como acontece no contexto de uma organização ambidestra</u>.

---

[29] PBL é o acrônimo tanto de Project-Based Learning como de Problem-Based Learning.

[30] "Centralidade do aprendiz".

Nessa altura, vale lembrar que é a **experimentação** que constitui o elemento gerador de toda inovação e acarreta, inevitavelmente, erros e fracassos que devem ser considerados como parte integrante do processo inovador.

Nesse sentido, não somente o erro deverá ser entendido e tolerado (vide item 5.4), visando à **segurança psicológica** das equipes que estão envolvidas no processo de experimentação, mas deverá ser analisado, entendido e decodificado na forma de **AAR** (vide item 3.2) para que ações possam ser desenhadas e para que o próprio erro passe a fazer parte da **biblioteca do saber organizacional**.

Esse é o **novo modelo**, arrojado e bastante atual, do aprendizado nas organizações ambidestras que são por *default* **Novas Organizações que Aprendem — NOA**!

8.6 As Organizações Ambidestras: alguns casos reais

O universo organizacional tanto brasileiro como global já está bastante povoado por companhias que, com todas as dificuldades naturais típicas dos momentos de uma transformação importante, buscam trilhar o caminho da ambidestria.

Na verdade, não existe um modelo único que pode ser (e está sendo) adotado.

Além da Segurança Psicológica

Tanto na prática organizacional como na literatura, conforme já vimos neste capítulo, existem exemplos que são associáveis a modelos tanto de ambidestria estrutural como de ambidestria contextual.

Cada organização tende a escolher seu próprio caminho, uma vez que outros modelos externos são difíceis de serem reproduzidos internamente e porque o momento da transformação para a ambidestria permite e exige aquela componente necessária de **experimentação.** Finalmente, esse componente pode sair do discurso teórico e ser implementado concretamente na prática organizacional.

Experimentação: é agora ou nunca!

Vamos lembrar, a seguir, alguns exemplos de organizações que estão em transição para o modelo ambidestro. Cada uma dessas companhias encontra-se em uma fase específica do processo.

Piaggio Group

Começamos com uma organização global que já conhecemos por outros aspectos neste livro. Tendo suas raízes no final do século XIX, sendo fundado em 1884, o **Piaggio Group** se consolidou no tradicional modelo metalmecânico italiano, chegando a ser um dos principais responsáveis, junto a outros grandes nomes como Fiat, Lancia, Alfa Romeo, OM, Moto Guzzi, Benelli etc., do desenvolvimento da mobilidade urbana e regional da Itália do segundo pós-guerra e do *boom* econômico.

Sem dúvida, décadas de melhorias constantes na tecnologia e no *design* levaram o Grupo a ser o maior produtor europeu de *scooters* e de motos, sendo um dos principais *players* mundiais do setor com presença de liderança em mercados em franca expansão, como a Índia. Nesse país, de fato, a Piaggio produz o *Ape* (ou seja, "Abelha"), uma versão estendida de três rodas do mítico scooter *Vespa*, transformando-o em um mototaxi com cabine ou em um utilitário para transporte leve de grande popularidade e líder de mercado.

A Piaggio é uma organização que exemplifica perfeitamente a **transição** para um modelo **ambidestro**. Administrando um equilíbrio constante entre **tradição** de marcas e **inovação**, o grupo é, aliás, uma organização ambidestra, *by default*. De fato, *"sim, somos ambidestros, nosso mundo o exige! Vivemos projetados no futuro da mesma forma que gerenciamos o presente"* afirma Davide Zanolini[31], que continua lembrando que *"criamos hoje produtos que irão nascer dentro de quatro anos, se tudo der certo conforme planejado. Precisamos antecipar hoje as necessidades que precisaremos satisfazer dentro de um bom prazo de tempo."*

O design italiano de última geração acoplado à alta tecnologia embarcada e a uma constante preocupação com a inovação abriram o caminho para estudos de robótica aplicada que convergiram na fundação da ***Piaggio Fast Forward*** (PFF). A empresa foi constituída não por acaso em Boston, ao lado do campus do MIT — Massachusetts Institute of Technology — para aproveitar do ecossistema tecnológico do mais importante instituto de tecnologia do planeta.

---

[31] Davide Zanolini é *Executive Vice-president Global Marketing & Communication* do Piaggio Group e *Board Member* da Piaggio Fast Forward. Ele respondeu à entrevista semiestruturada para nossa pesquisa de campo, representando a companhia, em 19/08/2021.

Além da Segurança Psicológica

Davide, que também é membro do conselho, lembra que a PFF é uma empresa *"guiada por um time interdisciplinar de inovadores egressos de centros de pesquisa de ponta em tecnologia, design e engenharia. A PFF visa construir plataformas de mobilidade leves, que ofereçam soluções inovadoras para o transporte de pessoas e mercadorias"*.

Estamos aqui olhando para uma organização que está produzindo <u>agora</u>, mas totalmente orientada para o <u>futuro</u>, sabendo que sua preocupação e missão é *"inventar a mobilidade das próximas gerações, imaginando como nós, humanos, iremos nos locomover no futuro"*. Para fazer isso, o Grupo assimila culturas diversas, para criar desenvolvimento e conhecimento, sempre visando melhorar a qualidade de vida de seus usuários.

Pensando na mobilidade da "cidade inteligente", que é um dos grandes desafios urbanos do presente e do futuro, a Piaggio, por meio de todas as suas unidades de negócio, centros de pesquisa e da PFF, desenvolve *"plataformas de mobilidade inteligentes concebidas para viajar em um mundo no qual a mobilidade urbana e os transportes de curta distância estão sujeitos a mudanças sempre mais rápidas"*.

É nesse contexto que foi concebido, desenhado e produzido pela PFF o **Gita®** (ou seja, *"Passeio"*, em italiano) que já está sendo comercializado, tendo gerado não pouca curiosidade.

O que é o Gita? A Piaggio o define como um *"robô doméstico programado para passear"*. Trata-se de um *container* com casco plástico sustentado por grandes rodas laterais, que emparelha com o proprietário e segue seus passos e movimentos. Sendo a expressão perfeita do mundo da robótica, da inteligência artificial e da era do *machine learning*, o Gita, além de seguir seu dono, evita os obstáculos, usando sua visão sensorial para enxergar e reagir ao seu entorno, podendo carregar até 20 kg de peso e alcançar uma velocidade máxima segura de aproximadamente 10km/h.

O Gita é claramente um produto ainda em fase de teste de mercado, que precisa descobrir para que veio ao mundo, bem como identificar suas inúmeras possibilidades de aproveitamento. Entretanto, é um exemplo claro de como uma organização ambidestra imagina, estuda e testa o futuro antes mesmo que ele aconteça, com a visão estratégica de bancar os custos e as incertezas de sua experimentação.

Foto 2: O robô doméstico *Gita*
FONTE: GRUPO PIAGGIO – HTTPS://SHOP.MYGITA.COM/

De fato, é de hoje (22/09/2021) a notícia publicada pela própria PFF de que o conceito do Gita já se desdobrou no ***gitamini*®**, uma versão menor, mais leve e mais barata do Gita que será lançada no mercado em breve. A inovação e a experimentação não podem parar!

Em síntese, pelo que descrevemos antes, promover a inovação, pensar no presente e no futuro ao mesmo tempo, criando uma organização ambidestra, está na pauta diária do Grupo Piaggio em todas as suas frentes.

De fato, Davide afirma que *"para nós, <u>a inovação é sempre um processo coletivo, nunca individual</u>. Ela é pensada e gerida por comitês interfuncionais em diferentes níveis, de maneira que seja possível aproveitar a contribuição de todos"*.

Dessa forma, fica claro que o caminho para a ambidestria é um *processo*: cada etapa deve ser compartilhada com diversas áreas e pessoas que contribuem com a construção do modelo.

Apesar de não ser o único modelo possível, essa abordagem de *ambidestria contextual* aproxima a Piaggio de seus mercados, garantindo maior flexibilidade ao Grupo, na alocação dos recursos, além de esmerar sua capacidade de capturar *insights* radicais pelo intercâmbio constante das ideias e do saber gerado pela própria organização e por seus times.

Finalmente, é de 06/09/2021 a notícia[32] da assinatura do acordo que cria o consórcio para a produção de baterias elétricas substituíveis para motos e veículos leves. Os signatários são o Grupo Piaggio, Honda Motor, KTM e Yamaha Motors.

Esse acordo se enquadra no contexto da gestão de um ciclo de vida mais sustentável das baterias, respeitando políticas

---

[32] Cf. https://www.piaggiogroup.com/en/archive/press/swappable-batteries-motor-cycle-consortium-agreement-signed-between-piaggio-group-honda. Acesso em: 06 set. 2021.

climáticas internacionais e visando desenvolver o mercado de mobilidade de baixa voltagem.

Apesar de ainda existirem poucas informações para os usuários sobre as dinâmicas subjacentes ao acordo, o consórcio visa estimular os distintos *stakeholders* e os tomadores de decisão para que seja desenvolvida uma infraestrutura que promova o uso de veículos elétricos leves, melhorando, assim, a mobilidade urbana e beneficiando o meio ambiente.

O futuro começa hoje, com inovação e ambidestria em ação!

Ambev

Um exemplo de multinacional brasileira diretamente engajada em trilhar o caminho da ambidestria é a **Ambev**.

Com certeza, quando pensamos em um modelo de organização ambidestra, *"essa é a Ambev!"*, exclama Camilla Tabet[33], que afirma ser ambição da companhia *"construir a Ambev como uma plataforma pujante que gere um alto valor para todo o ecossistema"*.

De fato, como já comentamos neste livro descrevendo o caso da Green Mining, a Ambev é uma das empresas que mais investe na criação de um ecossistema responsável. Para desenvolvê-lo, a companhia, dentre muitas outras iniciativas, acelera e toma participações em startups, pensando em como agregar

---

[33] Camilla Tabet é *People Design Director* da Cervejaria Ambev. Ela participou da entrevista semiestruturada para nossa pesquisa de campo, representando a companhia, em 16/07/2021.

324 | Além da Segurança Psicológica

valor e construir um futuro sustentável e mais seguro para si mesma e para seu ecossistema como um todo.

"Temos milhares de programas de inovação e aceleramos dezenas de startups", confirma Camilla, pertinentemente. De fato, a Ambev se propõe a acelerar startups que a ajudem a solucionar desafios ambiciosos de sustentabilidade até 2025.

As iniciativas de inovação da Ambev são efetivamente inúmeras e estão contribuindo para mudar a percepção da companhia no mercado. Estudos e trabalhos relacionados a temas centrais tais como sustentabilidade; ESG (*Environmental, Social and Governance);* clima; consumo responsável; proteção da água e da agricultura; lixo e logística reversa; substituição de plástico, equidade, contemplado pela aceleradora, contribuem com a solidificação de uma visão de futuro cujas ações definem uma gestão ambidestra, que busca entregar sua performance hoje, enquanto se desdobra para garantir sua sustentabilidade futura.

Em razão de todas essas ações, a Ambev já não é mais percebida como uma tradicional "produtora de cerveja", mas como um *player* em um ecossistema maior, cujos vários *stakeholders* interagem com ele, gerando uma situação *win-win*, sustentável no longo prazo.

Syngenta

Se algum de nós ainda tivesse dúvidas sobre quão arrojado e orientado ao futuro é o setor agrícola no Brasil, nossa conversa com Cinthia Bossi[34] da **Syngenta** as eliminaria por completo!

A Syngenta sabe que a agricultura, ao contrário de ser um setor maduro e obsoleto, como poderia parecer a quem não o conhece, é um universo muito técnico, profundamente ligado à ciência e sempre mais adepto a modelos tecnológicos, que seriam impensáveis somente há uma década.

Por essas razões, a companhia opera em uma tensão criativa constante entre explotação e exploração, já trabalhando e pesquisando para perpetuar a agricultura de amanhã.

Nesse contexto, a Syngenta olha para o amanhã, entendendo que tanto a organização como a agricultura do **futuro** serão:

- sustentáveis;
- digitais;
- humanizadas.

Por isso, a companhia adquiriu uma empresa de tecnologia para criar a **Syngenta Digital**, uma unidade cuja missão é apoiar os agricultores para que possam produzir mais, usando menos insumos produtivos.

---

[34] Cinthia Bossi é Head *HR Latam & Brazil Territory* da Syngenta. Participou da entrevista semiestruturada para nossa pesquisa de campo, representando a companhia, em 12/07/2021.

Além da Segurança Psicológica

Esse esforço faz parte do compromisso com a sustentabilidade por parte da companhia, que trabalha constantemente em parceria com os agricultores para <u>diminuir o impacto ambiental e das mudanças climáticas</u> pela transformação para um modelo de **agricultura de precisão**, que segue as melhores práticas. Esse modelo oferece monitoramento *just-in-time* da lavoura, inclusive com a utilização de drones para acompanhar e parametrizar a evolução das safras e atuar cirurgicamente, onde e como for preciso.

Entendemos, portanto, que do ponto de vista prático, a missão da Syngenta é *"ajudar a preparar o campo para operar com maior capability e conhecimentos"*, enfatiza Cinthia.

Entendendo o anseio e a necessidade dos agricultores de manter relações diretas e constantes com seu ecossistema visando humanizar o negócio do agro, *"estamos construindo uma rede de lojas próprias 'Atua Agro' e fazendo aquisições como a da Dipagro, para manter uma conexão direta com o cliente mesmo em um mercado pulverizado"*, recorda Cinthia.

De fato, trata-se de um novo modelo de negócios, sendo a primeira cadeia de **lojas próprias** da companhia espalhadas pelos estados do Paraná e do Rio Grande do Sul.[35]

Esse modelo comercial permite à companhia atuar lado a lado do agricultor, *"com uma equipe qualificada e fornecendo soluções diferenciadas, englobando sementes*, fertilizantes, defensivos, serviços digitais, agronômicos e serviços financeiros como *barter"*[36].

---

[35] Cf. https://atuaagro.com.br/institucional/.

[36] Em agronegócio o *barter* é o pagamento pelos insumos através da entrega de grãos na pós-colheita sem envolvimento de pagamentos em dinheiro. Trata-se de um mecanismo de financiamento de safra.

Finalmente, vale observar que se não existe dúvida sobre o fato de a Syngenta ser uma empresa inovadora, não podemos esquecer que, por outro lado, "a *disrupção no agro ainda não existe*", comenta Cinthia.

De fato, o mundo agro é um universo de produção cujo insumo de base, a **terra**, é antigo e, por essa razão, mais lento em se transformar, e talvez não sustente nem precise de disrupção radical!

Também por essas razões, a companhia, por enquanto, é tímida em relação a aproveitar o potencial das *startups*, ancorando sua perenidade ao trabalho de seus 119 centros de pesquisa, distribuídos nos vários continentes e as inovações geradas por eles. Pela visão de futuro da Syngenta, tais inovações são destinadas a movimentar as ações e a performance no campo para os próximos 30 anos.

Portanto, para a Syngenta, a ambidestria não é somente uma opção, mas uma realidade necessária vivenciada no dia a dia, sem solavancos, mas como uma tendência estável, porém urgente de gestão sustentável.

InovaHC

Dentre as várias empresas brasileiras que poderiam ser lembradas neste capítulo, ocorreu-nos citar um exemplo atípico, talvez por fazer parte de um setor peculiar e menos divulgado. Entretanto, trata-se de um setor que está em evidência máxima hoje em dia, tendo reconhecido seu protagonismo na sociedade em razão da pandemia.

Além da Segurança Psicológica

Nesse sentido, um exemplo genuinamente brasileiro de organização ambidestra pode ser visto no **Hospital das Clínicas (HC)** da Faculdade de Medicina da Universidade de são Paulo — USP.

O HC implantou um braço tecnológico: o **InovaHC.**

Trata-se do Núcleo de Inovação Tecnológica do Hospital das Clínicas da Faculdade de Medicina da USP, definido como *"um catalisador de inovação em saúde conectando pesquisadores, empreendedores, alunos e recursos, a fim de gerar soluções que tornem a jornada de educação, de pesquisa e assistencial mais intuitiva, eficiente e iterável".*[37]

Essa nova unidade de negócio tem ecossistema diverso, com parceiros de diferentes segmentos de indústrias nacionais e internacionais e está estruturada de forma que novos produtos e serviços sejam processados com eficiência.

Como resultado, o HC focou em inovações relacionadas a ações sociais e colaborativas, tratamentos, diagnósticos e terapias.

Um dos projetos é o Projeto **Viral Cure**, que engloba locação de ambulâncias para a remoção de pacientes afetados pelo coronavírus do HC; pesquisas de tratamento; diagnóstico; terapias e vacinas para enfrentar a pandemia; desenvolvimento de software de IA que identificam em até 5 minutos as manifestações do vírus. Junto a essas iniciativas foi estabelecido um banco de dados de imagens de tomografias de pacientes infectados mais gravemente pelo vírus. A IA será usada para o cruzamento dos dados das imagens com os dados clínicos, a evolução do quadro dos pacientes e como a doença se desenvolveu.

---

[37] Cf. https://inovahc.live/o-que-fazemos/.

Outro projeto inovador é a construção de **robô colaborativo**, cujo trabalho preserva os profissionais da saúde em ações automatizadas, como transporte de objetos, medição de temperatura do paciente e coleta de lixo hospitalar[38], em parceria com a SPI Integração de Sistemas.

O HC continua com a gestão operacional do seu dia a dia, garantindo sua importante função social de atendimento à população de São Paulo. Ao mesmo tempo, desenvolveu um braço tecnológico 100% voltado para a inovação, pensando no futuro da oferta de atividades diagnósticas acopladas ao conjunto de serviços que, baseados em tecnologia de ponta e na utilização de IA, gera situações *win-win* que reduzem os riscos de todas as partes envolvidas, melhorando o atendimento dos pacientes.

Nesse sentido, baseado no modelo organizacional descrito que gere suas atividades do dia a dia, desenvolvendo ao mesmo tempo uma unidade projetada para o futuro de suas próprias atividades, podemos arguir que o HC pode ser considerado um exemplo brasileiro bem-sucedido de Organização Ambidestra.

8.7 O caminho, às vezes, confuso rumo à Ambidestria Organizacional

Para finalizar este capítulo, queremos resgatar nossa experiência como facilitadores e consultores de organizações de vários setores, colaborando no processo de transformação para a Ambidestria.

---

[38] Cf. *Folha de São Paulo*, 6 junho, 2020.

330 Além da Segurança Psicológica

Este trabalho nos permitiu identificar alguns pontos recorrentes e chegar, assim, a algumas conclusões interessantes.

Em sentido geral, como era de se imaginar, dada a complexidade do tema, **todas as empresas têm, comprovadamente, dificuldades de várias ordens na implementação de um modelo ambidestro**. Esse fato não surpreende, uma vez que conseguir a ambidestria é tarefa, _de fato,_ complicada, por envolver não somente a dicotomia primordial da escolha necessária entre *explotação* e *exploração*, mas também a grande maioria dos fatores organizacionais que impactam os recursos e, dessa forma, o dia a dia e o desempenho da companhia.

Apresentamos a seguir alguns pontos cruciais que entendemos que não podem ser esquecidos para que toda transformação organizacional rumo à ambidestria seja bem-sucedida:

1. Ambidestria não é para todos! De fato, tanto pelo que pudemos constatar em nossas atividades como pelo que consta na literatura sobre o tema, o fator "**capacidade financeira**" é chave para custear os movimentos de inovação, bem como para financiar as eventuais perdas envolvidas no processo de experimentação.

   Entendemos, portanto, que em condições normais, organizações que não estejam suficientemente capitalizadas não terão condições de começar essa jornada rumo à ambidestria (independentemente de seu tamanho ou estágio de desenvolvimento);

2. Nas organizações normalmente não existe **clareza** sobre "o que é" ser ambidestro, nem sobre "como" chegar a ser. Isso significa que o motor rumo à ambidestria já

está ligado, mas ele **"gera ruído"** dentro das áreas da organização, por falta de entendimento e articulação interna (conforme um executivo de organização parceira nossa reconheceu);

3. Primeira derivada do ponto anterior é que não existe **consenso** na organização em relação a todas as variáveis **"quem"**, **"como"**, **"quando"**, **"o que"** etc.;

4. É prioritário e **crucial** definir **qual área/unidade** funcional estará incumbida do desenvolvimento ambidestro.

   Para essa tarefa, é importante estudar os modelos conhecidos que foram experimentados por outras organizações, adaptando-os à sua própria realidade. Nenhum modelo é perfeito, mas poderá servir como norte (ambidestria estrutural, contextual, sequencial?) para definir **como** a organização poderá tornar-se ambidestra sem precisar começar o processo da estaca zero;

5. Definida a área/BU, é imprescindível definir seu **papel** claramente, detalhando as diretrizes operacionais, ou seja, **qual modelo** escolher entre os citados anteriormente, em razão da combinação desejada entre exploração e explotação, considerando, inclusive, os fatores e os antecedentes organizacionais?

   De fato, conforme argumenta Amantea (2021) em seu recente e importante trabalho, *"a investigação dos fatores organizacionais permitiu destacar o papel dos recursos que são ativos como pessoas, equipamentos, instalações, tecnologias, marcas, informação, caixa, relacionamentos e redes de parceiros, dentre outros, no desenvolvimento da ambidestria, [... e que] recursos existentes precisam ser combinados com práticas gerenciais que não inibam a 'exploration'"*[39];

6. É imprescindível **comunicar internamente** as decisões do ponto acima, para **institucionalizar** o papel da área/BU, aos olhos da organização como um todo. Esse ponto é crucial e normalmente esquecido ou subavaliado pelas organizações. Sem comunicação clara, não existirá eficiência na atribuição das responsabilidades e os esforços não poderão ser otimizados.

Nesse contexto, conforme já argumentamos em relação à implementação de um modelo de Segurança Psicológica na organização, é desejável escolher um *sponsor* do projeto que atue como *champion* interno, mantendo viva a comunicação sobre a ambidestria, para engajar todos os colaboradores[40].

De fato, a comunicação correta de que a organização está engajada na transformação rumo à ambidestria, após um primeiro momento de dúvida natural, estimula as equipes que entendem e apoiam o processo de construção da sua perpetuidade, gerando um importante senso de pertencimento;

7. Nessa altura, uma **comunicação externa** para todos os *stakeholders* é altamente desejável, visando engajá--los no processo, de maneira que todo o ecossistema da organização possa contribuir com ideias e ações positivas (*co-opetition* e modelos *win-win*, modelos colabora-

---

[39] Cf. Amantea, Rodrigo de Andrade Pinto. Modelos de Ambidestria e Desempenho em Inovação: um estudo exploratório no grupo Saint-Gobain. Tese (Doutorado). EAESP-FGV. São Paulo, pág. 93-94.

[40] Sobre a importância da comunicação e a necessidade de um *sponsor* em distintos aspectos da cultura, vide também o item 5.3.

tivos de economia compartilhada e de economia circular etc.). Tais ações envolvem os outros *stakeholders* no processo, maximizando a troca de práticas e do saber organizacional, podendo acelerar o processo e contribuindo com a criação de externalidades positivas no ecossistema como um todo;

8. Uma vez decidido e comunicado qual modelo implementar, a principal decisão estratégica a ser tomada é como e onde **alocar recursos e tempo** entre as atividades, e qual nível de flexibilidade escolher na alocação dos recursos;

9. Último ponto, mas não menos importante, é decidir as modalidades de **como cobrar performance** e, consequentemente, **remunerar** os líderes e os times envolvidos nas atividades de exploração que, via de regra, envolvem **experimentação, ausência de retorno de curto prazo** e riscos de **fracasso**.

Aqui, mais uma vez, notamos que <u>não existe uma regra única</u>, sendo a escolha definida por fatores diversos, como a cultura e os hábitos organizacionais e sociais (modelo de negócio, estilo de liderança, nível de governança, marco legal do país etc.).

Existem organizações que definem, desde logo, modalidades diferenciadas de cobrança de performance e de remuneração para as unidades de explotação e as de exploração, como é o caso da Ambev.

Por outro lado, existem outras companhias que consideram tanto os sucessos como os fracassos da unidade de exploração como "ordinária administração", não prevendo nenhum diferencial específico para remuneração (como é o caso do Piaggio Group) isentando, contudo, as equipes de cobranças de curto prazo.

EM FOCO

AMBIDESTRIA ORGANIZACIONAL & LIDERANÇA AMBIDESTRA

Como atua o Líder Ambidestro?

É **adaptável** às novas tendências e sabe adequar a **criação de valor**

Sabe gerir o **trade off** entre o presente e o futuro; a exploração e a explotação; o curto e o longo prazo

Sabe gerir os conflitos entre o **velho** e o **novo**

Entende que ser ambidestra é questão de **sobrevivência futura**, para a organização

Administra a estratégia atual de **alta performance** vs. **inovação** e **pesquisa disruptiva**

Está engajado em **integrar** os times e convence-los a abraçar a **transformação**

Apoia o **ecossistema empreendedor** da economia compartilhada e circular, e do *stakeholders capitalism,* gerando uma relação *win-win* para todos os envolvidos

Assume o dualismo entre cooperação e concorrência adotando a *co-opetition*

É um líder **ambicultural**, que entende o *continuum* entre presente e futuro

Sabe migrar do modelo "**saber tudo**" para o "**aprender tudo**" e, depois, para o "**ensinar tudo**"

CAPÍTULO 9

A PESQUISA DE CAMPO

Para substanciar o modelo organizacional das NOA, realizamos uma pesquisa para coletar de dados primários e secundários junto a importantes empresas brasileiras e internacionais, que responderam a questões sobre todos os pontos que constroem o modelo abordado neste livro.

Todas as empresas abordadas aceitaram o convite para participar da pesquisa, exceto uma, que afirmou que não participaria, pois a organização não estava trabalhando nenhuma das questões da pesquisa e entendia que não iria trabalhar nenhuma delas tão cedo.

9.1 Metodologia

Para a coleta de dados primários usamos um questionário semiestruturado, cujo modelo está no anexo 1.

Os respondentes poderiam responder ao questionário de forma eletrônica (plataforma Google Docs) ou em entrevista pessoal com os autores.

Nesse quesito, a grande maioria dos participantes escolheu a modalidade presencial, enquanto somente 2 preferiram a versão eletrônica.

Frisamos com os respondentes que:

1. Não precisariam se preparar previamente para responder às perguntas;

2. Esperaríamos um tipo de resposta de "bate-pronto", sem elaboração prévia, para incluir a componente de percepção pessoal imediata na pesquisa.

Todos os respondentes fazem parte do C-level de suas organizações ou do nível imediatamente abaixo — por recomendação do C-level — em razão de sua expertise e liderança dos processos em análise.

As empresas pesquisadas foram:

- Ambev;

- Gerdau;

- Green Mining;

- *Istituto Europeo di Design;*

- Instituto Sol;

- JTI;

- Kienbaum;

- PGE-RS Procuradoria Geral do Estado do Rio Grande do Sul;

- Piaggio Group;

- Roche;

- Syngenta.

Também foram entrevistados dois profissionais que responderam mais em relação às suas experiências em geral e não em relação a alguma organização.

Esses profissionais foram Kumi Naidoo (Ativista de Direitos Humanos com vasta experiência em ONGs) e o Dr. Jose Eliezio Rodrigues de Aguiar (Psiquiatra).

CONCLUSÃO

Conforme adiantamos na *Introdução*, este livro se encontra na intersecção entre um artigo acadêmico e um trabalho de reflexão empírica sobre a natureza do aprendizado nas organizações, quando incentivado por suas lideranças.

Essa reflexão concentra as experiências acumuladas pelos autores, em décadas de prática em organizações de distintos portes e indústrias, em seus diferentes papéis como executivos, consultores e docentes.

Durante essa jornada, estudamos o *leitmotiv* das ações organizacionais que buscam gerar conhecimento, que, por sua vez, se transforma em aprendizado para todos os níveis da organização. Esse conjunto de observações, que algumas vezes foram verdadeiras revelações, nos conduziu a desenhar um **novo modelo organizacional**, apoiado em quatro pilares que procuram integrar o aprendizado ao dia a dia das **Novas Organizações que Aprendem**.

Dessa forma, como vimos ao longo deste livro, o modelo das NOA visa entender as dinâmicas que conduzem as organizações a buscarem o **alto desempenho sustentável**, alicerçado no **aprendizado contínuo**.

Vale relembrar aqui que os quatro pilares que sustentam o modelo das Novas Organizações Que Aprendem são:

1. Segurança Psicológica nas Organizações sem Medo;
2. Criação de Organizações Dedicadas ao Desenvolvimento — DDO;
3. (Re) humanização da Liderança & seu Propósito;
4. Ambidestria Organizacional & Liderança Ambidestra.

O fio condutor que os interliga é a **abordagem *Human-centric***, que pressupõe que toda organização deve colocar o <u>ser humano no centro de sua estratégia</u>. Tão óbvia quanto essa abordagem possa parecer, é importante lembrar que ela é oposta àquela *Strategy-centric* que prosperou em todo o século XX, focando prioritariamente na estratégia de geração de valor para o **<u>acionista</u>**.

Entretanto, o novo século trouxe novas gerações de profissionais, enquanto novas tendências organizacionais apareceram e se consolidaram. As últimas duas décadas, de fato, testemunharam importantes mudanças tanto na sociedade como no mundo corporativo, que impuseram uma onda maciça de transformações na gestão e, particularmente, na busca do entendimento da *raison d'être* das companhias (a razão de sua existência) ou seja, seu **propósito**, e de como esse coaduna com sua atuação interna e externa no dia a dia organizacional.

De fato, já há um tempo é inconcebível imaginar as ações de uma organização como separadas de seu ecossistema mais amplo que inclui **todos seus *stakeholders*** (colaboradores, clientes, fornecedores, sociedade e comunidade onde opera e meio ambiente, além dos acionistas) que se tornam *players* ativos das suas atividades, interagindo com a companhia e cobrando constantemente uma atuação responsável.

Por tal razão, na descrição dos pilares das NOA e com ênfase especial no caso da **Segurança Psicológica**, criamos o conceito de uma **visão a 360°** que abrange todos os *stakeholders* que interagem com a organização e que contribuem com seu sucesso.

Nesse sentido, uma das principais contribuições do modelo é entender que todos os **pilares** que o sustentam são interligados e interagem constantemente, apoiando-se uns aos outros, criando, assim, relações positivas com todo o ecossistema da organização e atendendo aos anseios de seus *stakeholders* e facilitando as relações com eles.

Isso posto, reconhecemos que a principal lacuna que nós mesmos sentimos neste livro é a falta de uma análise mais profunda da **cultura organizacional**, que é o verdadeiro modelador da estrutura organizacional sob a égide em que se articulam e interagem os pilares do nosso modelo das NLO.

Esse é um tema que nos é particularmente caro, pois está no âmago de todos os nossos trabalhos e das contribuições com as organizações nossas parceiras.

Portanto, dada a relevância primordial desse tema, bem como a extensão mais do que enciclopédica da literatura que o aborda, decidimos dedicar nossos esforços para continuar a pesquisa que terá como ponto central a análise do **modelo CLE(E)P**, que tem forte interligação com as organizações **NOA** descritas neste livro.

Os autores,

Novembro 2021

ANEXO 1

OS 31 GÊNEROS QUE NOVA YORK RECONHECE

1. Agender

2. Androgyne

3. Androgynous

4. Bi-Gendered

5. Butch

6. Cross-Dresser

7. Drag-King

8. Drag-Queen

9. Femme

10. Femme Queen

11. Female-to-Male

12. Female-to-Male Transgender Person (FTM)

13. Femme Person of Transgender Experience

14. Gender Bender

15. Genderqueer

16. Gender Fluid

17. Gender-Gifted

18. Male-To-Female

19. Male-To-Female Transgender Person (MTF)

20. Man

21. Non-Binary Transgender

22. Non-Op

23. Hijra

24. Pangender

25. Person of Transgender Experience

26. Third Sex

27. Trans

28. Trans Person Women

29. Transexual/Transsexual

30. Two-Spirit

31. Woman

BIBLIOGRAFIA

ABDALLAH, Ariane. **De um Gole só. A história da Ambev e a Criação da Maior Cervejaria do Mundo**. São Paulo: Portfolio Penguin, 2019.

ABIDI, Suhayl e JOSHI, Manoj**. The VUCA Learner**. New Delhi: Sage, 2018.

ADLER, Alan. Organizational Culture is Civilization in the Workplace. In WATKINS, Michael. What Is Organizational Culture? And Why Should We Care? Disponível em: https://hbr.org/2013/05/what-is-organizational-culture. Acesso em: 15 mai. 2020.

ADVISORY BOARD. How often are women interrupted by men? Here's what the research says. Disponível em: https://www.advisory.com/daily-briefing/2017/07/07/men-interrupting-women, July 2017. Acesso em: 31 ago. 2021.

AMANTEA, Rodrigo de Pinto Andrade. **Modelos de ambidestria e desempenho em inovação: um estudo exploratório no grupo Saint-Gobain**. 2021. Tese (Doutorado), Curso de Administração de Empresas, EAESP-FGV, São Paulo, 2021.

ARISTOTLE. **Complete Works, Volume 1: The Revised Oxford Translation** (English Edition), *pos. 6848*. MyBooks Classics. 2018. Edição do Kindle.

BARROS, Thiago**.** Internet completa 44 anos; relembre a história da web. Disponível em: https://www.techtudo.com.br/artigos/noticia/2013/04/

internet-completa-44-anos-relembre-historia-da-web.html. Acesso em: 18 set. 2021.

BEHRENS, Alfredo. **Culture & Management in the Americas**. Redwood City: Stanford Business Books, 2009.

BENNIS, Warren e NANUS. Burt. **Leaders**: The Strategies for Taking Charge. New York: Harper & Row, 1985.

BIRKINSHAW, Julian e GUPTA Kamini. Clarifying the Distinctive Contribution of Ambidexterity to the Field of Organization Studies. *The Academy of Management/Perspective*, vl.27, n.4, out. 2013.

BIRKINSHAW, Julian e GIBSON, Cristina. Building ambidexterity into an organization. *MIT Sloan Management Review*, jul. 2004.

BORRONI-BIANCASTELLI, Luca. As botas de Schumpeter, o Empreendedor e a "sina do Inovador". Disponível em: https://pme.estadao.com.br/blogs/blog-do-empreendedor/as-botas-de-schumpeter-o-empreendedor-e-a-sina-do-inovador/. Acesso em: 10 out. 2020.

BORRONI-BIANCATELLI, Luca e MACHADO, Leda. Liderança de Alta Performance através da Gestão de Talentos. *Working Paper*. São Paulo: *Editora Brain Business School*. Data prevista para publicação: segundo semestre 2021.

BOXALL, Peter; PURCELL, John; WRIGHT, Patrick (eds). **The Oxford Handbook of Human Resources Management**. Oxford: Oxford University Press, 2007.

BOWER, Joseph e CHRISTENSEN, Clayton. Disruptive Technologies: Catching the Wave. Disponível em: https://hbr.org/1995/01/disruptive-technologies-catching-the-wave. Acesso em: 12 dez. 2020.

BRANDENBURGER, Adam e NALEBUFF, Barry. **Co-opetition**. Nova York: Currency, 2011.

BUCKINGHAM, M. **The Fatal Flaw with 360 Surveys.** Disponível em: https://hbr.org/2011/10/the-fatal-flaw-with-360-survey. Acesso em: 10 set. 2020.

BUCKINGHAM, Marcus e CLIFTON, Donald. **Now Discover your Strengths.** Nova York: Free Press, 2001.

BUTLER, Judith. **Gender Trouble.** Nova York: Routledge, 1990.

BUTLER, Judith. **Problemas de gênero. Feminismo e subversão de identidade**. Rio de Janeiro: Civilização Brasileira, 2010.

CALARCO, Allan. Adaptable Leadership. *White Paper, Center for Creative Leadership*. 2020. Disponível em https://1ujri81m7rxc49yn1wlala-0t-wpengine.netdna-ssl.com/wp-content/uploads/2021/01/adaptable-leadership-center-for-creative-leadership.pdf. Acesso em: 03 jan. 2021 e 19 abr. 2021.

CARTER, David. **Stonewall: The Riots That Sparked the Gay Revolution**. New York: St. Martin's Griffin, 2004.

CASCIO, Jamais. Facing the Age of Chaos, Medium, 29 de Abril de 2020. Disponível em https://medium.com/@cascio. Acesso em: 10 set. 2020.

CATMULL, Ed e WALLACE, Amy. **Creativity, Inc.: Overcoming the Unseen** Forces **That Stand in the Way of True Inspiration**. Nova York: Random House, 2013.

CERRI, Giovanni e BEGO, Marco. Inovação: estratégia para o combate ao coronavírus. Disponível em: https://www1.folha.uol.com.br/opiniao/2020/06/inovacao-estrategia-para-o-combate-ao-coronavirus.shtml?origin=folha. Acesso em: 25 jun. 2021.

Além da Segurança Psicológica

CHALHOUB, Sidney. A meritocracia é o mito que alimenta as desigualdades. Jornal da Unicamp, junho 2017. Disponível em: https://www.unicamp.br/unicamp/ju/noticias/2017/06/07/meritocracia-e-um-mito-que-alimenta-desigualdades-diz-sidney-chalhoub. Acesso em: 10 set. 2021.

CHEN, Ming-Jer. Presidential Address: Becoming Ambicultural: A Personal Quest and Aspiration for the Organization". *The Academy of Management Review*, v. 39, n.2, p. 119-137, 2014.

CHRISTENSEN Clayton, RAYNOR Michael e McDONALD Rory. What Is Disruptive Innovation? Disponível em: https://hbr.org/2015/12/what-is--disruptive-innovation. Acesso em: 12 dez.2020.

CHRISTENSEN, L., GITTLESON, J e SMITH, M. Intentional learning in practice: A 3x3x3 approach. McKinsey Quarterly, abril 2021, McKinsey.com. Disponível em: https://www.mckinsey.com/business-functions/mckinsey-accelerate/our-insights/intentional-learning-in-practice--a3x3x3-approach. Acesso em 12/07/2021.

CLIFTON, Donald e NELSON, Paula. **Soar with your Strengths**. Nova York: Delacorte, 1992.

DALIO, Ray. **Principles: Life and Work.** Nova York: Simon & Schuster, 2017.

DAVIES, Stanley. **Managing corporate culture.** Pensacola: Ballinger, 1984.

De HOLLANDA, Heloisa (org.). **Pensamento Feminista conceitos fundamentais.** Rio de Janeiro: Bazar do Tempo, 2019.

DeLONG, Thomas. Why Your Students Need to Know You're All In: Moving Beyond Knowledge Transactions to Learning Covenants. Boston: Harvard Business Publishing. 2020. Disponível em: https://www.hbsp.harvard.edu/inspiring-minds/why-your-students-need-to-know-you-re-all-in Acesso em 15 jan. 2021.

DeLONG, Thomas. Teaching by Heart: One Professor's Journey to Inspire. Boston: Harvard Business Review Press. 2020.

D'SOUZA, Deborah. Stakeholder Capitalism. Disponível em: https://www.investopedia.com/stakeholder-capitalism-4774323. Acesso em: 02 jan. 2021.

DEWAR, Carolyn e DOUCETTE, Reed. Culture: 4 keys to why it matters. Disponível em: https://www.mckinsey.com/business-functions/organization/our-insights/the-organization-blog/culture-4-keys-to-why-it-matters? Acesso em: 03 mar. 2021.

DEWAR, Carolyn e DOUCETTE, Reed. 6 elements to create a high-performing culture. Disponível em: https://www.mckinsey.com/business-functions/organization/our-insights/the-organization-blog/6-elements-to-create-a-high-performing-culture. Acesso em: 09 abr. 2020.

DUHIGG, Charles. What Google Learned from Its Quest to Build the Perfect Team. Disponível em: https://www.nytimes.com/2016/02/28/magazine/what-google-learned-from-its-quest-to-build-the-perfect-team.html?smid=pl-share. Acesso em: 25 out. 2020.

DUNCAN, Robert. The Ambidextrous Organization: Designing Dual Structures for Innovation. *The Management of Organization*, n.1, p.167-188, 1976.

EDMONDSON, Amy. Conversation on Psychological Safety. Reunião de trabalho com os autores. Boston-São Paulo, 2020.

EDMONDSON, Amy. **The Fearless Organization – Creating Psychological Safety in the Workplace for Learning, Innovation and Growth**. Hoboken: Wiley. E-Book Kindle, 2019.

EDMONDSON, Amy. Psychological Safety and Learning Behavior in Work Teams. *Administrative Science Quarterly*. V. 44, n. 2, jun. 1999.

350 Além da Segurança Psicológica

FERREIRA, Aurélio. **Novo Dicionário Aurélio da Língua Portuguesa**, 2 ed. Rio de Janeiro: Nova Fronteira, 1986.

FERREIRA, Carlos. Imprensa Homossexual: Nasce o Lampião da Esquina. *Revista Alterjor/Universidade de São Paulo, V.1, n. 1,* 2010.

FRANCHON, Isabel. A Segurança Psicológica no Trabalho. Disponível em: https://jornal140.com/2020/10/28/seguranca-psicologica-no-traba-lho/. Acesso em: 05 mar. 2021.

FRIEDAN, Betty. **The Feminine Mystique**. Nova York: W.W. Norton & Co., 1963.

FULP, Carol. **Success through Diversity**. Boston: Beacon Press, 2018.

GARDNER, Michael. **Harry Truman and Civil Rights: Moral Courage and Political Risks.** Carbondale: Southern Illinois University Press, 2003.

GILBERT, Clark. Unbundling the structure of inertia: Resources versus routine rigidity. *Academy of Management Journal,* v. 48, n.5, out. 2005.

GIBSON, Cristina e BIRKINSHAW, Julian. The Antecedents, Consequences, and Mediating Role of Organizational Ambidexterity. *The Academy of Management Journal,* v. 47, no. 2, p. 209–226, 2004.

GLEESON, Brent. 15 Characteristics Of High-Performance Teams. Disponível em: https://www.forbes.com/sites/brentgleeson/2019/03/14/15-characteristics-of-high-performance-teams/#347b5f5e6ae0. Acesso em: 14 mar. 2019.

GOLEMAN, Daniel. **Focus: The Hidden Driver of Excellence.** Nova York: Harper Paperback Illustrated, 2015.

GOLEMAN, Daniel. **Emotional Intelligence: Why It Can Matter More Than IQ.** Nova York: Random House Publishing Group, 2005.

GOULARTE, Jeferson. COVID-19 and mental health in Brazil: Psychiatric symptoms in the general population. *Journal of Psychiatric Research 132 (2021) 32–37.* Disponível em: https://www.ncbi.nlm.nih.gov/pmc/articles/PMC7527181/pdf/main.pdf.

GRANT, Heidi. How to ask people for help and get a yes. Video TED. 2019.

GULATI, Ranjay. **Reorganize for Resilience: Putting Customers at the Center of Your Business.** Boston: Harvard Business Press, 2009.

HALL, Edward. **Beyond Culture.** Nova York: Anchor Book, 1976.

HAMPDEN – TURNER, Charles. **Corporate culture: from vicious to virtuous circle.** London: Hutchinson, 1990.

HASTINGS, Reed e MEYER, Erin. **No Rules Rule: Netflix and the Culture of Reinvention**, London: Penguin Press. E-Book Kindle, 2020.

HALVERSON, Meg. 360 Reviews Often Lead to Cruel, Not Constructive, Criticism. Disponível em: https://www.nytimes.com/2016/02/28/jobs/360-reviews-often-lead-to-cruel-not-constructive-criticism.html. Acesso em: 04 jan. 2021.

HOFSTEDE, Geert. **Culture's Consequences: Comparing Values, Behaviors, Institutions and Organizations Across Nations.** London: Sage Publications, 2003.

HOFSTEDE, Geert; HOSFETEDE, Gert Jan; PEDERSEN, Paul**. Exploring Culture: Exercises, Stories and Synthetic Cultures.** Boston: Intercultural Press, 2002.

HOFSTEDE, Geert; HOFESTED Gert Jan; MINKOV, Michael**.** Cultures and **Organizations: Software for the Mind: Intercultural Cooperation and Its Importance for Survival**, Nova York: McGraw Hill, 2010.

Além da Segurança Psicológica

HORNBY, Albert. **Oxford Advanced Learner's Dictionary.** 6 Edition, Oxford: Oxford Press, 2000.

HUNT, Vivian et al. Delivering through Diversity. Disponível em: https://www.mckinsey.com/business-functions/organization/our-insights/delivering-through-diversity#. Acesso em: 30 out. 2020 e 18 abr. 2021

HASE, Stewart e KENYON, Chris. From andragogy to heutagogy. Ultibase, RMIT. 2000. http://ultibase.rmit.edu.au/Articles/dec00/hase2.htm Acesso em 24/09/2021.

JANA, Tiffany e BARAN, Michael. **Subtle Acts of Exclusion – How to Understand, Identify, and Stop Microaggressions**. Oakland: Berrettt – Koehler Publishers, 2020.

JOHNSON, Stefanie. **Inclusifique**. São Paulo: Benvirá, 2020.

KAHN, William. *Psychological Conditions of Personal Engagement and Disengagement at Work,* Disponível em: https://journals.aom.org/doi/10.5465/256287. Acesso em: 30 out. 2020.

KAHN, William. Re-engaging with William Kahn 25 years after he coined Term Employee Engagement. Disponível em: https://www.workforce.com/news/re-engaging-with-william-kahn-25-years-after-he-coined--term-employee-engagement. Acesso em: 25 set. 2020.

KEGAN, Robert e LASLOW Lisa. **An Everyone Culture: Becoming a Deliberately Developmental Organization**. Boston: Harvard Business Review Press, 2016.

KEGAN, Robert e LASLOW Lisa. **Immunity to change: how to overcome it and unlock the potential in yourself and your organization.** Boston: Harvard Business Press. E-Book Kindle, 2009.

KEGAN, Robert et al. Making Business Personal. Harvard Business Review. Disponível em https://hbr.org/2014/04/making-business-personal. Acesso em: 12 dez. 2020.

KNOWLES, Malcolm S.; HOLTON, Elwood F.; SWANSON, Richard A. *The adult learner. The definitive classic in adult education and human resource development.* Burlington, MA: Elsevier. 2005.

LAUNIUS, Christie e HASSEL, Hollie. Threshold Concepts in Women's and Gender Studies. Oxford: Routledge, 2018.

LEVY, Moria. Knowledge retention: minimizing organizational business loss. *Journal of Knowledge Management.* v. 15, n. 4, jul. 2011.

LITTLER, Jo. **Against Meritocracy. Culture, power and myths of mobility**. London: Taylor and Francis. 2019. Edição do Kindle.

MACHADO, Leda. **Atores Sociais. Movimentos Urbanos, Continuidade e Gênero**. São Paulo: Annablume, 1995.

MACHIAVELLI, Niccolò. **Il Principe**, Firenze, 1513, Lavla Edizioni. Simplicissimus Book Farm. E-Book Kindle.

MAHAL, Artie. **After Action Review: Continuous Improvement Made Easy.** New Jersey: Technics Publications, 2018.

McLEOD, Hugh. **Humanizing Leadership: Reflection Fuels, People Matter, Relationships Make The Difference.** Victoria: FriesenPress, 2019.

McGRATH, Rita. **Seeing Around Corners**. Boston: Houghton Mifflin Harcourt, 2019.

McKINSEY. Relatório. A Diversidade como Alavanca de Performance. 18 de janeiro de 2018. Disponível em https://www.mckinsey.com/business-functions/organization/our-insights/delivering-through-diversity/pt-br Acesso em: 10 set., 12 set. e 10 out. 2020

McKINSEY. Survey. Psychological Safety and the Critical Role of Leadership Development. 11 de fevereiro de 2021. Disponível em https://www.mckinsey.com/business-functions/organization/our-insights/psychological-safety-and-the-critical-role-of-leadership-development. Acesso em: 31 mar. 2021.

MANO, Cristiane e VIEIRA, Renata. Empresas brasileiras correm para "ajustar" a cultura interna. Disponível em: **https://exame.com/revista-exame/empresas-brasileiras-correm-para-ajustar-cultura-interna/. Acesso em: 02 dez. 2020.**

MARGOLIS, Eleonor. Bravo, Supreme Court: We do need rules to stop mem interrupting women.

Disponível em: https://www.theguardian.com/commentisfree/2021/oct/19/supreme-court-men-interrupting-women, 2021. Acesso em: 02 set. 2021.

MARKOVITS, Daniel.**The Meritocracy Trap: How America's Foundational Myth Feeds Inequality, Dismantles the Middle Class, and Devours the Elite.** Nova York: Penguin Press, 2019.

MEAD, Margareth. **Sexo e Temperamento**. São Paulo: Perspectiva. 4 edição 1963.

MEGIDO, Victor Falasca. **A revolução do design: Conexões para o século XXI**. São Paulo: Editora Gente, 2016.

MEGIDO, Victor Falasca. Futuro-presente: um novo olhar e um compromisso com a educação de qualidade. Nov. 2014. Disponível em: https://ied.edu.br/arquivos/carta.pdf Acesso em: 19 out. 2021.

MINNAAR, Joost. Psychological Safety: How Pioneers Create Engaged Workforces. Disponível em: https://corporate-rebels.com/psychological-safety-79185/. Acesso em: 14 nov. 2020.

MINTZBERG, H.; WATERS, J.A. Of strategies, deliberate and emergent. Strategic Management Journal, v. 6, n. 3, p. 257-272, 1985.

MOLYNEUX, Maxine. Mobilization without Emancipation? Women's Interests, State and Revolution, in Fager R. et al (eds) Transition and Development: Problems of Third World Socialism, Monthly Review Press: Nova York, 1986, 280-302.

MOSER, Caroline. **Gender Planning and Development: Theory, Practice, and Training**. London: Routledge, Chapman & Hall Incorporate, 1993.

NADELLA, Satya. **Hit Refresh. The Quest to Rediscover Microsoft's Soul and Imagine**. Nova York: Harper Business, 2017.

O'REILLY III, Charles e TUSHMAN Michael. Organizational Ambidexterity: Past Present, and Future. *The Academy of Management/Perspective*, v.27, n. 4, out. 2013.

O'REILLY III, Charles e TUSHMAN Michael. Organizational ambidexterity in action: How managers explore and exploit. *California Management Review*, n. 53, ago. 2011.

O'REILLY III, Charles e TUSHMAN Michael. Ambidexterity as a dynamic capability: Resolving the innovator's dilemma. *Research in Organizational Behavior*, v. 28, 2008.

O'REILLY III, Charles e TUSHMAN Michael. The ambidextrous organization. Disponível em: https://hbr.org/2004/04/the-ambidextrous-organization. Acesso em: 15 out. 2020.

PALSULE, Sudhanshu e CHAVEZ, Michael. **Rehumanizing Leadership: Putting Purpose Back into Business**. Madrid: LID Publishing. E-Book Kindle, 2020.

356 Além da Segurança Psicológica

PALSULE, Sudhanshu e CHAVEZ, Michael. Leadership isn't just strategy – it's being human. Disponível em: https://www.dukece.com/insights/leadership-isnt-just-strategy-its-being-human/. Acesso em 12 set, 2020. Versão revisada. Disponível em: https://dialoguereview.com/re--humanizing-leadership/. Acesso em: 14 set. 2020.

PISANO, Gary P. **Creative Construction: The DNA of Sustained Innovation**. New York: PublicAffairs. Edição do Kindle, 2019.

PISANO, Gary P. The Hard Truth About Innovative Cultures. Harvard Business Review. Jan-fev 2019. Disponível em: https://hbr.org/2019/01/the--hard-truth-about-innovative-cultures. Acesso em: 19 out. 2021.

PLATO. **The Republic, Book VII,** in Complete Works. Hackett Publishing Company. UK. 1997. Edição do Kindle.

POLITY, **The Polity Reader in Gender Studies.** Cambridge: Polity Press, 1994.

PwC Pesquisa. O impacto da cultura organizacional no futuro dos negócios. Disponível em:https://www.pwc.com.br/pt/estudos/preocupacoes-ceos/mais-temas/2019/pesquisa-cultura-organizacional-2019.htm. Acesso em: 05 dez. 2020.

PwC. Survey. Workforce of the future: The Yellow World in 2030. PwC Global, 2017.

ROBBINS, Stephen. **Organizational Behavior.** Upper Saddle River: Pearson Pratice Hall, 2005.

ROCHA, Fabiana *et al*. COVID-19, isolamento social e violência doméstica: evidências iniciais para o Brasil. Disponível em em https://www.anpec.org.br/encontro/2020/submissao/files_I/i12-18d5a3144d9d-12c9efbf9938f83318f5.pdf. Acesso em: 10 set. 2021.

RODRIGUES, Haroldo. Diversidade, equidade e inclusão nas empresas. Por que isso é importante agora? Disponível em: https://forbes.com.br/forbesesg/2021/04/haroldo-rodrigues-diversidade-equidade-e-inclusao-nas-empresas-por-que-isso-e-importanteagora/. Acesso em: 29 set. 2021.

SALES, Ricardo. Breve Histórico da Diversidade nas Organizações. Parte I. Parte II, Parte III e Parte IV, 2016. Em https://www.aberje.com.br/?blog=breve-historico-da-diversidade-nas-organizacoes. Acesso em: 05 de set. 2021.

SANDEL, Michael. **A tirania do mérito: O que aconteceu com o bem comum?** São Paulo: Civilização Brasileira, 2020.

SAWYER, Taylor e DEERING, Shad. Adaptation of the US Army's After--Action Review for Simulation Debriefing in Healthcare. Simulation in Healthcare, v. 8, n. 6, 2013.

SCHEIN, Edgar. **Organizational culture and leadership**. San Francisco: Jossey-Bass Publishers, 1985.

SCHNEIDER, Susan e BARSOUX, Jean-Louis. **Managing Across Culture**. Hoboken: Prentice Hall, 2003.

SCHUMPETER, Joseph. **Capitalism, Socialism and Democracy**. Nova York: Harper Perennial, 1942.

SCHUMPETER, Joseph. **The Theory of Economic Development**. Cambridge: Harvard College, 1934.

SCHUMPETER, Joseph. **Business Cycles: A Theoretical, Historical, and Statistical Analysis of the Capitalist Process**. New York: McGraw- Hill, 1939.

SCHWAB, Klaus. **Stakeholder Capitalism – A Global Economy that Works for Progress, People and Planet**. Hoboken: Wiley, 2021.

Além da Segurança Psicológica

SCHWAB, Klaus. **The Fourth Industrial Revolution**. Nova York: Currency, 2017.

SENGE, Peter. **The Fifth Discipline: The Art and Practice of the Learning Organization.** Nova York: Currency-Doubleday/Random House, 1990 e 2006.

SENGE, Peter et al. **The Fifth Discipline Fieldbook: Strategies and Tools for Building a Learning Organization**, Nova York: Currency Books, 1994.

SENGE, Peter et al. **The Necessary Revolution: How Individuals and Organizations Are Working Together to Create a Sustainable World**, Nova York: Doubleday, 2008.

SCOLLON, Ron. & WONG, Suzanne. **Intercultural Communication**. Hoboken: Wiley- Blackwell Publishing, 2001.

SILVA, Dhyonatan Jr. **Gestão da Diversidade: origem, conceitos e desafios.** In: Camilo, Juliano; Fortim, Evelise; Aguerre, Pedro (Orgs) Gestão de Pessoas: Práticas de Gestão da diversidade nas organizações. São Paulo: Editora Senac, 2019.

SILVA, Jacilene. **Feminismo na Atualidade: A Formação da Quarta Onda**. Publicação Independente: Recife: 2019.

SINHA, Sabyasachi. The emergent-strategy process of initiating organizational ambidexterity, *Journal of Strategy and Management*, Vol. 12 No. 3, pp. 382-396. 2019. https://doi.org/10.1108/JSMA-12-2018-0140 Acessos em 2020 e 12 set. 2021.

SISODIA, Rajendra *et al*. **Firms of Endearment: How World-Class Companies Profit from Passion and Purpose.** Upper Saddle River: Pearson Education, 2014.

SKRINGAR, Elisabeth. In WATKINS, Michael. What Is Organizational Culture? And Why Should We Care? Disponível em: https://hbr.org/2013/05/what-is-organizational-culture. Acesso em: 15 mai. 2020.

SMIRCH, Linda. Concepts and Organizational Analysis. *Administrative Science Quarterly*, v. 28, n. 3, p. 339-58, 1983.

SOLNIT, Rebecca. **Men Explain Things to Me**. Chicago: Haymarket Books, 2a edição 2015.

TALLON, Monique. **Leading Gracefully: A Woman's Guide to Confident, Authentic & Effective Leadershi**p. San Francisco: Highest Path Publishing, 2016.

SARASWATI, L. Ayu *et al*. **Introduction to Women's, Gender, and Sexuality Studies: Interdisciplinary and Intersectional Approaches**. Oxford: Oxford University Press, 2017.

THE GALLUP ORGANIZATION. Disponível em: https://www.gallup.com/cliftonstrengths/pt/253799/ciência%20do%20cliftonstrength-.aspx. Acesso em: 29 ago. 2021.

THE GALLUP ORGANIZATION. Disponível em: https://www.gallup.com/cliftonstrengths/pt/253724/34-temas-cliftonstrengths.aspx. Acesso: em: 30 ago. 2021.

TROMPENAARS, Fons e HAMPTON-TURNER, Charles. **Riding the Waves of Culture – Understanding Diversity in Global Business.** Nova York: McGraw Hill, 2012.

TUSHMAN, Michael e O'REILLY III, Charles. A. **Winning through Innovation: A Practical Guide to Leading Organizational Change and Renewal.** Boston: Harvard Business Review Press, 2002.

WATKINS, Michael. What Is Organizational Culture? And Why Should We Care? Disponível em: https://hbr.org/2013/05/what-is-organizational--culture. Acesso em: 16 nov. 2020.

WHITE, David Jr. **Disrupting Corporate Culture**. Nova York: Routledge. E-Book 2020.

WOOD JR, Thomaz e PICARELLI FILHO, Vicente. **Remuneração e Carreira por Habilidades e por Competências: Preparando a Organização Para a era das Empresas de Conhecimento Intensivo.** São Paulo: Atlas, 2004.

YANNOULAS, Silvia e DA SILVA, Ismalia. Necessidades práticas das mulheres x interesses estratégicos feministas (de gênero): Revisitando a polêmica, em Revista Feminismos, vol. 5, No2/3. 25, 2017.

ZIMMERMANN, Alexander; BIRKINSHAW, Julian e RAISCH, Sebastian. How Is Ambidexterity Initiated? The Emergent Charter Definition Process. Organization Science Vol. 26, No. 4 Published Online: 26 Mar 2015 https://doi.org/10.1287/orsc.2015.0971 Acessos em 2020 e 12 set. 2021.

FILMES

Rosie the Riveter: Real Women Workers in World War II. Disponível em: https://www.youtube.com/watch?v=04VNBM1PqR8. Acesso em: 30 mar. 2020.

ÍNDICE

Símbolos

4ª Revolução Industrial, 270

(Re)humanização da Liderança, 112, 268

A

acaso, 302

acionista, 340

adaptabilidade, 281

After Action Review, 76, 98

ajuda recíproca, 190

Alto Desempenho, 10

Ambev, 128

Ambiculturalismo, 312

Ambidestria Organizacional, 112

análise crítica, 109

análise SWOT, 13

andragogia, 71

aprendizado contínuo, 66

Aprendizado em Equipe, 101

aprendizado individual, 65

aprendizado organizacional, 65

avaliação da aprendizagem, 76

B

BANI, 14

biblioteca do saber organizacional, 192

Braintrust, 172

C

change management, 127

Civil Rights Act, 34

clareza, 164

Clientes e Cadeia Produtiva, 210

cocriação inovadora, 78

Colaboradores, 213

Como Desenvolver?, 245

Competências, 50

competências organizacionais, xiv

Comportamento Organizacional, xiv

comunicação da mudança, 177

Comunidade, 208

conceito de erro, 183

   erros de experimentação, 183

   erros evitáveis, 183

Confiabilidade, 164

Conhecimento, 63

continuum, 71

co-opetition, 313

coordenação harmônica, 109

covenant, 121

Covid-19, 16

cross cultural management, 35

Cultura de Aprendizado
   Contínuo, 90

Cultura Organizacional, 119

curadoria, 64

curiosidade, 282

customer centric, 150

customer engagement, 152

D

DDO, 251

DEI, 31

desafio dos líderes, 308

desenvolvimento, 231

design thinking, 125

dialógica, 125

Disposição, 168

disrupção, 271

Ditadura Militar, 34

Diversidade, 2, 30

E

Ecossistema, 288

emancipação das mulheres, 27

empatia, 293

Engajamento Social, 293

equidade, 28

Erros de experimentação, 184

Erros evitáveis, 183

escuta ativa, 206

Estratégia, 267

Estresse no Trabalho, 220

Estrutura, 164

etnia, 30

exclusão, 41

explotação, 299

F

faixa etária, 30

fake news, 15

feedback, 173

Feminismo Radical, 22

flexibilidade cognitiva, 281

flexibilidade emocional, 281

Foco Deliberado no
   Desenvolvimento, 112

formação educacional, 30

Índice 363

Fortaleza, 52

G

General Motors, 186

Gênero, 24

gerações Y e Z, 285

gestão das diferenças no trabalho, 34

gestão do conhecimento, 98

Gita, 320

Green Mining;, 337

Greenpeace, 154

Growth Mindset, 130

Grupo Gerdau, 140

H

Habilidade, 51

hard skills, 259

heutagogia, 72

home office, 16

Human Centric, 273

I

igualdade de gêneros, 27

Impacto, 164

Inclusão, 31

InovaHC, 327

Instituto Sol;, 337

Istituto Europeo di Design;, 337

J

JTI, 137

K

Kienbaum, 337

L

leitmotiv, 12

Liderança, 2

Liderança (Re)humanizada, 157

lideranças ambidestras, 308

Líder Coach, 238

Líder Desenvolvedor, 238

Líder Educador, 238

líderes ambidestros, 307

lifelong learning, 66

M

Mansplaining, 41

Manterrupting, 41

market share, 231, 275

Meio Ambiente, 205

mente emocional, 259

mente racional, 259

meritocracia, 38

mérito pessoal, 37

meta-líder, 238

metanoia, 113

microagressões, 44

mindfullness, 66

mindset, 113

Mitocôndria Organizacional, 105

modelo top down, 302

monitoramento, 235

Movimento LGBT, 33

Mulher e Gênero, 30

N

NASA, 188

Natura, 214

necessidades de gênero, 27

NLO, 114

Novas Organizações que Aprendem, 4

O

O Que desenvolver?, 231

Organizações Ambidestras, 93

orientação sexual, 30

P

pandemia, 15

pedagogia, 71

pedir ajuda, 190

Pensamento Coletivo, 101

pensamento sistêmico, 78

Performance, 218

performance positiva, 307

perpetuidade, 314

pertencimento, 279

Pesquisa de Campo, 335

Peter Senge, 111

PGE-RS, 262

Piaggio Group, 261

pontos de inflexão, 284

potencial humano, 231

programas corporativos de ensino, 81

Project Aristotle, 162

propósito, 273

Q

Quem Desenvolver?, 236

Quem é Que Desenvolve?, 238

R

raça, 30

realidade organizacional prática, 178

Rebelião de Stonewall, 33

receita, 231

resiliência, 113

reskilling, 255

Roche, 151

S

saber individual, 79

saber organizacional, 79

saúde mental, 28

Segunda Guerra Mundial, 31

Segurança, 168

Segurança Psicológica 360°, 128

shareholders, 11

Significado, 164

Significância, 168

singularidade, 41

síntese, 109

soft skills, 259

stakeholders, 11

Stakeholders Capitalism, 96

Strategy Centric, 273

sucesso vs. fracasso, 307

sustentabilidade, 31, 278

sustentabilidade de longo prazo, 278

Syngenta, 132

T

Talentos, 50

talentos individuais, xiv

The Fifth Discipline, 92

times de trabalho, 162

tolerância, 293

trabalho doméstico, 25

trabalho infantil, 138

trabalhos seminais, 167

transformações culturais, 120

trilhas de desenvolvimento, 65

U

upskilling, 255

V

violência doméstica, 28

visão + missão + valores, 275

visão de longo prazo, 206

Volkswagen, 187

VUCA, 2, 10

vulnerabilidade, 291

W

Wirecard, 189

Projetos corporativos e edições personalizadas
dentro da sua estratégia de negócio. Já pensou nisso?

Coordenação de Eventos
Viviane Paiva
viviane@altabooks.com.br

Assistente Comercial
Fillipe Amorim
vendas.corporativas@altabooks.com.br

A Alta Books tem criado experiências incríveis no meio corporativo. Com a crescente implementação da educação corporativa nas empresas, o livro entra como uma importante fonte de conhecimento. Com atendimento personalizado, conseguimos identificar as principais necessidades, e criar uma seleção de livros que podem ser utilizados de diversas maneiras, como por exemplo, para fortalecer relacionamento com suas equipes/ seus clientes. Você já utilizou o livro para alguma ação estratégica na sua empresa?

Entre em contato com nosso time para entender melhor as possibilidades de personalização e incentivo ao desenvolvimento pessoal e profissional.

PUBLIQUE SEU LIVRO

Publique seu livro com a Alta Books. Para mais informações envie um e-mail para: autoria@altabooks.com.br

 /altabooks /alta-books   /altabooks /altabooks

CONHEÇA OUTROS LIVROS DA **ALTA BOOKS**

Todas as imagens são meramente ilustrativas.

Este livro foi impresso nas oficinas gráficas da Editora Vozes Ltda.,
Rua Frei Luís, 100 – Petrópolis, RJ.